新思历史
Book

埃及 7500年

EGYPT
—— A ——
Short
History

[美]罗伯特·蒂格诺 著
Robert L. Tignor

刘文菁 译

中信出版集团｜北京

图书在版编目（CIP）数据

埃及 7500 年 /（美）罗伯特·蒂格诺著；刘文菁译 . --
北京：中信出版社，2025.2. -- ISBN 978-7-5217
-7059-9

Ⅰ.K411

中国国家版本馆 CIP 数据核字第 2024M8L095 号

Egypt: A Short History
Copyright © 2010 by Princeton University Press
All rights reserved. No part of this book may be reproduced or transmitted in any form or by any means, electronic or mechanical, including photocopying, recording or by any information storage and retrieval system, without permission in writing from the Publisher.
Simplified Chinese translation copyright © 2025 by CITIC Press Corporation.
ALL RIGHTS RESERVED
本书仅限中国大陆地区发行销售

埃及 7500 年
著者：　［美］罗伯特·蒂格诺
译者：　刘文菁
出版发行：中信出版集团股份有限公司
　　　　（北京市朝阳区东三环北路 27 号嘉铭中心　邮编　100020）
承印者：　河北鹏润印刷有限公司

开本：880mm×1230mm 1/32　　印张：12.25
插页：16　　　　　　　　　　　字数：263 千字
版次：2025 年 2 月第 1 版　　　 印次：2025 年 2 月第 1 次印刷
京权图字：01-2024-6134　　　　 书号：ISBN 978-7-5217-7059-9
　　　　　　　　　　　　　　　 定价：88.00 元

版权所有·侵权必究
如有印刷、装订问题，本公司负责调换。
服务热线：400-600-8099
投稿邮箱：author@citicpub.com

目录

序 / VII

前　言 / XIII

第一章　土地与人民 / 001

006 / 尼罗河及尼罗河对埃及的重要性

016 / 古埃及人是谁?

018 / 前王朝时期

021 / 埃及历史的重要性

024 / 在博物馆中了解埃及

第二章　古王国时期的埃及 / 027

031 / 古埃及文化

033 / 集权与对宇宙二元性的认识

041 / 宇宙论与宗教信仰

045 / 文字

048 / 科学

049 / 第一中间期

第三章　中王国与新王国　/　053

055 / 第一中间期与中王国时期

060 / 第二中间期与喜克索斯人的征服

061 / 新王国时期

064 / 伟大的法老们

079 / 古埃及的农民与女性

第四章　努比亚人、希腊人与罗马人，约公元前 1200—公元 632 年　/　083

084 / 法老时期埃及的衰落

086 / 利比亚人和努比亚人在埃及

091 / 希腊人和罗马人在埃及

094 / 托勒密时代

100 / 埃及与巴勒斯坦

101 / 罗马人

第五章　基督教时期的埃及　/　111

113 / 基督教在埃及的开端

123 / 在埃及创建一个独立的基督教会

第六章 阿拉伯帝国时期的埃及，639—969 年 / 129

132 / 伊斯兰教的先知和创始人穆罕默德

136 / 穆罕默德的继任者们

138 / 征服埃及

142 / 叙利亚和伊拉克成为阿拉伯权力中心

149 / 埃及在伟大的阿拉伯帝国中的地位

152 / 女性与伊斯兰教

第七章 法蒂玛王朝、阿尤布王朝与马穆鲁克王朝，969—1517 年 / 155

163 / 法蒂玛王朝在埃及（969—1171）

168 / 萨拉丁和阿尤布王朝在埃及（1171—1250）

172 / 马穆鲁克王朝在埃及（1250—1517）

181 / 马穆鲁克权力的衰落

第八章 奥斯曼帝国时期的埃及，1517—1798 年 / 185

187 / 奥斯曼征服埃及

193 / 奥斯曼人是谁？

196 / 奥斯曼帝国在埃及统治的三个阶段

201 / 奥斯曼帝国治下埃及的社会生活与文化生活

第九章　拿破仑·波拿巴、穆罕默德·阿里和伊斯迈尔：19 世纪的埃及 / 209

210 / 法国、拿破仑与埃及（1798—1801）

221 / 穆罕默德·阿里（1805—1848）

225 / 穆罕默德·阿里的现代化计划

230 / 军事上的胜利与外交上的失败

232 / 赫迪夫伊斯迈尔（1863—1879）

236 / 苏伊士运河的修建

238 / 阿拉比起义与英国的占领

第十章　英国时代，1882—1952 年 / 243

244 / 克罗默统治下的埃及（1883—1907）

250 / 民族主义者的不满

254 / 第一次世界大战和 1919 年革命

266 / 战间期

269 / 战争年代及其影响

第十一章　埃及人的埃及，1952—1981 年：纳赛尔和萨达特 / 273

276 / 贾迈勒·阿布德·纳赛尔

291 / 安瓦尔·萨达特

第十二章 穆巴拉克领导下的埃及 / 299

　　302 / 胡斯尼·穆巴拉克

　　312 / 穆巴拉克统治下的埃及和之后的埃及

结语　穿越千年的埃及 / 329

　　331 / 地理是命运

　　333 / 统治者

　　336 / 宗教虔诚

后记　埃及转变了吗？/ 341

参考文献 / 351

序

古希腊历史学家希罗多德称埃及是尼罗河的馈赠。纵观古埃及文明的辉煌历史，此话可谓言之凿凿。埃及产生了人类历史上最早的文明之一，自南向北贯穿埃及的尼罗河滋润着这块处在撒哈拉沙漠边缘的土地，养育着这里的人民，与文明发展的每一个阶段息息相关，始终起着不可或缺的作用。

尼罗河谷地先后孕育了多个灿烂的文明。从法老时期留存下来的众多纪念性建筑物或纪念碑，包括金字塔、狮身人面像、方尖碑、神庙、王陵等，一方面得到了无数古典作家从不同的角度的精细描述和精湛评价，另一方面也极大地影响了后来的文化发展。罗马皇帝甚至不惜投入大量人力和物力，把包括方尖碑在内的许多古埃及文物运到罗马等地。这些文明遗物后来又被转化为彰显基督教和伊斯兰教威力的证物，进一步激发了难以计数的诗人和画家的创作激情。在早期基督教兴起以及伊斯兰教在亚洲和非洲传播时期，埃及均扮演了重要的角色，这得益于其连接两大洲和紧靠红海及地中海的优越地理位置；在西方列强对外扩张和大肆掠夺的过程中，埃及又成为受害者，亦因其特殊的地理位置而创巨痛深。第二次世界大战以后，在复杂的国际局势和险恶的地缘政治环境中，埃及也发挥了举足轻重的作用。埃及确实是一个充满活力和具有无限吸引力的国家。

如果从古埃及人创造文字和国家的雏形算起，埃及的历史至今将近 7 500 年。但是，很少有人愿意和敢于撰写一部覆盖古代至当代的埃及史。埃及学界通常把古埃及历史的下限定在公元前 332 年亚历山大率领军队推翻波斯人在埃及的统治。这一时间点似乎构成了一条无法逾越的鸿沟，专攻古代史的学者与研究中世纪的学者相隔两边，研究近现代埃及史的学者当然更不会接近这条鸿沟。在拥有先进技术和机械的电子化时代，现代人眼中法老的国度似乎处在无法企及的遥远的过去，受到影视等媒体的夸大和渲染，有关古埃及的两种错误观念根深蒂固。一是把诸如金字塔、狮身人面像等古埃及文物归于外星人所为或者认为其中含有我们无法真正理解的超自然秘密；二是把古埃及描画为神秘莫测的土地，把木乃伊和各式各样的墓葬品解释为古埃及人痴迷于死亡的结果等等，不一而足。事实上，尽管法老时期的埃及人与今天的埃及人在语言、宗教和文化等方面没有直接的关联，不可否认的是，延续了数千年的地理和水文环境催生了难以泯灭的族群属性。

蒂格诺教授专攻英帝国殖民史和埃及、尼日利亚及肯尼亚近现代史，在普林斯顿大学讲授近现代史长达 46 年并担任历史学系主任 14 年。他把非洲史、亚洲史和拉丁美洲史纳入学校的教学和研究范围，提倡和推动学科之间的交叉研究，改变了普林斯顿大学之前的历史学研究局限于欧洲史和北美史的状况。在殖民史和帝国史鲜有学者问津的时候，蒂格诺业已在这两个领域深耕了许多年，先后出版了《埃及的现代化和英国的殖民统治，1882—1914》（1966年）、《埃及与苏丹》（1967年）、《埃及收入分配中的政治经济学》（1982年）、《埃及国有、私营企业与经济变革，1918—1952》（1984年）、《埃及的纺织业与英国的资本，1930—1956》（1989年）、《帝国末期的资本主义与民族主义：去殖民化过程中埃及、尼日利亚和肯尼亚的国家与企业，1945—1963》（1998年）。

在深入研究殖民和后殖民时期埃及历史的基础上，蒂格诺试图让读者了解埃及这块土地上的历史积淀，讲述当代埃及人文化和宗教的来龙去脉，这一尝试和努力的结晶便是由普林斯顿大学出版社于2010年推出的《埃及7500年》。该书分为十二章，前四章涵盖了埃及历史的诞生至罗马帝国统治时期；第五章至第七章分别叙述了基督教和伊斯兰教的传入；从第八章至第十章，蒂格诺讲述了埃及近代史，其中包括奥斯曼帝国时期的埃及和拿破仑远征之后的历史；第十一章讨论了纳赛尔和萨达特对埃及的统治；最后一章聚焦穆巴拉克治下的埃及历史。

埃及近7 500年的历史长河汇集了法老文明、希腊-罗马文明、基督教和伊斯兰教文明。在一本并非鸿篇巨制之作中凝聚林林总总的辉煌文明，梳理纷繁复杂的历史事件，阐释济济彬彬的杰出人物，不仅需要胆识，更需要作者熟稔埃及历史全貌，同时还需要作者具有甄选核心要素、用流畅的语言予以表述的高超技巧和丰富经验。蒂格诺在书中充分展现了在其渊博的知识中提炼数千年历史脉络的才能和技艺；尽管此书为一部简史，但书中不乏丰富的细节和生动的描写，使历史变得更加鲜活有趣。他介绍了历史上最早的宗教改革家埃赫那顿和签订人类历史上第一份和平条约的拉美西斯二世，评价了萨拉丁、穆罕默德·阿里、纳赛尔、萨达特和穆巴拉克等领袖人物的功过，用一定的篇幅讨论了英国学者马丁·贝尔纳提出的"黑色雅典娜"问题，甚至也没有忘记在尼罗河谷劳作的农民的处境。在描写近代以前的埃及历史时，蒂格诺借助相关学界业已获得的成果，勾勒了数千年历史的主线并着重介绍了决定这个线条的重要人物和事件。至于近代以来的历史，蒂格诺凭借其长期在该领域教学和研究的经验和成果，做到了繁简得当、重点突出，深刻剖析了埃及频繁遭受外部入侵和异族统治的命运，多视角分析了由此生成的复杂历史及其影响。从1798年法国军队登陆亚历山大，到1882年英国军队占领埃及，从1922年埃及摆脱英国的殖民统治，到1952年埃及真正赢得独立，蒂格诺描写了无比曲折的埃及现代史以及埃及人争取民族独立和自由的坎坷历程。

蒂格诺曾经长期从事埃及现当代史的教学和研究，多次在埃及长时间居住和进行各种形式的交流。正因为如此，他在书中不是罗列史实和年代，而是以历史学家的视角纵观埃及亘古亘今的悠久历史，同时在字里行间倾注了一位人文学者对埃及这块神奇土地的关注和挚爱。在蒂格诺的笔下，多族群和多文化长期竞争和融合促成了丰富多彩的文明，他从不同寻常的广角，以色彩丰富且简洁明了的叙述方式完成了这部埃及简史。借助这部简史，读者可以理解埃及历史的发展过程、多个历史阶段之间的关联以及支配埃及历史中传承和断裂的内外动因。本书配有插图，书末标注了引用的论著并提供了相当充分的参考文献。

蒂格诺的《埃及 7500 年》实属一部颇具雄心和匠心的著作。应当说，他在很大程度上获得了成功。

金寿福

2024 年 12 月 12 日于上海

前言

半个世纪以来，我一直与埃及和埃及人打交道，尽管当我初次前往埃及时，几乎没想到在我的学术生涯晚期，我会尝试撰写一部简明综合性作品，讲述埃及这样一个国家的历史，它的历史丰富程度不输其他任何历史悠久的地区。1960年，我首次来到埃及，是为了攻读历史学的博士学位。我当时研究的是克罗默时期英国对埃及的占领，我特别关注的是英国对埃及人民的影响，无论这种影响是好的还是坏的。多年来，随着每一个以埃及为中心的研究项目的开展，以及一次接一次在埃及驻留（其中许多次是长期驻留），我对埃及现代历史的兴趣及对埃及人民的感情日益增长。虽然我是一名现代历史学家，但偶尔我也会被要求撰写关于埃及的简史，只是仅限于从7世纪阿拉伯-穆斯林征服埃及到现在。急切希望访问埃及的朋友们反复询问，并催促我推荐一些图书，特别是那些涵盖范围从最早时期到现今埃及的简明、可靠的历史书，以为他们的游览做准备，这让我陷入了窘境。有关埃及的旅游文献资源丰富。有极好的旅行指南，这些指南包含了关于古迹、开罗的建筑以及受欢迎的旅游胜地的精美插图，可我仍无法找到任何一本能用简洁且读者容易理解的形式介绍从法老时期到现代埃及历史的书，以资推荐。我决定尝试自己来撰写这样的作品。

对我来说，这项任务中最艰巨的部分是考察阿拉伯穆斯林到来之前埃及的历史。我知道有关法老和埃及的希腊人、罗马人的文献浩如烟海、内容精深复杂且高度专业化。起初我没有意识到，有关前伊斯兰时代的埃及的最佳历史著作多么引人入胜，研究它们会带来多大的乐趣。因此，我首先要感谢的是几代历史学家，是他们激励、鼓舞和鞭策其他人达到他们的高标准。单独列出我最喜欢的几位历史学家是不公平的，因为我的名单可能会忽略许多值得尊敬的权威人物。但我发现了一个真理，这个真理存在于所有历史研究领域。这个真理就是：从经典著作入手会给我带来无穷的乐趣和满足感，尽管这些著作中有许多已经被取代，大多数甚至不再出现在标准的参考书目中。这些经典著作对新手的重要性在于，它们开创了新的领域，并激励后继者深化和改进现有的工作。这些经典著作设定了各领域的范围，为进一步的工作奠定了基础。

关于如何阅读历史，我的建议是从经典著作入手，并逐步过渡到阅读近年来最好和最权威的研究。我希望我在为写这本书做准备之时，就已经实现了这一目标。如果我遗漏了一些重要的新著，我向那些学者表示歉意，他们的研究成果本应出现在本书中，却没有出现。我要感谢许多朋友和同行学者，是他们让我注意到了一些新近的研究成果，并在我急于支持某一特定解释时提出警示。特别感谢贝丝·巴伦（Beth Baron）、彼得·布朗（Peter Brown）、迈克尔·库克（Michael Cook）、乔恩·德宾（Jon Durbin）、哈立德·法赫米（Khalid Fahmy）、莫莉·格林（Molly Greene）、希思·劳里（Heath Lowry）、霍莉·皮特曼（Holly Pittman）、帕梅拉·朗（Pamela Long）、约瑟夫·曼宁（Joseph Manning）、罗杰·欧文（Roger Owen）和爱德华·沃茨（Edward Watts）。他们在我撰写稿件的过程中的不同阶段阅读了全部或部分内容。在任何情况下，他们都不对本作品中的任何史实或解释方面的错误负责。在我寻求有关古人，尤其是希腊人和罗马人如何看待埃及的理论与参考书目时，格兰特·帕克（Grant Parker）提供了建议，我对此表示感谢。在这份由于篇幅而有限的名单的最后，我要感谢普林斯顿大学出版社总编辑布丽吉塔·范·莱茵贝格尔（Brigitta van Rheinberg）对这个项目的热情，还要感谢出版社历史编辑克拉拉·普拉特（Clara Platter）。普拉特女士回答了许多技术性问题和其他问题，帮助我明白如何让书稿达到出版要求。如果说这本书外观赏心悦目，读起来令人愉悦，那么这在很大程度上归功于普林斯顿大学出版社研究艺术和英文字体风格的专家希思·伦弗罗（Heath Renfroe）和理查德·伊索迈基（Richard Isomaki）。

第一章
土地与人民

　　一架大型喷气式客机穿越云层盘旋下降。空乘人员宣布飞机即将着陆,抵达开罗国际机场。同往常一样,机舱里座无虚席。这些乘客中有从海外工作或度假归来的埃及人,有商务人士,还有大量的游客。然而,无论是在埃及长期居住的人,还是初次到此访问的游客,座位靠窗的乘客都在鸟瞰陆地的风景。他们想尽可能地看到这个传说中的城市和城市里不可思议的古迹。乘客们一开始只能看到沙丘,但是,此次航班很幸运,由于气流的原因,飞机必须飞过吉萨金字塔群。当此历史遗迹映入眼帘时,整个机舱的乘客们开始欢呼、尖叫、低声轻喃。那些曾经去过埃及的乘客知道,从飞机上的视角看这些建筑,远远无法与首次在地面上看到这些建筑所带给人的冲击与震撼相比拟。然而,纵使在3 000英尺[*]的高度俯瞰这个金字塔群,它们的雄伟壮观仍然令人叹为观止。即便那些久居开罗的乘客的心中也涌现了一个谜团:5 000多年前的人是如何建造出

---

[*] 1英尺约合0.3米。——编者注

如此宏伟的墓地的？关于古埃及的思绪飘浮在每个人的脑海里。

从机场驱车进入市中心的路上，沿途会经过埃及军队举行盛大阅兵的大道。在开罗的某个路段，前总统安瓦尔·萨达特宏伟壮丽的墓地映入眼帘。即使是那些不谙世事的游客，也不禁会想起吉萨金字塔群。吉萨金字塔群是埃及三位早期伟大法老的陵墓。如果游客了解埃及的历史，他们就会知道，开罗遍布这样的历史遗迹，以纪念那些大人物。埃及人几乎从人类定居尼罗河流域时就开始纪念他们最强大和最受尊敬的统治者。通过这种方式，埃及人颂扬这些统治者对人民和土地的贡献。理论上大致如此：墓地越大、越辉煌，代表着被纪念的统治者的任期越璀璨。

萨达特的墓地甚至与埃及的历史有着更紧密的联系。在墓地对面是军事检阅台，检阅台的中间有一把黑色的单人座椅。这是 1981 年 10 月，安瓦尔·萨达特在军事阅兵中被枪杀时所坐的椅子。那次阅兵是为了庆祝 1973 年 10 月埃及对以色列战争的胜利。我们如果还记得刺客哈立德·伊斯兰布利（Khaled al-Islambouli）在审判中所言"我已经杀死了法老"，那么就很可能感受到昔日埃及历史的重现。埃及近期三位统治者（贾迈勒·阿布德·纳赛尔、安瓦尔·萨达特、胡斯尼·穆巴拉克）经常被比作法老或其他埃及早期的统治者。尤其是萨达特，他试图将自己及自己的行为与埃及的法老统治时期联系起来。他高举权杖，就像法老紧握生命之钥。萨达特也会在重大仪式上身着有王家气派的华服。一位当代观察者将这些新的统治者称为埃及的新马穆鲁克。

许多观察者强调几千年来埃及历史的延续性，甚至强调埃及的本质是不变的。他们认为，埃及的气候、地理环境和尼罗河永恒的规律——夏季洪水泛滥，都赋予了这片土地跨越时空的一致性。而这种一致性是人类智慧无法改变的。从地理位置上看，埃及东西两侧被沙漠所环绕，北临地中海，南面是汹涌的尼罗河急流（瀑布）。因此，埃及的居民只能挤在尼罗河提供给他们的一小片可耕种的土地上居住。即使最杰出的科学家也很难改变这种自然环境所造成的人们对这一小片土地的依赖。

然而，变化也是埃及悠久历史中的显著特征。时代的更迭显而易见。持续了近三千年的古埃及文化，最终屈服于希腊和罗马的征服。埃及人的古老语言逐渐被废弃。许多古代的伟大遗迹要么被沙子覆盖，要么被拆除，而拆除掉的材料转用于别处。接着，希腊人和罗马人的多神教文化让位于基督教，其后是伊斯兰教。伊斯兰教对世界产生了重大的影响并创造了新的语言。其实伊斯兰教也不是一个统一体，而是一位穆斯林征服者接替了另一位。显赫的什叶派法蒂玛王朝的君主让位于阿尤布王朝，然后是马穆鲁克，最后是奥斯曼人。接着是一系列外国征服者的闯入：首先是法国人，紧接着是土耳其-切尔克斯人的统治者（这是个令人印象深刻的插曲），后来便是英国人。尽管当代人将埃及的现代政权与法老时代和马穆鲁克王朝相提并论，但自20世纪50年代以来，埃及的统治者们都以他们的埃及身份而自豪，并声称他们是自法老时代以来第一批土生土长的领导人。

事实上，变化和延续性是埃及悠久历史的标志。这两个主题对于埃及历史至关重要。很少有国家像埃及一样，有如此多的关于过去的文字记载。但是，对埃及进行全面概述的书却又十分缺乏，急需填补这个空白。游客们热切地寻找一本能够引导他们理解这个国家丰富历史的通用指南——这本指南会以一种易于理解的叙述方式，帮助游客们了解这个国家星罗棋布的历史遗迹。学者和专家们也渴望有一部可以囊括他们不擅长的历史时期的著作。遗憾的是这样的书少之又少。虽然指南类图书很多，但这些书仅专注于特定的某些时期和特定的某些区域，它们中的大部分缺乏对历史的整体把握。这个领域的研究之所以薄弱，其原因并不难理解。就很多方面而言，埃及的历史十分丰富，它拥有太多特殊的历史时期。研究每个时期都有其语言的、民族志的和文献上的要求，都需要阅读海量高度专业化且复杂难懂的历史文献。因此，埃及学家发现很难与研究现代埃及的学者进行交流。希腊罗马学家与研究伊斯兰教的学者研究的是同一地理实体和同一种族语言群体，因此，他们之间有许多共识。然而，由于他们所受的语言训练和历史训练不同，他们又常常分道扬镳。

在过去的千百年里，埃及改变了多少，又有多少是保持一成不变的呢？几千年来，埃及人日常生活的节奏都围绕着尼罗河。即使到了今天，尽管埃及已经半个多世纪没有经历每年的尼罗河泛滥，但这一状况仍在继续。是否因为尼罗河及其周围相对狭窄的可耕种地带，埃及的历史具有了某种超越许多历史时期的延续性？

埃及位于三大洲（欧洲、亚洲和非洲）的交界处，因此，它的地理位置及战略意义上的重要性毋庸置疑。埃及吸引了众多的外来者，而这些外来者常常以侵略者的身份出现。喜克索斯人、希腊人、罗马人、阿拉伯人、马穆鲁克、奥斯曼人、法国人和英国人（现在，有些人甚至认为美国人也是侵略者）都曾经统治过这里。这些外来者带来了他们的语言、人口和生活方式。但他们又能在多大程度上有效地将自己的文化强加于生活在尼罗河沿岸的人们呢？当然，在漫长而多元的历史发展进程中，很多事情已经发生了改变。象形文字消失在历史的长河中，直到19世纪现代语言学家才将象形文字破译出来。很多让当代游客着迷的埃及法老文化，已被掩埋在千百年来堆积起来的沙砾之中。直到经过一群吃苦耐劳的、被称为埃及学家的学者的努力，它们才逐渐重见天日。埃及曾经是基督教世界中最具基督教色彩的地方。可是在7世纪阿拉伯穆斯林征服埃及之后，基督教便让位于伊斯兰教。但是基督教对这片土地的影响并未完全消失。直至今日，占埃及人口近10%的科普特人仍使用与古埃及语联系紧密的科普特语，尽管这些使用者仅局限于神职阶层。

变化是显著的，但延续性亦然。具有纪念意义的建筑物盛行于法老时代。即便现在，埃及人仍然建造纪念碑，献给他们的领袖们。有人认为，对全能统治者的崇拜也是如此。在古埃及，统治者的任务是保障秩序与繁荣。而在纳赛尔、萨达特和穆巴拉克的领导下，统治者的职责仍然大致相同。宗教是古代文化的核心。早期的埃及宗教信仰和活动渗入了基督教与伊斯兰教，尽管是以一种截然不同的形式。在一个似乎有意将宗教边缘化的世界中，伊斯兰教拒绝边缘化。而埃及在伊斯兰教复兴的过程中发挥了核心作用。变化和延续性是埃及历史叙事的主题。它们是显而易见的。

民族和国家的名字往往是外国人给取的。西班牙人是第一批抵达美洲的欧洲人。他们认为自己登陆的地方属于东亚。他们称当地的美洲原住民为印第安人（印度人）。埃及和埃及人也是这样得名的。古埃及人称他们的领土为kemet，即黑土或沃土。通过这种方式，古埃及人将他们的可耕种区域和他们称之为 deshret 的沙漠或红土地进行区分。希腊人创造了 aigyptos（埃及）这个词，用于指尼罗河流域的居民以及他们居住的领土。这个希腊单词来源于古埃及语。它是希腊人对法老时代埃及都城孟斐斯的名字 Hi-kiptah（卜塔神的城堡）的讹称，进而确立了使用首都的名字代表整个领土和人民的传统。后来，征服埃及的阿拉伯人把他们的新首都命名为米斯尔（Misr），米斯尔位于古代都城孟斐斯附近。阿拉伯人用这个词来指代整个埃及领土，而这片土地上的居民被称为米斯尔伊因（Misriyyin），即米斯尔的居民。

尼罗河及尼罗河对埃及的重要性

希腊人对埃及有着深深的迷恋。这种迷恋促使亚历山大征服了这个国家。此外，亚历山大为融合埃及的生活方式做出了诸多努力，并在很大程度上取得了成功，对埃及的迷恋也必然是他这样做的原因。对希腊人来说，尤其是对那位最杰出的希腊历史学家和旅行家希罗多德来说，埃及与斯基泰形成了鲜明的对比。埃及人代表了最古老和最成熟的民族。相比之下，游牧民族斯基泰人就显得不那么成熟。希罗多德给我们提供了许多关于古埃及的真知灼见，其中最重要的是：埃及这片土地是尼罗河的馈赠。他在《希腊波斯战争史》中对埃及的描述，很大程度上来源于公元前5世纪他在埃及旅行时与孟斐斯、赫利奥波利斯（Heliopolis）和底比斯的埃及祭司的对话。这些教职人员向他保证，他们的土地是"人类最古老的"。毫无疑问，希罗多德对这片土地和其人民充满了钦佩之情。在他的笔下，埃及是一片"拥有如此多奇迹的土地，没有任何［其他国家］拥有如此多的无法用言语描述的作品。不仅埃及的气候与世界其他地方不同，这里的河流也与其他河流不同，而且人们的大多数礼仪和习俗也与人类的传统做法相去甚远"。他注意到，在埃及，女人去市场，而男人则留在家里织布。只有男人才能当祭司。但是，这些祭司都剃光了自己的头发，这与希罗多德的家乡留发的习俗截然不同。更令希罗多德困惑的是，埃及人吃饭在户外，但小解在室内。

希罗多德关于尼罗河的原话值得重述："希腊人乘船去的埃及是一个后天成长起来的国家，是尼罗河的馈赠。"但是，他对尼罗河在埃及人心中重要地位的敏锐认知，并不完全正确。当然，如果没有尼罗河河水的滋养，古埃及核心区域的大片土地（约为37 540平方千米）将几乎只是一片绵延的沙漠，其中点缀着维持生命的绿洲。埃及750万英亩*的可耕地，如今一年三熟，是世界上最丰饶、多产的农业土地之一，如果没有尼罗河，这里将会是一片荒芜。

希罗多德把尼罗河和其每年慷慨的洪水泛滥视为理所当然的。然而事实上，尼罗河并非总是如此仁慈。尽管这条巨大的河流已存在数百万年，但直到大约12 500年前，今天的尼罗河才形成。早期的尼罗河有很多条，它们要么带来了太多的河水，要么恰恰相反。它们不可能催生埃及人习以为常的生活方式。它们永远不会创造出标志着埃及悠久而灿烂的历史的辉煌文化。

---

* 1英亩约合4 047平方米。——编者注

尼罗河是世界上最长的河流，略超亚马孙河。无数的小溪与河流汇入尼罗河中。尼罗河的源头最远可追溯到卢旺达的丘陵地带，那里距离其最终注入的地中海差不多有 4 238 英里[*]。它的主要支流和干流流经 9 个国家——卢旺达、布隆迪、坦桑尼亚、肯尼亚、乌干达、南苏丹、苏丹、埃塞俄比亚和埃及——流域面积超过 100 万平方英里，将近整个非洲大陆面积的十分之一。然而，对于一条流经如此庞大区域的河流来说，它能带来的水量却又非常有限。与南美洲汹涌奔腾的亚马孙河相比，尼罗河输送的涓涓细流仅为亚马孙河供水总量的 2%。尼罗河的流量与德国的莱茵河相当，但莱茵河放在世界范围内很难称得上是大河。

尼罗河有着无数的支流，尤其是在中非和赤道非洲的遥远上游地区。有三条支流至关重要。第一条支流是源自埃塞俄比亚高原的阿特巴拉河。它承载着尼罗河全年七分之一的流量。在洪水季节，当季风雨和埃塞俄比亚高原的融雪充满其河道时，它变成一条汹涌的河流。而在非洪水季节，它则成为一条干涸的河床。第二条支流是同样源自埃塞俄比亚高原的青尼罗河。在 20 世纪以前，青尼罗河一直是使埃及农业繁荣的关键水源。它在每年洪水季节从埃塞俄比亚高原带来的大量淤泥，最后在尼罗河河谷淤积为肥沃的土壤。青尼罗河承载着尼罗河七分之四的流量，其中大部分出现在洪水季节。最后一条支流是白尼罗河。它从维多利亚湖奔腾而下，蜿蜒北上，穿过南苏丹沼泽区，在喀土穆与青尼罗河交汇。它承载着尼罗河剩余七分之二的流量。它同样对埃及每年的洪水至关重要，因为

---

[*] 1 英里约合 1.6 千米。——编者注

它能全年提供稳定的水源，继而调节尼罗河干流。这能防止尼罗河的洪水像世界上其他主要河流经常出现的那样凶猛和变幻莫测。从喀土穆到地中海，尼罗河又流淌了1 600英里。这一路上只有阿特巴拉河这一条支流，且没有显著的降雨。尽管如此，尼罗河还是留下足够的水和肥沃的土壤，创造了一片从阿斯旺延伸到地中海的"狭长绿洲"。正是在这片狭长的绿洲中，埃及人创造了他们独特的古代文明。

地球表面经常会经历剧烈的地壳构造变化。这些变化产生了新的陆地，形成了山川河谷，改变了气候和生态环境以及河流的走向。大约600万年前，中非地区发生了一次这样的变化。地壳上升形成了东非大裂谷，这导致气候、人类的栖息地和河流走向都发生了巨大变化。在此之前，中非和赤道非洲的水流向红海与刚果盆地。隆起的大裂谷不仅造就了现今的东非高原（第一批原始人出现的地方）和赤道非洲的大湖（坦噶尼喀湖、艾伯特湖、爱德华湖，最终还有最大的维多利亚湖），此外还改变了河流系统和排水模式，使其朝北流向埃及和地中海。然而直到这个时候，现今我们所熟知的尼罗河还未出现。尼罗河前身的几条水流在前往地中海的过程中通过埃及，并在埃及的土地上开辟出了自己的河道，但这些河道并不是我们今天能用的河道。这些早期的尼罗河有时来自赤道非洲。有时候，在极度干旱的天气里，赤道非洲与中非水流的连接被切断。尼罗河偶尔会完全干涸，这使得埃及成为一片无生命的沙漠。大约在80万年前到70万年前，非洲变得湿润，来自埃塞俄比亚的水再次冲刷了埃及，把尼罗河变成了一条水量充沛但变幻莫测的大河。然后在大约12 500年前，非洲再次变得湿润，其他湖泊的水纷纷汇入维多利亚湖，导致维多利亚湖的湖水溢出并向北倾泻，形成了白尼罗河。白尼罗河在喀土穆与青尼罗河汇合，很快便成为埃及赖以生存的尼罗河干流。

　　澎湃汹涌的河流是大自然中的危险力量。洪水通常是变幻莫测的。居住在洪泛区的人们面临着风险。大规模的洪水会摧毁庄稼和村庄。然而，缺乏水流又会导致收成不足并引发饥荒。但是，我们今天通常所谓的文明，最初就诞生在这些河流谷地，这类地方是最早期的复杂社会的诞生地。自然而然，这些区域也成了考古学考察的热点，因为它们让历史学家、考古学家、人类学家和其他专家得以深入了解人类如何变得繁盛并成为地球上的主导物种。居住在底格里斯河-幼发拉底河、印度河和尼罗河的三大洪泛区的人们带头创建了世界上最初的以城市为基础、具有等级制度的复杂社会。大约在 7 000 年前至 5 000 年前，复杂的大型文化破茧而出。我们对印度河流域的哈拉帕文化知之甚少，因为其早期遗迹总被每年的洪水泛滥和新产生的定居点掩盖。不同的是，美索不达米亚和埃及则为人所知。尽管这两个先进文化中心的历史具有显著的相似性，但它们的区别却更明显。其中的许多差异不足为奇，均源自当地人试图控制的河流。

　　现代的尼罗河是一条非常慷慨和富饶的河流，特别是与底格里斯河和幼发拉底河相比。人们极易预测它的洪水。洪水会在农作物生长最需要用水的时候来临，让人几乎不需要水利工程。尼罗河一年一度的洪水泛滥在夏季末期达到峰值。当埃及农民准备播种庄稼的时候，土壤得到富含泥沙的洪水的滋养。洪水退回尼罗河的主河道后，农民只需要撒播种子，然后让家畜踩在上面即可。

与之相比,美索不达米亚的农耕者面临的困难要大得多。当然,最为棘手的问题,是他们需要精心安排,以控制肆虐的洪水。由于底格里斯河-幼发拉底河流域的洪水出现在每年农作物生长的最旺季节,农学家不得不创建了一套灌溉系统。这套系统既能保护正在生长的庄稼,也能在洪水退去后提供水源。首先,人们需要加高河堤以确保水不会溢出至田地并破坏庄稼。此外,美索不达米亚的农学家设计了一套复杂的灌渠,以便在幼发拉底河水位较低但土地最需要用水时抽取河水。而且,幼发拉底河的水并不会像尼罗河的水那样轻易地返回主河道。这导致美索不达米亚三角洲的低洼地有盐渍化和不再适合耕种的风险。

希罗多德自己注意到了尼罗河水是多么慷慨。他在评价时无疑有所夸张:"现在,必须承认,他们〔尼罗河三角洲的居民〕比世界上任何其他人,包括埃及其他地区的人,更容易获得土地的馈赠,因为他们不需要用犁翻土,不需要使用锄头,也不需要做其他所有人为了收获粮食而必须干的工作。农夫只需等到河水自行流经田地并退回河床,然后在这些土地上播种。播种后,把猪赶到地里,接下来他只需要等待收获就可以了。"

埃及人也对他们强大的生命之河赞不绝口。大约 4 500 年前,在一个金字塔上刻着的文字中,一位埃及诗人这样惊叹道:

> 那些见到尼罗河洪水的人会颤抖。
> 田地欢笑,河岸被淹没。
> 人们神采奕奕,诸神的心中也充满喜悦。

几个世纪后,另一位诗人也赞美了这条河:

> 赞美你,尼罗河,你从地里涌出,滋养居住在埃及的人们。
> 你给那些远离水源的荒漠带来了饮水,这是天赐的甘露。

尼罗河还带来了另一个不可估量的好处。它将从地中海到现今阿斯旺第一瀑布的这片土地统一成了一个整体。在这片土地上,水向北流动,而风则相反。船员们可以在向南行驶时张开风帆,迎接来自地中海的微风。而向北行驶时,船只需顺流而行。然而,统一来之不易,不是一蹴而就的。它是通过艰难的斗争实现的。人们至今仍然对这些斗争所知甚少。

尼罗河将埃及分为两部分。埃及的南半部分称为上埃及,因为它包含了埃及境内尼罗河的上游水域。其中有一块狭窄的洪泛区。洪泛区的两侧是丘陵和山脉。其可耕种的土地沿着南北方向延伸了很长,但宽度从未超过河岸东西两侧10英里。在现今开罗的位置,也就是埃及政治中心所在,尼罗河分流了。时至今日,尼罗河有两大分支,一条支流汇入达米埃塔,另一条支流汇入罗塞塔。在法老时代,通往地中海的分支更多。开罗以北,也就是所谓的下埃及,有一块大型的三角洲区域,其最宽处从东到西近200英里。几千年来,下埃及一直是该国的粮仓,经常为整个东地中海地区提供重要的食物。

今天的尼罗河已被大规模水利工程所驯服。它成了一条悠悠流淌的河流。在人们肉眼可见的范围内,几乎没有波涛。埃及境内唯一的瀑布在阿斯旺,水流已不再汹涌翻腾、嗡嗡作响和四处喷溅。上述的那些自然现象只有在尼罗河居于高水位状态下，洪水冲击主河道内巨大的岩石时才发生。在阿斯旺以南的高坝切断了第一瀑布的水源之前，游客会在洪水季节涌向阿斯旺，以目睹这种大自然的鬼斧神工。后来，外国商人还在瀑布处建造了"古老瀑布酒店"（Old Cataract Hotel），以确保度假者和游客能看到这一自然奇观。即使在水流不再湍急的今天，这家酒店依然保持着20世纪初的魅力和便利设施。它仍然是想在混乱和动荡的世界中寻找到一个休憩之所的人们的至爱。

说到休憩，你如果想在喧闹的开罗找到宁静，那就乘坐尼罗河上的三角帆船。即使在开罗，尼罗河的水也并非那么蔚为壮观。河两岸的间距远远不及很多河流宽阔，如密西西比河。充满泥沙的河水也不能吸引人们去游泳。三角帆船看起来破旧，需要修理，几乎所有的船帆都有补丁。但熟练的船夫驾驶着它们。当你坐船从尼罗河的东岸悠悠地摆渡到西岸时，你会感受到历史的迷人之处。这里有传说中藏匿婴儿摩西、帮助摩西躲避法老怒火的那种芦荻。坐在船上，你还会穿过通往开罗大学的桥。在开罗大学，抗议者经常聚集，高声呼喊着，反对英国或埃及的政府官员。而当黄昏降临城市（速度快得惊人），开罗的灯光会在河面上闪烁，璀璨夺目。

人类在尼罗河谷居住的开端

人类在尼罗河谷居住的最早痕迹，可追溯至40万年前。这些痕迹主要出现在经过加工的片状石器上。这些石器暗示直立人——与现代人的前身同为人属——曾在这一地区居住。他们在穿过非洲大陆后，走向了欧亚非大陆的其他地方。遗憾的是，由于目前尚未找到骨骼化石，我们的证据完全依赖于这些石器的发现。至于现代人——智人——何时进入尼罗河流域，则尚未确定。迄今为止，已知的最早定居点距今约 7 000 年，这些定居点位于今天开罗西南方的法尤姆地区以及三角洲西部边缘的梅里姆德（Merimde）。这些早期人类是从哪里来的，这仍是一个悬而未决的问题。一些学者认为，他们可能是在干旱时期从利比亚沙漠来到这里寻找生存资源的。另一些学者则认为他们来自东北方，即这些人是从西南亚经由西奈半岛迁徙到埃及的。

在新的环境中，智人很容易就适应了尼罗河的节奏。他们将可耕地划分为大小不同的可灌溉洼地，面积从 1 000 英亩到 4 万英亩不等，为每年的洪水泛滥期做准备。农民用简单的土墙分隔这些洼地，然后让洪水涌入。土地在洪水中浸泡 40 天到 60 天，新的淤泥层会形成。在此之后，农民才会拆除土墙，允许水流向下游的洼地或者退回尼罗河的干流。哈罗德·赫斯特（Harold Hurst）是一位英国水利工程师，也是最后一代见证了洪水将埃及农村淹没的人之一。他描述了洪水季：“在明媚的阳光和秋日温和的天气中，沙丘和金字塔映衬下的壮观景象尽收眼底。"除了村庄所在的土丘外，埃及的全部可耕地都被洪水淹没了。人们乘船从一个村庄转移到另一个村庄。

用来拦截每年尼罗河洪水的灌溉技术很简单。每个村庄通常在当地显贵的统领下，负责自己村庄的灌溉。这确实导致了村与村之间的竞争与不和，有时甚至演变成暴力冲突和世仇。直到大约 5 000 年前，中央政府才最终成立。中央政府负责储存第二年的粮食种子和在洪水水量不足时紧急供应食物。政府还需要维护水位计。这些水位计被放置在尼罗河上游的重点地段，以提示洪水到来的时间和洪水的规模。直到19世纪，一套真正的运河系统才出现。埃及的统治者——首先是19世纪上半叶的穆罕默德·阿里，然后是1882年占领埃及的英国人——建造了一系列水坝。这套系统取代了自法老时代以来基本保持不变的淹灌系统，不断地灌溉着土地。与古代只能一年一熟不同，永久灌溉系统使尼罗河的水资源全年可用，使埃及农民能够充分利用土壤和气候的优势，让庄稼一年两熟或三熟。然而，现代农民失去了源自埃塞俄比亚高原的洪水带来的新土壤沉积。因此，农民转而使用越来越多的化肥，以维持土地的肥力和高产。

古埃及人是最早从狩猎采集转向农业和畜牧业的群体之一，但他们并非首创者。他们很多种植和收获作物的技术要么来自世界上第一批定居农业者（通常被认为是西南亚的人），要么来自他们西边现今利比亚地区的人，这些人是由于全球持续干旱而被迫进入尼罗河流域的。依赖尼罗河洪水的农民只种植单一的冬季作物。他们的主要农作物有小麦、大麦、豆类（包括扁豆和鹰嘴豆）以及苜蓿（埃及三叶草）。农民还有葡萄园和其他果园，果园的土地是仅有的全年灌溉的土地。这些土地必须用墙隔开，以防洪水破坏树木和藤蔓，而且需要定期从井和水库中取水灌溉。埃及人也拥有家养动物，主要是牛、绵羊、山羊和猪。

虽然尼罗河的洪水在灌溉和土壤修复方面起了主要作用，但埃及农民还采用了一种简单的技术，以便在需要的时候将河流和运河的水引到土地上。在新王国的阿马尔那时代之后，大约在公元前1200年，埃及人发明了一种名为"桔槔"的简单装置。该装置利用杠杆原理，吊起一个装水的袋子，使农民能够在春季和夏季尼罗河水位较低时进行灌溉。桔槔使得农民能够种植冬季作物，如其他谷物和棉花。后来，在托勒密时代，农民不仅仅使用桔槔，还使用了以水牛为动力的水车（saqia）和阿基米德螺旋泵。因此，当尼罗河处于低水位时，他们也能更充分地用到水。埃及引以为豪的农业是以一年两熟、偶尔一年三熟的作物为基础的。直到法老时代结束，亚历山大大帝于公元前332年征服这个国家之后，这种农业才得以实现。

古埃及人是谁？

但是这些尼罗河流域的早期居民是谁呢？关于他们身份的问题一直困扰着学者和评论家。大部分争议围绕着这样一个问题展开，即古埃及人是非洲人，或者说具有现代非洲黑人的显著身体特征，还是说这些古代尼罗河沿岸的居民更像当今橄榄色皮肤的埃及人。在有些著作中，特别是在《非洲文明的起源：神话还是现实》（*The African Origins of Civilization: Myth or Reality*）中，塞内加尔作家谢赫·安塔·迪奥普（Cheikh Anta Diop）用语言学、文学和艺术证据支持古埃及人是非洲黑人的论断。迪奥普引用希罗多德关于埃及的著作，并声称古埃及人在浮雕和绘画中展示的无疑是非洲黑人的特征，由此断言"古埃及是一个黑人文明"，并补充道："黑人世界并非对西方文明的恩惠无以为报，而是今天在我们眼前炫耀的'西方文明'的真正开创者。"

迪奥普进入埃及学家们的神圣领域，引发了一系列激烈而又有根有据的反击。此处的共识是，迪奥普错误地声称希罗多德把古埃及人描述为非洲黑人。恰恰相反，希罗多德和其他古典学者都明确区分了埃及人和生活在南方的黑皮肤民族，后者被称为埃塞俄比亚人。同样，当时的埃及工匠也将自己和南方人进行了区分。在绘画、雕塑和马赛克中，他们将后者描绘为黑人，埃及人的肤色用的是稍稍有点深的颜色，而亚洲人则有着更浅的肤色。上埃及国王谷的塞提一世和拉美西斯三世陵墓中的场景，展示了埃及人接触过的各种人群。这些场景中描绘的埃及人呈现出棕红色皮肤。

近年来，一位研究中国政治思想的学者马丁·贝尔纳也参与了这场争辩。他在标题容易引发争议的《黑色雅典娜：古典文明的亚非之根》一书中谈到，埃及对希腊乃至西方文明的影响是深远的。但是一代又一代的西方学者，急于表明西方的伟大是源于印欧民族的成就，而非受到非洲人或闪米特人的影响，从而否定了埃及对西方的贡献。遗憾的是，贝尔纳的学术研究过于单薄，感觉受到冒犯的古典学者奋力回击，站出来捍卫自己的观点，而关于埃及人是不是非洲黑人的这一争议也从未停息。因此，贝尔纳的主要观点——西方受惠于埃及——在某种程度上被忽视了。

当然，随着现代学术研究越发了解世界各民族实际的混合程度，以及世界上所谓的种族之间的基因差异实际上是多么细微，一些学者拒绝使用种族来分类。相反，他们通过语言而非外貌来确定人群。事实上，如果以语言为依据来确定古埃及人是谁，那么答案既清晰又明确。早期的埃及人是一群说着语言学家所谓的阿非罗-亚细亚语系或者说闪含语系语言的人。该语系主要分布在非洲东北部和西南亚，其中包括柏柏尔语、乍得语、希伯来语、埃塞俄比亚语、库希特语、阿拉伯语以及古埃及语。

然而，这种基于语言的身份判断似乎并不让人满意。我们不应该让种族偏见阻碍我们尝试描绘古埃及人的外貌。因为这样的描绘在绘画、雕刻，甚至在木乃伊遗骸中都大量存在。现在我们就有理由进行这样的尝试。

大约1万年前，非洲日益干燥的环境迫使生活在尼罗河流域以南、以东和以西的人们涌入一个可以种植作物、饲养牲口并维持他们传统生活方式的区域。因此，尼罗河谷最早的居民是来自撒哈拉以南非洲、北非和西南亚的混合人群。此外，生活在上埃及和下埃及三角洲地区的人们之间存在着明显的外形上的差异。上埃及人个子较矮，头骨细长，头发深色且呈波浪状，他们的皮肤是棕色的。而生活在三角洲地区和今天开罗所在地区的人们则个子更高，头骨更宽。

前王朝时期

尼罗河流域中属于埃及的部分，最初只是些捕鱼和放牧的民族稀稀拉拉地居住，到公元前5000年已逐渐发展出一连串基本自治的村庄。当时几乎没有任何迹象表明，居住在尼罗河这片流域的居民将成为世界历史上最早建立中央政权和具有独特、统一文化的族群之一。大多数尼罗河流域的居民生活在狭小的村落里。他们靠种植谷物（主要是小麦和大麦）、狩猎、掠夺、捕鱼和驯养动物（绵羊、山羊和猪）来维持生计。他们当时还没有书面语言，可能说着不同的方言，也没有大型的灌溉工程。居民之间的地位差别和贫富差距很小。他们生活在简陋的小屋里，村民与村民的接触非常有限。

随着时间的推移，这些小村庄发展成了重要的城镇，并最终成为当地神灵崇拜的文化中心。人们通过祭祀这些神灵祈求土地多产、生活安稳。在这一初始阶段，向更大的村落社群发展的趋势，在上埃及比在下埃及更为明显，在上埃及涅迦达（Naqada）和希拉孔波利斯（Hierakonpolis）这两块较大的聚居地尤为突出。上埃及或者说南埃及持续领先于北方，最终南方的社群变得足够强大，得以统一从第一瀑布（位于今天的阿斯旺以南不远处）到地中海的整个尼罗河流域。除了拥有更大的村庄居民点外，上埃及人的另一个优势是能够利用东部沙丘和第一瀑布以南的努比亚的矿藏。

埃及的前王朝时代可以分为几个不同的历史时期。其中第一个时期是以上埃及的巴达里（Badari）村命名的巴达里时期。这个时期大致从公元前5500年延续到公元前4000年。关于这段时间的资料很少，我们只知道巴达里人从事农业和畜牧业。有人认为他们是靠自己驯养动物的。但更有可能的情况并非如此，而是他们通过接触西南亚文化，学习吸收了这些技能。许多人在动物皮制成的帐篷里生活。接下来则是涅迦达时期。这个时期始于公元前4000年，结束于公元前3100年。这个时期以位于上埃及的涅迦达遗址命名，那是英国埃及学家弗林德斯·皮特里（Flinders Petrie）于1895年发现的一块拥有3000多个墓穴的墓地。那里的埋葬方式相当原始，只是在死者的尸体上铺张简单的席子，然后把尸体埋在坑里。不过，人们埋葬祖先，而不是把他们留给野兽，这表明这些早期人类认为自己与其他动物不同，高于其他物种，甚至可能死后仍然可以活着。在这么早的时期，埃及人就把死者埋在尼罗河的西岸，也就是太阳落山的方向。这大概是希冀死者能像太阳一样，在死后仍能复活，重获新生。

到涅迦达Ⅱ时期，上埃及的生活变得更为复杂。社会分层和职业系统出现了。一个享有特权和财富的阶层也产生了，他们参与狩猎活动不再是为了维持生计，而是把狩猎作为他们身份和名望的象征。这个群体中的一些人推动了远距离贸易，因为富人渴望从远方获得奢侈品。专业的工匠为社会的其他成员生产商品，为富人打造更加精致的物件。富裕和有权势的人被埋葬在更大、更华丽的墓穴里，他们的尸体旁摆放着其生前享受过的各种美丽和令人愉悦的物品。当时的上埃及至少有三个相对较大的城市群：被称为"金城"的涅迦达；更南边的赫利奥波利斯；以及阿拜多斯，即最初的国王们的陵墓所在地。赫利奥波利斯是三座古城中最令人印象深刻的，它的城墙在某些地方厚达9.5米。城内有一个封闭的神庙，在那里，学者后来发现了那尔迈调色板。尽管埃及当时没有苏美尔那样壮观的城市，但赫利奥波利斯城实际上与美索不达米亚的大城乌鲁克好似孪生兄弟。事实上，在赫利奥波利斯发现的文物表明，这两个地方的居民之间存在某种实际的联系和相互借鉴。或许有多达5 000名居民住在赫利奥波利斯的城墙内。

在大约公元前3100年的涅迦达Ⅲ末期，上下埃及统一了。这个统一的过程并非完全和平。这个时代的一个主要文物——著名的那尔迈调色板，在1898年被发现，现展示在位于开罗的埃及博物馆的显眼位置。那尔迈调色板描绘了一个强大的统治者,他抓住一个敌人的头发(毫无疑问,这个敌人是北方人),将权杖举过头顶,准备将这个敌人杀死。后来,这个击打形象成为象征埃及的经典主题之一,旨在展示统治者的力量。当然,到公元前3000年,从三角洲到阿斯旺的尼罗河谷大部分地区已经统一。

第一王朝的埃及早期国王被埋葬在阿拜多斯,而赫利奥波利斯则成了荷鲁斯神的重要崇拜中心。尽管埃及的城市没有美索不达米亚的城市大,但该地区拥有众多的城市中心,它们的遗迹已经被尼罗河的洪水和后来的定居点所掩盖。当著名的第三王朝出现时,埃及已经有了一个统一的政权,形成了一种宏伟的王家建筑风格,并在华丽的陵墓中埋葬其王室成员。

埃及历史的重要性

各类埃及历史学家——无论是埃及学家、科普特学家、纸草学家、伊斯兰学家还是研究现代埃及的学者——很少质疑他们所从事的研究是否有意义。他们本能地知道他们研究的重要性。但这个问题值得回答。或许,埃及在世界历史舞台上的地位可以与奥斯卡获奖电影《阿甘正传》中的人物阿甘的传奇经历相提并论。就像埃及和埃及人民那样,阿甘似乎会出现在所有重大的历史时刻。然而,就埃及这个例子而言,其居民经常担任主角。正如本书即将论述的那样,埃及人民是最早创建集中政权和复杂社会等级制度的社群之一,因此成了时代的主角。他们还是人类最伟大的成就之一字母表的发明者。许多象形文字的符号是图形符号和表意符号,代表单个词语,其他符号代表辅音;而埃及人更进一步,率先引入了纯粹代表字母表中单个字母的符号。

对世界历史同样重要的是埃及农民对于支撑历史上一些伟大帝国所起到的作用。古代法老文化消失后,希腊和罗马征服者便掠夺埃及,以养活他们帝国庞大的人口。后来的法蒂玛王朝、马穆鲁克王朝和奥斯曼帝国的建设者也是如此。在所有这些帝国中,埃及都是人口最多和最繁荣的部分。早期基督教极大地受益于埃及的宗教狂热,而伊斯兰征服者自然也希望让他们的宗教在这片重要的土地上扎根。1260 年,马穆鲁克穆斯林在叙利亚击败了一支强劲的蒙古军队,使埃及、北非其他地区,甚至可能还有西欧,免遭渴望征服世界的蒙古人的铁蹄践踏。现代世界的帝国建设者——法国人、英国人和美国人——都了解位于亚欧非三大洲交界处的埃及的战略重要性,希望将埃及纳入他们的帝国架构之中。

埃及传奇历史中还存在着一个明显具有矛盾张力的特点。大约在 5 000 年前,埃及完成了统一。此后,这片土地及其居民享受着一个与外界隔绝的绝佳时期,这使尼罗河两岸的居民得以推广一种独特的生活方式和维持长达 1 500 年的内部团结,直至公元前 1500 年左右喜克索斯人入侵。在长达 1 500 年的时间里,沙漠、尼罗河的瀑布和地中海是外界不可逾越的屏障。这些屏障使埃及人得以完善法老时代的制度(第二章和第三章会描述),并产生了一种对埃及的身份认同感(a sense of Egyptianness),这种感觉经受住了一长串征服者和外来帝国建设者的侵袭。在很多方面,埃及的历史就是一个民族对自己在近 3 000 年的历史中所形成的独特宗教、政治、经济和文化身份抱有自豪感，在面对一连串征服者的情况下，仍努力保留他们的埃及身份的漫长进程。

曾长期担任埃及总统和革命领袖的贾迈勒·阿布德·纳赛尔在他常被引用的著作《埃及的解放：革命哲学》（Egypt's Liberation: The Philosophy of the Revolution）中指出，从历史上看，埃及是在三个圈子的轨道内运转的，埃及在世界事务中的角色亦是由它在其中所居的中心位置决定的。第一个圈子是阿拉伯，但同样重要的是非洲和伊斯兰世界的背景。贾迈勒·阿布德·纳赛尔说："我们的国家位于亚洲西部，与阿拉伯国家相邻，我们的存在与阿拉伯国家息息相关，这绝非没有意义。同样，我们的国家位于非洲东北部，俯瞰这块黑暗大陆，在那里白人殖民者和黑人土著为争夺有限的资源而展开激烈斗争，这也绝非没有意义……所有这些都是扎根于我们生活中的无可改变的基本现实，即使我们尝试逃避或忘记这些，也不可能做到。"

纳赛尔是一位出色的领袖，他深谙本国的历史。在上面的话语中，纳赛尔谈到了地理在埃及历史中的重要性，即埃及在非洲和亚洲交界处的关键位置的重要性。他还强调了埃及与我们今天所称的第三世界的关系。他认为第三世界是一个正从欧洲殖民统治中蓬勃兴起的世界。然而，正如本研究将说明的那样，从历史的角度来看，纳赛尔对埃及的论述是不全面的。因为埃及同样与地中海世界有着不可分割的联系。埃及与欧洲之间的相互影响，在该国历史的几乎所有阶段都非常明显，这一点在纳赛尔对埃及历史的阐释中并没有得到足够的重视。法老影响了希腊人，而希腊人与罗马人反过来占领了埃及，并深深扎根在埃及人的心中。在 7 世纪被阿拉伯穆

第一章　土地与人民

斯林征服之前，埃及是最具基督教色彩的地区。此后埃及又为伊斯兰世界所认可，并在伊斯兰世界中占据重要一席。19世纪，埃及赫迪夫伊斯迈尔宣称埃及终于加入了欧洲列强的行列。在英国占领期间，埃及在大英帝国内的核心地位从未受到质疑。身份和在世界历史事件中的地位是这片辉煌土地历史上的重大议题。

在博物馆中了解埃及

埃及拥有众多世界级的博物馆，让人能够愉快地在里面感受该国的历史并欣赏其文物。然而，初次访问的游客或许应该先到自己国家的某个国家级博物馆做些准备，因为这样的博物馆几乎都有大量的法老时代文物。对美国人而言，纽约大都会艺术博物馆是一个显而易见的选择。在它一流的古埃及藏品中，有一整个展厅专门展示了罗马帝国的埃及总督于公元前15年建造的壮观的丹铎神庙（Temple of Dendur）。该神庙原建于阿斯旺以南80英里处的努比亚地区，后来在埃及政府的帮助下得到修复，再现了昔日的光辉。埃及政府把它赠送给了纽约大都会艺术博物馆，以此来对美国纳税人表示感谢，因为美国人的慷慨援助使埃及政府得以保存许多本来会因为20世纪60年代修建阿斯旺高坝而被淹没的纪念碑。对英国人来说，大英博物馆拥有更为丰富的埃及古物藏品，其中最引人注目的当数罗塞塔石碑，它伫立于埃及文物展厅的入口处，欢迎着各位来宾。

然而，与位于开罗市中心主广场附近的埃及博物馆里展出的物品相比，这些绝妙的藏品就相形见绌了。1902年，这座令人眼前一亮的粉红色灰泥建筑首次向公众开放，目前展出了约12万件物品，另有15万件储存在地下室中。在这里，游客一进门就会看到埃及最重要的文物之一——已在本章中描述的那尔迈调色板，这是埃及领土统一的象征性标志。然而，很少有人在那尔迈调色板前驻足，因为人们都急于前往二楼，那里有许多房间收藏着可能是世界上最华丽的藏品——图坦卡蒙法老的遗物。这不禁让人浮想联翩：其他那些寿命更长、更有权力的法老的陵墓里会有什么样的珍宝呢？

开罗还有更多可供参观的博物馆。建于1947年并于近期翻新的科普特博物馆位于老开罗的一个居民区，那里居住着很多科普特人。该博物馆拥有令人惊叹的、可能也是世界上最好的科普特艺术藏品。该博物馆还有一些工艺精湛的科普特纺织品。伊斯兰艺术博物馆则是埃及赫迪夫陶菲格的心血结晶。该博物馆展出了多年来从开罗的家庭、清真寺和宫殿中收集来的中世纪伊斯兰艺术品。在参观完开罗最壮观的清真寺之一艾哈迈德·伊本·图伦清真寺后，人们很容易就能在盖尔·安德森博物馆看到一座奥斯曼帝国豪宅的宏伟复制品。

开罗以外也有令人印象深刻的博物馆。亚历山大城有希腊-罗马博物馆，由赫迪夫阿巴斯于1892年开设，该博物馆展示了美丽的墓穴壁画和几尊亚历山大大帝的半身像。一座小型的博物馆纪念着希腊诗人卡瓦菲斯（1863—1933），该博物馆就建立在卡瓦菲斯生命最后25年居住的公寓。而离该博物馆不远的塞西尔酒店如今已多少恢复了其在两次世界大战之间的荣光，当时它是热爱文学和持世界主义态度的亚历山大人聚会的地方，其中包括因《亚历山大四重奏》而闻名的英国小说家劳伦斯·达雷尔。最后，不容错过的是 2002 年开放的新亚历山大城图书馆，它醒目地矗立在海滨大道上。环绕大楼的墙是由阿斯旺花岗岩制成的，上面刻有世界上大多数语言的文字。目前，该图书馆的藏书并不多，但管理部门希望能收集到约 800 万册的藏书。

最新的博物馆是位于阿斯旺的努比亚博物馆。该博物馆于 1997 年开放，展出了许多原本会被阿斯旺高坝后面的纳赛尔水库淹没的努比亚文物。这座博物馆堪称一颗璀璨的明珠。该博物馆的建筑风格、环绕的花园、藏品的布局，以及努比亚文物展品的美丽和独特性都反映了其埃及建筑师马哈茂德·哈基姆的高超技艺，以及那些收藏、整理、组织和展示文物者的爱心和奉献精神。

第二章
古王国时期的埃及

　　从开罗市中心乘坐短途公交、出租车，抑或自驾，旅行者们就能到达位于沙漠边缘的三大金字塔处。这里位于开罗郊区吉萨西边不远处。大金字塔是世界七大奇迹中唯一至今仍然屹立的建筑。尽管初次来此访问的游客曾在照片中无数次看到过这些建筑，但照片还是无法展示出它们的庄严和宏伟。它们高耸在开罗城市的天际线上。直到今日，人们仍然感到不解：5 000 年前的埃及人是如何将巨大的石块提拉到如此高度的，为什么这些石块会如此完美地对称？

　　抵达大金字塔脚下，无论是回头客还是初次到来的游客，大家心中想的无非是登上顶部，从那里俯瞰四野。直到进入 19 世纪很长一段时间以后，大金字塔都是世界上最高的建筑。现在爬金字塔的行为已经被禁止。太多的受伤事件，甚至一些致命事故，使得当局禁止了每个人都渴望去做的事——在顶部的一个 12 平方英尺的区域，摆开事先准备好的午餐。那个区域曾经是一群登山爱好者最爱的聚会之地，在那里他们可以吃吃喝喝，眺望南边的无数金字塔和向东边延展的开罗城区。这一禁令直到20世纪40年代才实施。所以在早前几十年的时间里,即使是最没有运动细胞的游客也通常会尝试登上大金字塔。贝德克尔热门旅行指南《埃及》鼓励游客进行尝试,声称攀登"虽然令人疲劳,却是很安全的",只要游客采用约定俗成的做法。攀登者应选择三个年轻而健壮的贝都因向导。其中两人在前,一人拉游客的一只胳膊,帮助游客登上三英尺宽的石阶。第三位向导则会从后面推。向导们自然是很着急,因为他们帮助的游客越多,赚的钱就越多。贝德克尔的指南声称,攀登的游客可以在10分钟到15分钟内到达顶部。我们很难相信这一断言。指南建议在夏季用半小时到达顶部,以避免呼吸急促和过热带来的不适感。下来的过程更快,但也不容易。"容易头晕的人可能会觉得有点儿紧张,但贝都因人的帮助会消除所有的危险。"

　　胆小之人不适合进入金字塔。金字塔许多通道狭窄曲折,高温和黑暗也让人感到不适。害怕封闭和昏暗地方的人应该避免。大金字塔自然吸引了最多的游客。谁愿意在没探访过这座最著名建筑的情况下,就结束埃及之旅回国呢?如今,进入大金字塔已不再像从前那样危险或让人不愉快。金字塔的内部走廊已经被清理干净,并有了灯光照明。然而,在19世纪的大部分时间里,金字塔都不是这样的。正如一位游客所说的:"我们满身是尘土,脏兮兮地走了出来。我们脸上满是高温下的汗珠,火把的浓烟把我们的脸都熏黑了。我们的样子就像我看到过的战场上人们的样子。"

　　如今的游客通过一个9世纪哈里发开凿的入口进入大金字塔。这个入口就在原始入口的下方。在攀爬过13层大石阶后,才能抵达这个入口。即便这些石头上凿有阶梯,让攀爬不那么吃力,距离相对也较短,但爬上去仍然不是一件容易的事。

金字塔的设计者努力隐藏入口,也挖了一些假的洞口,以迷惑盗墓贼。但是设计者们从未成功过。一旦进入大金字塔,人们就必须应对里面的高温和潮气。接下来是一个长长的上升的走廊,高30英尺,长41英尺,通向国王的房间。国王的房间除了一个没有盖子的石棺,其他空空荡荡。在这里,埃及祭司在大约5 000年前安葬了胡夫。

吉萨的小型金字塔则带来了一系列不同的挑战。没有通向墓室的上升通道。还有更诡异的事情等着你。当游客在墓室里时,导游通常会关掉他们的手电筒。墓室黑黢黢一片,人们甚至看不见自己面前的手,这足以让人胆战心惊。人们会想,假如手电筒突然没电了该怎么办呢?但是,当然,这只是一个精心安排好的计划的一部分。灯光重新亮起,恐惧消散了。

古埃及的文化复杂且先进。而吉萨的三大金字塔就是这个高级文化中最令人印象深刻和最具有代表性的象征。这个文化几乎是在毫无征兆的情况下在埃及兴起的。几乎在一夜之间,原来只有小村庄的地方出现了城市。文官制度取代了由村庄显贵统治的制度。一位半人半神的国王登上了埃及的王位,取代了部落首领。公元前3000年左右,尼罗河谷出现了一种在文化和政治上都更为复杂的新情况。这种文化的根基在2 500年的时间里都保持稳固,直到亚历山大大帝的时代。亚历山大大帝于公元前332年征服了埃及,并在埃及的历史叙述中造成了第一个主要的断层。由于亚历山大的征服,希腊和罗马文明取代了古埃及的许多制度,但新来的外国统治者并没有抹去法老时期遗留下的所有根深蒂固的制度和文化信仰。

希腊人和罗马人来了，他们钦佩埃及人，并努力向埃及人学习。

在我们这个文化、经济和政治变化迅速的时代，一种文化体系能在2 500年以上的时间里存续和繁荣发展，这着实令人难以置信。现代帝国在短短几个世纪里就会兴衰更替。西班牙在美洲的帝国持续了令人印象深刻的三个世纪。英国在印度的统治也持续了同样的时长。通常，大国所享有的显赫时光不会超过一个世纪。然而，古埃及人却没有目睹过"断层、重大变化和黑暗的时代"，尽管他们经历过生活方式的显著变化，也有过卓越政治成就和艺术成就点缀在经济动荡期与政治混乱期的时刻。

古埃及历史叙事就像一部伟大的古典交响曲。快慢乐章交替出现，悲喜交加，有着多种变奏，但最后总会回到令人欣慰和愉悦的亲切主题上。古埃及制度和精神之所以异常坚挺，其原因并不难探究。首要的理由是埃及统治精英坚决要恢复那些曾经有效服务于他们的方式。古埃及人完全有理由自豪地回忆那些宏伟的建筑、重大的艺术成就，以及从公元前2700年到公元前2100年那六个世纪里绝无仅有的政治稳定和经济繁荣。这一时期被后来的历史学家称为古王国时期。这几百年代表了一个统治集团希望保留或重新创造出来的理想世界。

当埃及的文化精英回望那单一的文化体系始终占主导地位的2 500年时，他们自然热衷于挑选出转折点，强调那些他们认为塑造了埃及历史进程的决定性时刻和事件。第一份古代的历史年表，来自一个在公元前3世纪用希腊文写作的埃及书吏。曼涅托的著作已经丢失，其中的一些内容只能通过后来评论家的作品展示给我们。然而，他对埃及从大约公元前3100年的首次统一，到亚历山大在公元前332年将其征服之间的31个王朝的划分，已经经受住了时间的检验。曼涅托的年表一直是人们在为法老时代分期时最广泛采用的方法，直到19世纪学者们提出对他们来说更有帮助的新的古代分期法。这些学者建议说，法老的文化可以分为三个文化和政治成功的高峰时期（古王国、中王国和新王国），其间它们被政治和文化不稳定的时期所打断。这些不稳定时期被称为第一、第二和第三中间期。《古埃及词典》对古埃及社会的分期和王朝断代如下：

公元前3100—前2686 前王朝时期（第一和第二王朝）
公元前2686—前2181 古王国时期（第三到第六王朝）
公元前2181—前2055 第一中间期（第七到第十王朝）
公元前2055—前1650 中王国时期（第十一到第十三王朝）
公元前1650—前1550 第二中间期（第十四到第十七王朝）
公元前1550—前1069 新王国时期（第十八到第二十王朝）
公元前1069—前747 第三中间期（第二十一到第二十四王朝）
公元前747—前332 古埃及后期（第二十五到第三十一王朝）

古埃及文化

古埃及文化有一套独一无二的特征，甚至可以说是一套易于识别和使之与其他文化区分开来的特征。这些特征数量众多、形式多样，且彼此之间有着千丝万缕的联系。主要的特征很容易列举出来：像神一样的国王统治的中央集权国家；一种高效的官僚体制；

一个祭司阶层,这个阶层关心该按怎样的顺序来敬拜众多的拟人和拟兽神灵,这些神灵被认为能影响世事;基于某些令人印象深刻的精确科学(尤其是数学)知识而建造的宏伟建筑;以及其独特而鲜明的艺术风格,这种艺术风格在整个法老统治时期几乎没有什么变化。正如西欧的人在罗马帝国衰落后回望它一样,埃及人在最后一位法老消失,甚至在其古老的语言失传之后,也会回忆法老时代的辉煌。千百年来,埃及人一直试图重新构建那时的生活方式。来自希腊和罗马的早期征服者给埃及带来了新的思想和新的制度,但他们也钦佩古埃及文明的优雅和稳定,并希望保留持续了千百年的古埃及文明中的许多东西。只有基督徒和穆斯林,出于对多神论和兽形神的憎恨,试图消除埃及的古典传统。然而,在宗教上对古埃及人重要的许多元素也融入了基督教和伊斯兰教的信仰与实践。

古埃及艺术

从古埃及的艺术形式开始描述古埃及文化,是一个很好的切入点。在许多方面,精美绝伦的艺术成为这个经久不衰的古代世界最显著的特征。它在神庙和丧葬建筑的浮雕与墙壁上随处可见,反映了埃及人的现实主义视角,也展示了埃及人的快乐及其周遭的生活和自然界。此外,它还影响了后来所有与地中海世界有接触的艺术。希腊人和罗马人从中学习并对其进行了改进。它的影响从中世纪延续到文艺复兴时期,甚至可以在后来的西方艺术中看到,尽管是微乎其微的。其他古代文化的艺术家很少能与埃及艺术家的技术和审美感匹敌。然而,尽管古埃及的艺术能"以最高的技术水平,自然而又无意识地展现出现实主义风格",它却缺乏后来艺术家

（尤其是希腊人和罗马人）的画作和雕塑中所表现出的那种个性。

首先，尽管埃及艺术作品的创作者和我们今天所说的艺术的赞助者无疑具有强烈的审美感，但艺术并非仅仅是为了艺术自身而创作的。相反，它具有明确的功能。具体来说，壁画、雕塑与石碑旨在展示对拜神和人类来世至关重要的物体。当工匠创作宗教形象时，他们这样做是为了赋予这个形象一个具体的形态，并为神明显灵与仪式活动提供载体和场地。同样，他们描绘国王、王后和其他显要人物时，也是为了确保这些人物在今生和来世都能过上好日子。

在新王国时期的埃赫那顿统治期间（更全面的讨论见下一章），除了一些特别的例子外，埃及艺术家在刻画人物与动物形象时会遵守严格的规则，如果他们像通常那样在墙上将其呈现为二维形式，而不是将其做成三维雕像的话。他们的主要目标，不是从特定的视角来描绘有生命和无生命物体的样子，而是描绘物体自然呈现在观者面前的样子，并强调物体最引人注目的特征。这意味着从平视的角度画树，从俯视的角度画池塘，哪怕两者同时出现在同一个画面中。这种技巧可以最清楚地从人类的二维形象中看到。通常，艺术家从侧面展示面孔，只展示一只眼睛，而将躯干画得像是从正面看到的那样。腿部也从侧面呈现。令人惊讶的是，在千百年里，王朝不断更迭，艺术家辈出，但埃及画家却很少偏离这种风格。

集权与对宇宙二元性的认识

我们不应该对埃及能形成一个集权而统一的国家感到惊讶。一些评论家认为，埃及是世界历史上的第一个民族国家。沿着尼罗河，从阿斯旺的第一瀑布到地中海的这片土地上的许多条件，有利于创建一个统一集中的政权。其陆地构成了一种地理上甚至种族上的统一，这是其他民族很少能具备的优势。埃及的人口定居在尼罗河谷内。在最初的发展阶段，他们在很大程度上受到尼罗河的保护，因为众多瀑布使阿斯旺以南的尼罗河无法通航，挡住了南方的侵略者。埃及还因沙漠而免受东方和西方的居民困扰。直到公元前17世纪喜克索斯人的军队才穿越沙漠，进入埃及。类似的保护绵延到了北部。在那里，地中海阻绝了来自外界的侵扰。直到腓尼基人这样的航海民族和希腊罗马人先后熟悉了洋流、风向并掌握了航海技术，这种保护才失效。

尽管尼罗河谷具有内在的统一性，但是埃及人在他们的生活中却有着强烈的二元感。这种二元感的基础是埃及分为上部和下部，南部和北部。即使在领土被征服和统一之后，法老也戴着两顶王冠，一顶象征北方，另一顶象征南方。在政治不稳定、国家分裂的时期，南北方往往渐行渐远。然而，同样重要的是，可耕地和沙漠之间亦有着鲜明的二元对立。这种区分以颜色表达。国家的红色部分代表沙子，黑色部分则代表可耕地。尼罗河谷的居民可以真的一只脚踏在沙子上，另一只脚踏在可耕种的土地上，横跨在二者之间，这种二元性成为埃及农业的严酷现实。埃及人将二元对立感带入政治与文化中也就不足为奇了。他们看到世界在有序和混乱之间摇摆，宇宙被划分为夜与日，以及天堂与人间。与之类似的是，他们相信终有一死的今生对应着来世。面对持续增长的混乱压力，维持秩序至关重要。这个重担就落到了统治者，即法老身上。他的任务是理解这个世界的节奏,并确保通过他的明智和正义的统治,让秩序战胜混乱。

法老们

古埃及社会和文化的核心是国王,即法老(pharaoh)——这个词来自希腊语形式的 pero 或 per-a'a,是埃及人对王家住所的称呼。国王被认为是神圣的,是神人合体,是人类母亲和神灵的后代。人们猜想他死后会升入众神的永恒世界,并在那里永远生活。在古埃及的中心宇宙观中,法老的现世与鹰神荷鲁斯相关联,来世则与冥王奥西里斯相关联。荷鲁斯及其配偶哈托尔(感官女神),以及多神教世界的其他神灵,都被认为在太阳神拉的统治之下。古埃及人越来越认为太阳神拉是所有神祇中最强大和最重要的神。

埃及人发展出一套复杂的徽章、礼服和头衔,以强调国王及其中央政府的权力,赞美包括行政官僚机构、祭司阶层和拥有土地的显要人士在内的中央权力集团的美德。虽然国家官员服从国王,但他们是增进人民福祉的重要手段。因此,他们也被致敬,并享有极高的声望。在所有国家机构人员中法老的影响力最大。埃及国王是最早佩戴王冠的统治者之一,这也是说明法老影响力的一个例子。在古王国时期,他们的首都位于孟斐斯,离现在的开罗不远,是连接下埃及和上埃及的地方。这里是法老的行政机构所在地,但不包括祭司阶层。通常,埃及的不同地点都有各自的祭司阶层。许多人认为卜塔神是宇宙的创造者,他的主要宗教场所在孟斐斯。这个创世故事为孟斐斯作为政治中心和文化中心提供了宗教方面的背书。但其他神亦有他们自己的地方。信徒们为自己信奉的神以及这些神所在城市的至高无上的地位而互相竞争。强大的太阳神拉，其宗教中心在离孟斐斯不远的赫利奥波利斯。斗转星移，随着赫利奥波利斯祭司势力的增强，以及太阳神崇拜的流行，这个区域逐渐拥有自治权，进而对正统宗教中心的地位展开了竞争。

金字塔

没有任何纪念碑比金字塔更能代表古王国的精神和对统治家族的敬重。金字塔在这一时期的建筑中占据着显著地位，也深刻影响了后人对古埃及人的看法。在国王左塞（公元前2667—前2648年在位）统治时期，金字塔建筑有了突破性发展。它是国王的首席大臣伊姆霍特普凭丰富想象力设计出来的。正如我们所观察到的，早在前王朝时期，埃及人就有将死者埋葬在坑墓中的习惯。到了左塞时期，国王墓地的重要性进一步增强。那时，埃及人不仅相信国王死后升入天堂，在那里与其他众神相会，而且将墓地本身设计成用于敬拜神灵和国王的庙宇。他们为国王左塞选择的埋葬地点是萨卡拉，离今天的开罗不远。这里地势高，土地坚硬，因此能够支撑大量沉重的石块。以前，埃及人将重要的人物死后埋葬在叫作"马斯塔巴墓"的建筑中。那是些低矮但巨大的石头建筑，外观像长凳，高出地表。这些墓葬建筑有许多房间，包括一间礼拜堂，以展示死者生活中的场景为特色，旨在提醒人们死者曾居住在这个世界。马斯塔巴墓的下面是真正的墓室，通常是从岩床上凿出来的。

伊姆霍特普希望左塞的墓地能彰显法老令人敬畏的力量和财富。毫无疑问，观赏者可以从这位建造者的雄心壮志中体会到些许炫耀的意味。伊姆霍特普肯定知道，建成后的建筑将展现出他自己在建筑方面的才能。他不再满足于一个长凳般的建筑，而是不断增加层数或台阶，由此金字塔得到了其历史名称——阶梯金字塔。最终，这座建筑物有六层或者说六阶，高达204英尺，包含1万个石块，重85万吨。每块石头都被切割成完美的矩形小块，以便与其他石块一起竖立，并固定在下面的座子上。

阶梯金字塔为后来的建筑者设定了一个模板。国王躺在金字塔的中心，该金字塔位于一个大型墓葬群内，被闪闪发光的石灰岩墙壁包围着。整个建筑设有许多房间，包括一座神庙和一座宫殿。众多的雕像和浮雕散布其中。令人印象最深刻的是左塞自己的雕像。他的雕像具有埃及独特的现实艺术风格。这座雕像是古埃及早期等身像的代表。建筑群、走道、大厅、神庙、宫殿等的综合体本身不啻一个小城市。祭司和宗教人物在左塞死后的几十年里维护着这座小城市，以向左塞生前的伟大和他的永恒存在致敬。

左塞是第三王朝的一位统治者。一些学者会将他和其他第三王朝的统治者归入埃及的早王朝这个时期中。在左塞的基础上，第四王朝的建筑成就无疑更上一层楼。胡夫（公元前2589—前2566年在位）、胡夫的儿子哈夫拉（公元前2558—前2532年在位）和孙子孟卡拉（公元前2532—前2503年在位）统治时期，表明统治精英欣然接受了建造纪念性建筑。金字塔是这些建筑中的核心。就是在这个时候，金字塔的艺术和技术水平达到巅峰。埃及建筑师和工匠们的技艺如此精湛，他们能使最沉重的石块显得轻如羽毛。在他们的手中，石头有了可塑性，能够呈现出多种形态。

埃及在建造石砌建筑方面的成就尤为引人注目，因为在第三王朝之前，萨卡拉阶梯金字塔建成的时代，埃及建筑师主要使用的是泥砖、芦苇和木头。然而，就像古埃及的奇迹似乎是在一夜之间出现的那样，金字塔和其他壮观的石砌建筑物也几乎是突然出现的。埃及人是如何学会用石头建造出如此精确又具有无与伦比美感的建筑的呢？这仍然是埃及这个古老文化的一个未解之谜。

吉萨三大金字塔的建造者之前的统治者是斯尼弗鲁（公元前2613—前2589年在位）。他是第四王朝的第一位统治者，也是胡夫的父亲。他建造了美杜姆金字塔和位于达赫舒尔的两座石金字塔。所有这些金字塔的规模都前所未有，用了超过350万立方米的石块。但向天空伸展的结构仍然处于试验阶段。位于吉萨以南大约10英里处的曲折金字塔，是试验失败的最明显例证。很明显，建筑师和建造者意识到这座金字塔向空中倾斜的角度无法承受之后上部的所有重量。因此，建造者别无选择，只能不再以原定角度继续建造，急剧收缩顶部，毁掉了它的三角形状。附近的另一座金字塔反映了另一个重要的试验。建造者用宏伟的石灰岩包裹完工的建筑体，使其能反射太阳的光芒，耀眼夺目而又不乏肃穆之美。

这些为吉萨的辉煌奠定了基础，那是古王国文化在艺术和建筑上所取得的空前绝后成就。在埃及和苏丹有不少于70座金字塔。但从壮丽程度、规模以及建筑技巧等方面看，没有一座能与吉萨的三座金字塔相提并论。最大的金字塔是由胡夫建造的，在近些年里它以齐阿普斯之名为人所知，这是胡夫这位统治者的希腊名字。第二大的金字塔，并且是唯一一座还保留有一些原始石灰岩外壳的，是由胡夫的儿子哈夫拉建造的，而第三大的金字塔属于胡夫的孙子孟卡拉。与萨卡拉和达赫舒尔的金字塔一样，这些建筑绝不只是墓葬地。每座金字塔都有三个不同的部分，代表着今生和来世的不同方面。有一座小礼拜堂，专门用来祭祀统治者信奉的主神。有一条通道，墙上绘有今生场景和想象中的来世场景。还有金字塔本身，伟大国王的尸身在金字塔内安放，而非葬于其下。人们认为他会从这里升到天堂。为了帮助他升到天堂，金字塔建造者通常会在附近留下一艘太阳船。有些太阳船非常大。如今可以在大金字塔的外面看到一艘。

后人惊叹于这些古代的建筑师和工人如何在没有马车、滑轮和起重机的帮助下，建造出如此庞大的历史遗迹，并且还没怎么犯错。胡夫的大金字塔顶端离地面高度达到 481 英尺。工人们是如何把巨大的石块（其中有些重达 2 吨以上）提升到如此高的地方的呢？答案是建筑者们使用了坚固的砖砌斜坡，使工人能够把重石头运上去。此外，建筑者们挖掘了从尼罗河通往吉萨高原底部的运河，在那里建造了一个港口来处理巨石。另一个优势，无疑是有一批熟练和半熟练的工人。他们住在工地附近的村庄中，全年都在劳作。

希罗多德参观过大金字塔，并留下了最早的文字记载之一。他声称大金字塔的建造花费了 20 年时间，并且用了 10 万多名工人，他们每次工作 4 个月到 6 个月，之后被另外 10 万人替换。希罗多德的说法最终成为学术共识，几乎被所有后来的评论者接受。但是，约翰·罗默（John Romer）认为希罗多德错了。约翰·罗默是 2008 年出版的《大金字塔》（*The Great Pyramid*）的作者。希罗多德的信息严重过时，它基于在埃及的祭司阶层中流传的荒诞说法。首先，每年从一个拥有 160 万人口的社会中抽调 10 万名工人，会给埃及其他地区的经济带来灾难。更有可能的情况是，法老建立了一支永久的劳动力队伍。最初，即建造所需石头数量最多的金字塔基座

第二章 古王国时期的埃及

时，这支队伍可能有 2.1 万人。然后在建设的最后阶段，队伍缩减至 4 000 人。即便如此，这个劳动力队伍仍然必须以"野蛮的工作效率"劳作，大约是一年 300 天，每天工作 10 个小时，以便"减轻建造如此之大的金字塔给埃及人口带来的经济压力"。以这个速度，他们将在 14 年内完成任务，而不是希罗多德所声称的 20 年。

吉萨的三座金字塔工艺质量最为上乘。尤其是胡夫的大金字塔，它是埃及古王国时期令人印象最深刻的历史遗迹。到了建造胡夫金字塔的时候，建筑者们经过多次试验（其中一些试验极其不成功），已经学会了如何搭建一个完美的三角形。搭建完美三角形的基本要求是：金字塔的上半部分的面积，必须恰好是下半部分的一半。这在任何时期都是一个了不起的成就，尤其是在人类发展的早期。同样令人震撼的是，该建筑在四个角的方向上也非常精准。四个角分别朝向正北、正南、正东和正西。南北两侧偏离标准 0.09%，而东西轴线仅偏离标准 0.03%。大金字塔约有 220 万块石头，每块平均重两吨半。石头是从河谷的东侧开采的。总的来说，大金字塔包含 550 万吨的石灰岩，8 000 吨的花岗岩，以及 50 万吨的砂浆。

金字塔宣扬了国王的神性和埃及人的信仰。埃及人相信国王，可能还有其他人，在死后将享有富足和愉快的来世。建筑者们是使用石头的大师。他们可以将一块石头几乎无磨损地嵌入另一块石头，并且能够完美地将石头放在任何他们想要的方向上。每个法老在登基时就开始建造自己的金字塔，但由于建造时间可能长达 25 年，有些法老并没有看到他们的金字塔完工。最宏伟的金字塔外壳是平滑的白色石灰岩，然而，只有少数几座金字塔经受住了岁月的侵蚀和盗墓者的摧残。第四王朝是埃及金字塔时代的巅峰。从南部的达赫舒尔到吉萨的 12 英里长的土地，至今仍然散布着国王、王后、王室成员，甚至是那个时代一些尊贵人士的墓地。

宇宙论与宗教信仰

古埃及人的宗教没有得到外部世界的青睐。尽管希腊人吸收了一些埃及的神祇，甚至对埃及女神伊西斯形成崇拜，但他们嘲笑埃及人民及其祭司们信仰的那些拥有兽头和人身的神。以色列人则反对他们十分了解的古埃及多神论，创造了一个全新的宗教体系。最有影响力的犹太先知谴责埃及人是异教徒和盲目崇拜，信奉虚假的神，而不了解唯一真神雅赫维，是他特别赐福给希伯来民族。

是的，古埃及人确实信仰众多的神，并崇拜奇怪的半人半兽的神祇，例如与法老紧密相关的鹰头神荷鲁斯，有着鹮头的智慧之神透特，以及与防腐相关的豺头神阿努比斯。我们不应该从后来的一神教的角度来看待这些信仰。事实上，我们需要注意到这些半人半兽的神祇是多么好地代表了埃及人生活中最积极的方面。古埃及的诸神揭示了埃及人民是多么热爱他们的世界，多么喜爱围绕着他们且给他们带来快乐的动物、让土壤不断再生的太阳、提供丰沛且可预测的水源和新土壤的尼罗河，以及维持社会秩序的国王。古埃及人的宗教也不是与取代它们的一神教截然对立的，尽管后者对它们的评价是那么低。虽然以色列人及后来的基督徒确实使用古埃及信仰作为自己宗教信条的反例，但在许多方面，埃及思想深深渗透到犹太-基督教传统中，并产生了重大影响。最明显的影响是对人复活的信仰。同样重要的是相信神一样的人物会降临人间,他们的父亲是神,母亲是人类。

在对后世思想产生深远影响的古老信仰中,埃及人关于复活的信仰最为显著。埃及人不遗余力地为最有权力的人物准备充实和愉快的来世。通过精心设计的程序,尸体被永久保存。这需要取出心脏以外的内脏器官,并将这些器官保存在特制的罐子里。然后,用防腐液清洗剩下的身体,用亚麻布将其包裹起来,然后放置在精致的棺材中,最后下葬。起初,这些木乃伊制作技术仅为法老和王室成员服务。随着时间的推移,有权势和有财富的人相信他们也可以通过这种方式,拥有幸福的来世。到了新王国时期,如果承担得起费用的话,甚至平民百姓也会以类似的方式为自己做好准备,以期获得永生。

埃及的宇宙观和宗教信仰复杂多样。到目前为止,学者们仍然无法成功地将它们归纳为一套统一的信条,或者一组随着时间的推移有序演变的信条。这些信仰体系之所以显得如此混乱和支离破碎,原因之一或许在于古埃及人最初并非一个统一的民族。他们各自生活在各具特色的本土化社区中,彼此相距甚远,每个社区都有一套自己的关于宇宙及其神灵的观念。古埃及各个日益崛起的城市群都有自己的神,通常由一个创始神主宰。人们相信他能保护当地社区并保佑社区繁荣昌盛。因此,毫不奇怪,某些神在埃及宗教信仰中占据了重要地位,并与特定地方相关联。人们相信这些地方的神力最强,在这些地方对神的崇拜也最为发达。

尽管如此,某些宗教信条往往比其他的宗教信条更受重视,逐渐被广泛接受。埃及人的宗教观念的确是以特定的方式演变而来的。开始是信仰物体的魔力,然后转向信仰动物的超自然力量,最终发展到相信人形本身就是神性的理想表征。因此,人与动物的结合体成了埃及神祇的形象。事实上,这代表了埃及人对神灵的思考在历史中的发展。当然,到了古王国时期,将某些神与特定的功能和活动相联系,已是司空见惯的事情。人们曾经认为卜塔神是从虚无中造物的神。然而,如果说卜塔神是宇宙的创造者,那么,他缺乏强有力的干预手段。这种力量主要来自伟大的太阳神拉。有些人认为他继承了卜塔神之位,并且对许多人来说,拉已经成为众多神祇中地位至高无上的。然而,奥西里斯也不容忽视。奥西里斯是复活之神,起初与每年洪水季后的土壤重生有关,但很快又将重生和复活相联系。奥西里斯是主宰冥界和来世的神,他将去世的法老带入他们永恒的居所。

在古埃及所有流传下来的宇宙论故事中,最常被引用的是塞特、奥西里斯和伊西斯家族的传奇故事。这个故事在历史上的重要性很大程度上应归功于希腊作家和历史学家普鲁塔克。他是第一个写下这个传奇故事的人。但毫无疑问,他是以书面形式呈现了一个有着悠久历史的口头传说。这个故事对历史的影响力得以保存,无疑是因为它与犹太-基督教的主题重叠。

普鲁塔克是这样讲述这个故事的。在很久很久以前,也许甚至是在创世的时期,两位神——奥西里斯和塞特为了争夺统治权而大打出手。塞特战胜了他的兄弟奥西里斯,并在杀死他之后,将他身体的碎块散布在尼罗河谷的各个角落。幸运的是,奥西里斯的妻子伊西斯重塑了丈夫的躯体,然后命令她的儿子荷鲁斯向塞特复仇。荷鲁斯这样做了。在这个过程中,荷鲁斯代表着现世的国王。奥西里斯则代表着重生的国王，他统治着来世的王国。而塞特象征着生活中的邪恶力量。当然，复活和善恶力量之间的斗争这两个主题在近东宗教中不断得到重申，在希腊和罗马思想中也有所体现。

埃及人为他们的神建造了许多神庙。但这些祭祀场所的功能与现代人所熟悉的神庙大相径庭。除了在特殊的节日和仪式场合，供奉神灵的建筑是不对普通人开放的。神灵——通常是一尊一英尺半到六英尺高的木像——会被搬出来向信徒展示。神庙事务的中心是确保神能一直快乐。这一任务通过为神提供食物、饮料和各种形式的娱乐来完成。一个祭司阶层负责照顾着众神的安康，只有他们才能进入神庙。祭司被赐予农业地产，其利润被用来为他们的神提供食物和饮料。这样，祭司们，尤其是照看公认强大的神，比如赫利奥波利斯的拉，以及伊西斯、奥西里斯、哈托尔和荷鲁斯等的祭司，成为主要的政治力量和经济力量，他们甚至可以挑战法老及其宫廷至高无上的地位。

最能充分揭示古王国风貌和精神信条的史料，是刻在金字塔内部和其周围墙壁上的文字。这些文字最早在第五王朝时期出现，覆盖了约三个世纪，横跨古王国晚期和第一中间期。它们大约开始于公元前2375年，并持续到公元前2055年。人们认为它们具有神奇的力量，可以确保已故法老安全进入来世。它们也是古埃及人最古老的宗教著作和文学作品，是了解古埃及人的精神生活和信仰的宝贵窗口。它们不仅仅是与全能国王相关的信仰，还表达了人民的理念，是"流传至今的最古老的人类思想篇章"。它们也揭示了近东重要的一神教（犹太教、基督教和伊斯兰教）与其埃及前身在伦理信条方面所具有的深厚渊源。

今天人们所知的金字塔文本强调孝道，颂扬正义和有序的行为。它们最常强调的美德被概括为埃及语中的 maat 一词，许多人将这个词翻译为正义、公正和真理。对古人来说，maat 意味着按照正确的道德秩序生活。在这种秩序中，人们在生活里遵从伟大的拉的信条，并服从他们在人间的上级，其中最重要的是神在人间的代表——法老。

文字

文字是人类最辉煌的成就之一。它解决了信息只能通过口头方式在人与人之间和代与代之间相传时产生的误解和遗忘的问题。它使得过于复杂而不能记住的信息得以保存。它使文化得以创建，并保留重要记录，这些记录证明了文化从何而来，又是如何演变的。书面语促进了人们对事件、行为和决定达成共识。这样，最早的书面文字记录是商业文件和经济文件也就不足为奇了，因为这些信息需要精确且难以记忆。随着时间推移，书面记录中才出现宗教情感和人类感情。

发明书写系统是人类最重大的突破之一。这种发明只在世界上屈指可数的几个地方独立发生——可能只是在美索不达米亚、墨西哥和中国，而至于埃及是不是独立的文字诞生地，尚存一些争议。一种文字体系一旦被发明出来，就会迅速传播给其他民族，在进入新领土和被新的文化团体吸收时得到修改和提升。

埃及可能不是世界上发明文字的地区之一。因为人们的共识似乎是，埃及人是从美索不达米亚得到文字这种观念的，然后让其适用于他们自己的目的，并使之成为保存记录和表达各种思想的灵活工具。至少在5 000年前，埃及人就在使用他们自己的书写系统，即象形文字了。最早的象形文字可以追溯到早王朝时期（公元前2920—前2575），尽管在这个时期之前它们可能已经得到使用了。最后的象形文字铭文来自公元394年的菲莱神庙，此后象形文字消失，人们的记忆中也没有了它们。直到19世纪，通过埃及学家的工作，尤其是让-弗朗索瓦·商博良的工作，它们才重回公众的视线。罗塞塔石碑上面刻有一篇用希腊文字、象形文字和世俗体文字书写的文献，商博良通过罗塞塔石碑破译了象形文字，这使现代人能够接触到古埃及文化。

象形文字用三种不同的方式将语言表现为书面形式。第一种是象形图，显示对象本身。换句话说，一只鸭子的图形指的就是鸭子这个词。第二种是表意文字，用一个图形代表一个抽象的概念，比如爱。第三种是音标，代表一个声音。在这里，我们找到了字母表的起源。正如最近人们在西部沙漠所做的工作证明的，古埃及人可能是最早实现这一重要飞跃的民族，他们不使用符号来代表一个词或一个概念，甚至不使用一个需要辅音和元音的声音来表示一个词或一个概念，而是使用一个单一符号来表示一个字母。这一人类成就的重大突破发生在中王国早期，可能在公元前1800年左右，尽管灵感很可能来自生活在埃及的亚洲雇佣兵，他们可能是替法老的军队效力。

让我们再次以鸭子为例，说明埃及人从简单地将物体画为图形发展到仅用符号代表字母的整个过程。鸭子的象形图本身代表这种动物。但如果一个鸭子的图形上面画着一个人的身影，它代表一个声音，在这种情况下是"sa"的声音。sa 这个声音独立存在，与代表其他声音的任何图形都无关，其意思是儿子。最后，鸭子的图形代表字母 s 本身，与之相伴的元音则隐含在句子的含义中。随着时间的推移，埃及象形文字的字母或语音部分包含了字母表中的 26 个字母。古埃及总共大约有 500 个常用的符号或者说象形文字。

象形文字主要刻在石头和墙壁上。它们传达了宗教信息和道德寓意。随着时间的推移，象形文字演变成一种草书形式，主要用于法律文件、行政记录和文学作品中。希腊人称这种书写形式为僧侣体，因为他们认为僧侣（祭司）阶层垄断了它。最后，一个更简单的僧侣体版本大约在公元前 7 世纪出现。它被称为世俗体。这三种相互关联的文字变得越来越字母化，特别是当埃及人与希腊人的联系更密切时。希腊人从腓尼基人那里借用了字母表，并证明了字母表的实用性和易用性。后来，当象形文字被希腊文和拉丁文所取代时，科普特基督教社群保存了古埃及的部分语言。他们中受过教育的阶层发明了一种使用希腊字母表的语言，但他们添加了七个字母，以表达在希腊语中不存在但古埃及使用过的语音。

掌握文字书写的能力使得一个享有特权的强大阶层出现了，这个阶层只属于那些学习了复杂象形文字的少数人。掌握这种知识的人极有声望。在一首赞美书吏的诗歌中，作者写道："做一个书吏，让你的肢体变得光滑，手变得柔软，让你穿着白色的服装走出去，受到尊敬，宫廷大臣们向你致敬。"也有另一种看法："把你的心放在书上。但愿我能使你爱书胜过爱你的母亲，我可以将它们的美好展现在你眼前。它比任何职业都更伟大……看，没有一种职业是没有主人的，除了书吏，他自己就是主人。"书吏的生活被认为无限地优于普通农民的生活，因为书吏"免于强制劳动并在所有的工作中都受到保护"。即使是士兵也比不上，因为他"不知道自己将会活着还是会死"。教职人员也不能指望获得这样的保护，因为他可能被召唤去运河工作，在那里他可能会"在河里被浸湿"。

科学

埃及人最著名的科学成就，在许多方面也是最为人所知的科学成就，是365天历法的发明。尽管古人对一年的长度已了如指掌，但埃及人完成了一个重大突破：将他们的年历与广泛使用的阴历（一年十二个月，每月三十天）分开，在其他历法上取得了进步。阴历遗漏了5天，这意味着这个历法总是与季节脱节。埃及人通过创建一个太阳历来解决这个问题。在太阳历中，一年有十二个月，一个月包含三十天，埃及人又在每年的末尾多加了五天。在埃及人的日历中，每十天为一个星期，每二十四个小时为一天。一年的开始，不出所料，是在洪水来临之际。一年被分为每四个月一组的三季，对应种植、收获和休耕这三个时间段。公元前2937年到公元前2821年间，这些创新已经出现，并构成了大多数人至今仍在使用的历法。事实上，埃及人使用两个历法，一个阳历和一个阴历。阳历用于行政管理，阴历用于神庙事务管理。

金字塔揭示了古代埃及人在另一个科学领域，即数学方面，有多么精通。在一些手稿中也可以看到这种技能。这些手稿尽管是在中王国时期写下的,但反映了埃及人可能在古王国时期就已经掌握了数学知识,并且建筑师和建造者在构筑神庙与金字塔时使用了这些知识。埃及人拥有一个十进制数字系统,这个系统的特征是用不同的、独立的符号代表1、10、100及更多。埃及人还把身体部位作为衡量物体长度的主要参照物。测量的主要单位是从肘部到拇指尖的长度。这被称为前臂。反过来,前臂的长度是六个手掌的长度。艺术家运用这些测量方法绘制人体。埃及最著名的数学著作是《莱因德纸草书》。它可以追溯到第二中间期(公元前1650—前1550)的中段。它说明埃及人在分数和微积分方面很在行。

最后,埃及人对人体和医学的了解给许多希腊观察者留下深刻印象。希罗多德观察到:"每位医生只致力于治疗一种疾病,仅此而已:有些人是眼睛,有些人是头部,有些人是牙齿,有些人是肠子,还有些人是内部失调。"公元前17世纪的一本《外科学》(*Book of Surgery*)被认为是"我们所知的第一位科学观察者的作品,发现这卷纸草文本后,我们拥有了已知最早的科学文献"。

第一中间期

古王国的崩坏就像它的崛起一样迅速。早在第五王朝,就有迹象表明统治集团的力量已不如它以前那么强大。第四王朝之后的金字塔建筑比吉萨的金字塔逊色得多。工艺不精准,许多建筑从未完工,也没有像以前那样拥有完整的神庙、墓室、堤道和雕像。此外,法老和他们的中央官僚机构也在大权旁落。地方显贵们不再那么听从孟斐斯的命令，对当地居民实施更严密的监控。尽管如此，古王国陷入混乱的主要原因还是整个北非和西南亚气候条件的影响。在公元前2200年到公元前2150年之间的某个时候，世界的这一地区遭受了严重的干旱。与埃及人一样，美索不达米亚人和印度河谷的哈拉帕人也受到了严重影响。对于埃及人来说，干旱表现为尼罗河洪水水位低、水量不足。这是尼罗河上游地区，尤其是源于埃塞俄比亚山脉的青尼罗河地区降雨量减少造成的。

埃及的史料清晰地显示，尼罗河在公元前2180年到公元前2150年间遭遇的严重干旱是灾难性的。然后在大约公元前2000年的几十年间，尼罗河又数次遭遇旱灾。来自这个年代的文献满是关于人民的苦难和绝望的记载。他们完全不相信，一个曾经享有普遍繁荣与和平的群体，如今却陷入如此深重的不幸和混乱的深渊。许多这样的评论被刻在建筑物和墓葬群的墙壁上，讲述了一个颠倒的世界，小人得志，善人受苦。一份又一份的原始史料谈到饥荒从一个村庄蔓延到另一个村庄。这些记录中提到的英雄人物不再是法老及其下属，而是地方显贵，他们保护了他们的追随者，并减轻了饥荒和地方战争的影响，与其他人形成了对比。

请看下面的墓志铭："全埃及人都要被饿死了，每个人都饿得要开始吃自己的孩子了。"还有墓志铭写道："各处的沙漠部落全变成了埃及人……掠夺者无处不在，奴仆会拿走他所能找到的东西。"另有墓志铭写道："外面的野蛮人来到了埃及。到处都真的没有埃及人。"一位埃及学家称这为埃及的"第一个黑暗时代"。

这种混乱对一个曾经以繁荣和政治稳定而闻名的文化造成的影响是持久的、创伤性的，并引起了变革。曾经弥漫在古王国时期的乐观情绪消失了。埃及人现在明白，秩序和幸福并不能得到保障，混乱可能如同昌盛一样迅速来临。而这样一片曾免于被外部征服的土地现在有敌人定居在其边缘，渴望利用它的弱点。第一中间期仅持续了一个多世纪，却在古埃及人的心态上留下了不可磨灭的印记。

第三章

中王国与新王国

在新王国时期，埃及一跃成了一个世界大国。其影响力从努比亚的最南端延伸到美索不达米亚。被统治的臣民和崇拜者为法老们唱赞歌。即使在埃及没有控制美索不达米亚的时期，埃及的官僚们也能与底格里斯河-幼发拉底河地区的重臣们进行复杂的外交谈判。为了与强大的埃及建立良好关系，美索不达米亚的统治者将他们王室血统最纯正的公主送去埃及生活，并让她们嫁入埃及王室。

在古王国时期，沙漠和瀑布很好地保护了埃及。它们使埃及居民独居一隅，使尼罗河谷地的各民族能够创造出独特的文化，并形成对他们埃及身份的深刻认同。但新技术最终使人和武器能够穿越沙漠，绕过瀑布。马和战车使埃及战士跨过西奈沙漠，进入西南亚，绕过瀑布进入努比亚。新王国时期的埃及统治者充分利用了这些技术上的突破，创造了一个庞大的埃及帝国。

在古王国时期，尽管其统治者时不时地在边境之外发动军事远征，而埃及商人也到遥远地区交换奢侈品，但埃及的文化仍自成一体，与北非、苏丹和西南亚的其他族群隔绝开来。直至古王国末期，这个国家仍然保持着孤立状态，这对建立民族、文化和政治统一性极其重要。埃及一直保持着这种不受外界影响的状态，但是到了中王国末期，随着喜克索斯人的入侵和新王国的崛起，这种孤立状态发生了变化。新王国时期，埃及法老们的权力远远超出了该国的自然边界。他们创造了世界上首个领土帝国。作为帝国统治者，法老们的名字在北非、西南亚甚至努比亚都家喻户晓，至今仍为人们熟知：埃赫那顿，埃及最激进的法老，一个专制的一神论者，有人称赞他为"人类历史上第一人"；拉美西斯二世，他在努比亚插上埃及旗帜和为自己建立纪念碑，并派遣军队进入西南亚；女王哈特舍普苏，她是少数几位在那个古代文明的历史中留下名字和成就的女性之一，她曾派遣海军远征红海，收集积累了与埃及不太走动的邻国的重要信息。

要了解古王国与中王国、新王国政权之间的区别，可以参观埃及古代帝国的总部——卢克索。大多数游客乘飞机到达，但从开罗乘坐一夜火车来完成这400英里的旅程，也是一种令人愉快的方式。豪华列车晚上驶离开罗火车总站，乘客在房间享用了一顿精致的晚餐后，就可以在火车上休息一晚上，第二天早上神清气爽地抵达卢克索火车站。

帝国城市无论在哪里都大同小异。它们以壮观的纪念碑而骄傲。它们的盛况彰显了帝国的成就。它们颂扬最成功的统治者在军事和政治上的功勋，并沉醉于财富和权力。底比斯（今卢克索）也不例外。在这里，卢克索神庙入口的门楼上，拉美西斯二世让他的艺术家描绘了他在著名的卡叠什战役中的英勇壮举。据拉美西斯描述，埃及军队在此战役中击败了赫梯人。世界上很少有像卢克索这样的长廊,其长长的狮身人面像大道一直通向卢克索神庙。它曾经从卢克索延伸到卡纳克,超过一英里。即使在规模已缩小的今天,它仍然令人震撼。这里肯定举行过军事、宗教和政治游行,让观众因埃及统治阶层的力量而感到振奋。河对面,法老们的陵墓凿在山坡上,写满了对法老权力的颂词。游客过了尼罗河,首先看到的是由拉美西斯二世建造的宏伟陵庙——拉美西姆,这是一个墓葬群的崇拜中心,旨在歌颂这位伟大法老的权力和成就。其门楼上有更多的卡叠什战役场景。帝王谷拥有数不胜数的埃及传奇统治者的陵墓。这些陵墓比西敏寺的大英帝国伟人陵墓要壮观得多。当然,它们原本并不是为了供外人观瞻而设计的,而是被隐藏起来,以免被盗墓贼发现。如今,其中最壮观的许多建筑由于近期状态快速恶化而被迫关闭。在许多人看来,最令人震撼的是塞提一世的墓。他并不像其他许多法老那样重要,但他的陵墓却使他永远生动地活在游客的想象中。他的陵墓的颜色,尤其是深蓝色,至今仍然像几千年前那样鲜艳。可惜,塞提的遗址由于曾经吸引了太多游客并且遭受了严重破坏,现在已很少开放了。

第一中间期与中王国时期

历史学家经常忽略埃及的那些中间期。去埃及的游客们对这些时期不甚了解,博物馆藏品也没有给予其足够的关注。强大的法老吸引了人们的注意力,而埃及在尼罗河流域之外建立起自己的权威,激发了人们的想象力。但中间期为摆脱既定体制的束缚、尝试新的政治和文化形式创造了机会。在埃及的第一中间期，中央集权减弱时，地方人物享受到了在法老、文官与宗教官僚强大时所享受不到的政治自由和思想自由。地方显贵填补了中央政府的停摆所造成的缺失，那些能干的人成了维持地方稳定的守护者。作家和知识分子摆脱了祭司的监督，埃及的文化掮客为中王国时期的文学复兴做好了准备。

在第一中间期，埃及在政治上呈碎片化。地方诸侯林立，其中一些人渴望重新统一国家。其中最成功的统治者之一是底比斯的一个家族。他们关心自己的臣民，为埃及开启第十一王朝和中王国时期奠定了基础。人们认为，在历史记载中被称为孟图霍特普二世的法老，巩固了这个王朝的权力。他统治了51年，大约从公元前2055年到公元前2004年，在此期间，他不仅重新统一了上下埃及，还在叙利亚和努比亚开展了军事行动。在一些描绘他功绩的浮雕中，他展现出正在击败敌人的形象。但在这些再现的场景中，他的敌人不是外族人，而是如许多后来展现古埃及法老权力的场景描绘的那样，是埃及人。

孟图霍特普二世使埃及开始了长达两个世纪的中央集权时期。在这个时期，埃及经济繁荣，文化昌盛。这一时期被称为中王国时期，由第十二王朝主导，并见证了底比斯城的崛起，这里现在是卢克索的所在地，当时成了新的政治首都和供奉阿蒙神的宗教中心。

中王国时期是古埃及历史上的古典时期。在这个时代，文学、宏伟建筑风格、多神教和在古王国中引入的政府机构都达到了完善状态，已准备好传承给新王国中更加强大的法老。遗憾的是，人们对于中王国的了解比对古王国和新王国少得多，除了它的文学。这个时代保存下来的纪念碑比较少。讽刺的是,这正是因为这一时期艺术卓越。建筑师和建筑工人使用了高质量的石头,主要是石灰岩,因此他们的后人急于将其作为自己的建筑材料。

中王国决定将其大城市设在底比斯,这是一个让人难以置信的决定。在古王国,权力的中心是孟斐斯市,它位于上埃及和三角洲之间的战略要地。在成为财富和权力的中心之前,底比斯不过是一个村庄,因此它能战胜位于现代贝尼苏韦夫以西的赫拉克里奥波利斯而成为大城市,是出人意料的。赫拉克里奥波利斯离孟斐斯的老首都更近,也离三角洲的人口中心更近。但第十一王朝和第十二王朝的统治者与底比斯地区紧密联系在一起,选择在上埃及为数不多的几个两侧都没有被山丘紧紧围绕的地方之一建立自己的统治。与上埃及的大部分地区相反,底比斯拥有宽阔的洪泛平原。

第十一王朝和第十二王朝的法老将当地的神阿蒙——意为"隐藏",指代宇宙的内在本质——提升为全国的神,最终变为帝国崇拜。埃及的祭司和信徒将他们对阿蒙的信仰与对伟大的太阳神拉的信仰合并了。新神名为阿蒙-拉,并在埃及众神殿中占据首要地位。一些信徒认为阿蒙-拉是所有神圣力量的来源。对阿蒙-拉的崇拜与国家的经济繁荣和政治权力紧密相连,人们认为法老是这位神在人间的代表。许多埃及人认为,法老是伟大的太阳神和人间母亲的后代,因此既有神性又有人性。

尽管与中王国有关的统治者和统治精英有意识地尝试恢复与古王国有关的传统和制度,但新的元素还是出现了。首先,西南亚和努比亚-非洲的影响开始显现。尽管中王国并不像新王国那样热衷于扩张,但埃及的文化和社会不再与世界其他地方隔绝。此外,古王国的瓦解和地方领导人的崛起，迫使法老和统治精英比古王国时期的统治者更加顾及其臣民的利益。

在中王国时期，统治者将自己描绘为优秀的牧羊人，其职责是确保人民的福祉。古王国的法老曾描绘自己拥有无限的权力，生活在人类情感之外。但中王国时期的法老并非如此。在他们的塑像和浮雕中，艺术家展现了他们因对臣民的忧虑而布满皱纹的脸和下垂的嘴角。埃及第十二王朝的创始人、强大的统治者阿门内姆哈特一世（公元前1985—前1955年在位）很好地表达了人们对法老的期望：

> 我是一个耕种谷物并热爱收获之神的人；
> 尼罗河在每个谷地中都欢迎我；
> 在我的年代里没有人挨饿，没有人口渴；
> 由于我所行之事，人们安居乐业，谈论着我。

然而，统治者仍然拥有着至高无上的权力。这个时期开始在上埃及的卢克索为法老们所建的宏伟神庙和纪念碑吸引了众多的游客。尽管这些建筑中最令人印象深刻的是新王国统治者的，尤其是拉美西斯二世的，但第十二王朝为这些建筑奠定了基础。

尽管时间的侵蚀破坏了中王国艺术和建筑的许多辉煌成就，但它并没有抹去中王国对后世最重要的馈赠——文学。中王国时期的文学质量极高，其中一些已经超越了时间和文化的障碍，在现代读者中引起共鸣。这些作品中最著名的是《辛努亥的故事》。它描述了发生在第十二王朝时期，一个人流亡但最终和解的故事。1945

年它被改编为芬兰语的小说,四年后以《埃及人》之名被翻译成英文,一夜之间成为畅销书,并于1954年被改编为一部大热的电影。这首叙事诗由一个不知名的作者所写,这位作者有时被称为"埃及的莎士比亚"。这首诗讲述了在法老阿门内姆哈特被刺杀后,一个名为辛努亥的王宫侍臣因害怕而逃离他心爱的故土的故事。辛努亥在位于叙利亚的一个王国定居。在那里,辛努亥变得富裕和强大,并获得了他在埃及未曾获得的尊重。但他渴望与他心爱的故土的统治者和解。诗中的某些段落,如下面的一段,将埃及描绘成了一个理想社会,当然作者可能是想借此进行政治宣传:

> [埃及的新统治者]是个英雄,充满活力,拥有强大的军队,无与伦比……他是独一无二的,是由神赐予的。自从他统治以来,这片土地是多么欢乐。

尽管在新的王国,辛努亥生活富足,但他仍然对埃及满怀眷恋。他最强烈的愿望就是回到埃及安度晚年,然后埋葬在埃及的土地里。当收到法老邀请他返回埃及的指令时,辛努亥的喜悦之情溢于言表。当辛努亥最终抵达埃及并匍匐在国王面前时,他激动不已,以至于一句话也说不出来。

> 我仿佛是在黄昏中被捕获的人。
> 我的灵魂已经死去,我的肢体衰弱,
> 我的心已不在我的身体里。
> 我不知道自己是活着还是已死去。

第二中间期与喜克索斯人的征服

与古王国一样,中王国开始因内部矛盾和冲突而分崩离析。这次,压力来自新到尼罗河谷的移民,他们是被其繁荣所吸引来的。其中最有活力的新移民是被称为喜克索斯人的群体。尽管他们几乎没有留下任何书面记录,因此历史学家很少有机会研究他们,但是我们知道喜克索斯人是一群说闪米特语的人。他们从西南亚迁徙到埃及。起初,他们来的人并不多,而且试图融入当地文化。最终,喜克索斯的军队在国外集结起来,推翻了埃及的地方统治者,并建立了他们自己的君主制政权。

喜克索斯人为埃及历史所做的最重要贡献是引入了一种新的军事技术,这种技术在当时正席卷整个欧洲、亚洲和北非。他们军事上成功的关键是战车,他们的战士使用这种战车击溃了埃及以步兵为主的民兵。新的军事技术彻底改变了整个非洲-欧亚大陆的战争方式,震惊了那些之前从未遭遇过武装战车的军队。战车可能是由来自欧亚大陆中部大草原的印欧人完善的,它之所以能成功,是因为它结合了四种新的基本特征。首先和最重要的是战车本身。它最初是用青铜制成的,后来更多是铁制的。战车非常轻,一个战士用一只手就可以把它提起来,而且它非常灵活,可以迅速地穿过移动缓慢的步兵部队。其他三个要素是训练有素的马、熟练的驾驶员和技巧娴熟的射手,这些射手可以对无力防御的敌人发射致命的箭矢。埃及的军队无法与喜克索斯战车部队匹敌,后者还拥有其他先进武器,例如可以从高速战车上投掷出的标枪和矛。此外,喜克索斯的步兵还使用弓箭,并穿着青铜和皮革盔甲来保护自己。更可怕的是，他们还拥有重型单刃剑。

新王国时期

所谓的第二中间期仅持续了一个世纪（公元前 1650—前 1550），约为中王国时期的四分之一。然而，游牧的喜克索斯民族在埃及文化中留下了不可磨灭的印记，迫使他们的埃及继任者掌握了新的军事技术。这些继任者成功地做到了，并以无可匹敌的效率运用这些技术对外扩张，建立了一个属于自己的领土帝国。在其鼎盛时期，新王国的疆域从今天的苏丹第四瀑布一直延伸到现在伊拉克的幼发拉底河。在其实力的巅峰时期，埃及军队令人敬畏，它拥有自己的受过良好训练的战士军团，这些战士由经验丰富的士兵领导，并像自古以来的军队一样，受到奖金和奖章的激励。

雅赫摩斯一世（公元前 1550—前 1525 年在位）开创了新王国，并成为埃及第十八王朝的奠基人。他完成了其他有抱负的埃及统治者未竟的事业：粉碎了喜克索斯的军事机器，并驱逐了喜克索斯人及其支持者。

驱逐喜克索斯人是埃及历史上的又一个重要事件，并且是埃及叙事的一个重要里程碑。正如我们已经观察到的那样，许多群体进入埃及，是因为埃及的财富和尼罗河谷地的舒适生活吸引着他们。在新王国瓦解后，其中的不少群体成了入侵者。然而，除了一些鲜有的例子，大多数的征服者都试图融入埃及，至少展示了他们对这个国家及其能干的人民的钦佩之情。许多征服者在他们的统治结束并被新的统治者（通常是外国人）取代后，仍然留在埃及，并受到埃及社会的欢迎。喜克索斯人则不然。正如雅赫摩斯和他的继任者图特摩斯一世发动的战役所表明的，来自亚洲的喜克索斯人并没有赢得埃及当地人的欢心，他们亦未接受埃及的习俗。埃及人视他们为外国压迫者，并为他们的失败而欢欣鼓舞。因此，当新王国出现时，埃及人重新确立了他们不同于征服者的身份，并宣布采取了一套与被新王朝统治者杀死或驱逐的游牧民族侵略者喜克索斯人明显不同的习俗和信仰。

一位又一位强大的统治者追随雅赫摩斯一世的步伐，最终出现了两位最成功的埃及战士法老——图特摩斯三世和拉美西斯二世。然而，尽管法老被赋予了强大的权力，且人们普遍相信他们具备神性，但新王国比以前任何时候都更加个人主义、多元化和专业化。祭司、职业军人和书吏官僚比以往更加独立。不再是只有国王和王室随扈享受国家葬礼与死后升入天堂的待遇。显贵和富有的平民也仿效王家的做法，尽管仪式不是那么复杂。他们通过这种方式表明自己的生活与统治者处于同一水平。他们也将自己埋葬在墓穴中，周围环绕着护身符，墓墙上刻有祈祷文，以保证他们在来世能获得福祉。他们也相信他们会复活，并像法老那样舒适地生活。

第十八王朝最成功的扩张者和帝国建设者是图特摩斯一世（公元前 1504—前 1492 年在位）、图特摩斯三世（公元前 1479—前 1425 年在位）和阿蒙霍特普二世（公元前 1427—前 1400 年在位）。在图特摩斯统治期间，尤其是在拉美西斯二世的统治下，底比斯成了一个强大的帝都，布满了纪念性的建筑，这些建筑是献给众神的，主要是阿蒙-拉，以及帝国最强大的君主。

毋庸置疑，一个建立在军事武功基础上的帝国非常重视体魄并赞美体育运动。艺术家们把他们的统治者描绘为拥有完美体魄的男人，能够进行剧烈的体育运动，具有在战斗中激励人们的必要才能，即使这些描绘与统治者们的实际外貌相去甚远。其中最具侵略性的扩张者——图特摩斯一世——是一个身高才150厘米的人。然而，图特摩斯一世比任何其他君主都扩张得更远，将更多的领土置于埃及的统治之下。为他的一个后人图特摩斯三世（也喜好扩张）做祈祷的祭司，捕捉到了这个时代的脉搏——军事扩张，侵略他国：

> 哦，我的儿子，我的复仇者，孟凯皮拉，永生不灭，
> 我赐予你对抗所有国家的力量和胜利，
> 我已将你的名声，甚至对你的恐惧，传遍天下，
> 对你的恐惧蔓延到了天堂的四根柱子那里……
> 我已经使那些你之前的侵略者失去了力量，
> 他们的心被焚烧，他们的四肢颤抖。

埃及学家詹姆斯·亨利·布雷斯特德，以他特有的戏剧性和不时夸张的修辞手法，称图特摩斯三世为"第一个具有普遍特征的人物，第一个世界英雄"。图特摩斯三世的军队，配备了大量的马和战车，以及熟练的驾车手，其人数在2.5万至3万之间。在美吉多之役中，他征服了邻近的巴勒斯坦领土，他的军队获得了前所未有的战利品。他们夺取了924辆战车、2 238匹马和200套盔甲。他们还俘获了大量的牛群，并以胜利者自居，夺取了大量的黄金和白

银。他们将这些贵重金属运回埃及，放在阿蒙-拉的祭司脚下，从而为这个祭司阶层创造了巨大的财富和权力，并确保祭司支持扩张主义政策。

伟大的法老们

在中王国，尤其是新王国时期，埃及进入了一个全新时代。这一时期的大量文献资料使历史学家得以比其他任何时期都更深入地探究其统治者和领导人，甚至在一定程度上探究普通人的生活和活动。丰富的史料包括纸草手稿、石碑和刻在神庙及宫殿墙壁上的象形文字。新王国时期，埃及记录的文献史料并不逊于研究中世纪欧洲的历史学家所掌握的资料。更多的文档使人们能更深入地了解埃及社会的内部运作。法老的个性栩栩如生。王后作为权力的操纵者及其后代在权力竞争中的支持者，进入了历史记载。埃及的叙事不再仅仅是列举统治者的名字，而是充斥着阴谋、权力斗争、自大和懦弱。

图特摩斯三世

从丰富的资料来源中获益最多的是君主制。让我们从埃及最伟大的统治者之一图特摩斯三世开始，他在公元前 15 世纪统治。图特摩斯三世在执政初期不得不与继母摄政女王哈特舍普苏共享权力。但在哈特舍普苏去世后，图特摩斯三世独掌了政权，且持续多年。他和他的军队总在征战，他们将埃及的领土扩展到西南亚。他的军队赢得了古代最惊心动魄的战役之一——美吉多战役的胜利。在一个被称为泰勒美吉多的要塞，图特摩斯三世打败了卡叠什国王，将叛乱的巴勒斯坦省纳入埃及的控制之下。他还派遣军队进入努比亚，征服了苏丹的领土，直至第五瀑布。作为埃及第一个主要领土帝国的创始人，他维持了一支规模庞大的常备军，并让被征服领土的统治者和贵族家庭的子女留在他的首都当人质，以确保他们俯首帖耳。作为埃及最活跃的尚武国王，他在狂热扩张的20年中领导了不下17次军事行动。

女王哈特舍普苏

在埃及法老的史册中，同样具影响力且几乎独一无二的人物便是女王哈特舍普苏（公元前1473—前1458年在位）。她是图特摩斯一世的女儿和图特摩斯二世的妻子。她最初是图特摩斯三世的摄政，但后来自称法老。尽管在她之前有过几位女性法老，但没有人像哈特舍普苏那样行使权力，也没有人像哈特舍普苏在位的时间那么长。尽管人们期望埃及的统治者是男性，但哈特舍普苏在图特摩斯三世取代她之前掌权了近二十年。在她的统治期，她通常被描绘成穿着男性服装。书吏常使用男性代词来指代她，虽然并非总是如此。与她的丈夫和继任者（分别是图特摩斯二世和图特摩斯三世）不同，哈特舍普苏不是一个扩张主义者。相反，她收集了那些埃及人不太了解的邻近民族的信息，其目的是建立商业联系和推动商品流通。她在位时最重要的探险是她委托的一次发现之旅，旨在从红海地区带回信息和物品。这次旅行经常被称为"前往蓬特的探险"，船队由五艘船组成，船员中既有艺术家，也有水手和商人。王家船只沿着红海的西海岸前进，与那里的非洲人接触。船队还穿越红海，登陆了阿拉伯半岛的海岸。对哈特舍普苏来说，这次航行非常重要，以至于她在代尔巴赫里（Deir el-Bahri）的神庙墙上刻下了船和探险地区的图片。

在描述这位非凡女性的生平时，我们不得不提及她在代尔巴赫里为自己建造的宏伟神庙。这项工程如今吸引了大量的游客，但这只是她统治时期所热衷修建的建筑的一部分。她还在底比斯各地建造了用于仪式庆典的道路。这座神庙是她的杰作。神庙建在沙漠的边缘，恰好在山麓下，尼罗河的西侧。这里的工人住在附近的工人村，以便全身心地投入建造这个礼拜场所。这个场所宣称哈特舍普苏是阿蒙神的女儿，是这个国家合法的统治者。

要完全体验哈特舍普苏的荣耀，可参观纽约大都会艺术博物馆为她专门设立的展厅。这个令人叹为观止的展厅里拥有超过20尊哈特舍普苏的雕像，每一尊都形态各异。其中大多数是标准的法老形象，有着宽肩膀和强健的体格。她还戴着法老必备的假胡须。一定还要花些时间欣赏展厅深处的哈特舍普苏的两尊全身雕像。其中一尊用高度抛光的石灰岩制成，今天被其崇拜者称为白色哈特舍普苏。它真的是整个古埃及时代最优雅、最让人赏心悦目的艺术作品之一。同样引人注目的是附近的一尊雕像，雕像上的哈特舍普苏是一位女性，有乳房，具有柔和可爱的女性面容和身材。这与几乎所有法老形象所要求的刻板男性肖像形成鲜明对比。

埃赫那顿

1887年，一个埃及农妇在尼罗河的上埃及东岸的阿马尔那村周围挖掘时发现了300块楔形文字石板。她的发现在古文物学者中引起了轰动，引发了对该地区详细考察的热潮。在此之前，考古学家几乎没有在这个地区开展过工作。由英国埃及学家弗林德斯·皮特里领导的团队揭示了古埃及历史此前不为学术界所知的一个方面。在阿马尔那，有一座完整的古代政治和宗教都城的遗址。那是新王国最有权势的领导者之一的杰作。那位领导人就是埃赫那顿（公元前1352—前1336年在位），但后人对他却所知甚少。这位法老为他那个时代的社会引入了一整套新的宗教信仰，并将他的政权中心迁移到了一个新的城市，在那里他崇拜他认定的唯一真神，阿顿。而他的继承者们，包括他的儿子，著名的图坦卡蒙，都否定了埃赫那顿的创举并试图抹去人们对埃赫那顿统治时期的所有记忆。他们几乎奇迹般地达成了这一目的。然而，他们努力破坏的结果并没有战胜现代埃及学的坚持和智慧。尽管法老埃赫那顿的统治在许多方面都与前人和后人的统治大相径庭，但阿马尔那时期的种种遗迹在20世纪再现，还是为埃及法老时期的历史又增添了一个辉煌的篇章。

　　埃赫那顿是第十八王朝后期的统治者之一。他也是古埃及最有争议的君主。他野心勃勃，内心深处充满了矛盾。不可否认，他在宗教信仰方面离经叛道，他在政治和宗教方面是个暴君，他还可能是一个身心畸形的人。他几乎摧毁了使古埃及成为世界上最成功、最稳定、历史最悠久的文明的文化基础。他也是一神教的先驱。他超前的宗教观念可能影响了犹太教和基督教的教义。作为一个反对新方法的文化中的创新者，他支持了一种新的、更现实和自然主义的艺术形式。埃赫那顿被称为"人类历史上第一人"。埃赫那顿与他所在时代的文化规则保持距离。他对宇宙的想象与以前的法老和强大的祭司阶层不同。一位支持者称他的统治为"埃及历史上最令人兴奋的时代",并补充说"在人类的思想史中,埃赫那顿是不能被忽略的"。

埃赫那顿于公元前1352年即位。他是阿蒙霍特普三世的儿子和王位继承者。他的统治结束于公元前1336年。他的妻子和王后是涅菲尔泰提(Nefertiti),名字意为"美丽的人"。涅菲尔泰提已经成为新王国时期埃及优雅、美丽和精致的象征。她的半身像被收藏于柏林博物馆,那是这个时代最受尊敬的艺术作品之一,即便最近其真实性受到了质疑。尽管埃及文物当局强烈抗议德国考古队在阿马尔那地区的蛮横行为,但它仍然被带到了柏林。埃及当局为了让这件艺术品回到埃及,进行了最后的努力,但终归失败了。希特勒拒绝归还这件在他看来具有完美无瑕的雅利安人外貌特征的艺术品。

如果艺术品对埃赫那顿的描绘属实,那么他看起来有些女性化,眼睛倾斜,嘴唇丰满,肩膀窄,腹部突出,臀部肥大,大腿粗壮,小腿看起来完全无法支撑他那庞大的躯干。后来的学界批评者甚至用这些肖像以及他的某些行为来暗示这位埃及法老可能精神失常,并且身体笨拙。在最近的一项研究中,尼古拉斯·里夫斯(Nicholas Reeves)认为埃赫那顿患有马方综合征。这种疾病或许可以解释他为何彻底背离了埃及的传统信仰。但情况很可能是,那些被授权描绘国王的雕塑家和其他人,被鼓励采用自然主义风格,这种风格在那个时代还未在埃及被使用过。他们把在埃及吹拂的创新改革之风视为对国王的某些异常特征进行夸张化处理的机会,就像现代的漫画家夸张地描绘领导人的面部一样。

无论如何，早在埃赫那顿的统治初期，他就拥护一种新的宗教。这种宗教以太阳为中心，而太阳被绘制成一个纯粹的圆盘。埃赫那顿称这位至高无上的神为阿顿。与埃及的其他神祇不同，阿顿没有任何的人形或动物特征，除了在太阳神的形象中，太阳的光芒宛如向远处延伸的手。与埃及的传统宗教教义决裂后，埃赫那顿通过将他的王号从阿蒙霍特普改为代表着阿顿精神的埃赫那顿，来强调他统治的出新之处。不久之后，他将埃及的首都从底比斯迁移到孟斐斯和底比斯正中间的地方。新城位于尼罗河东岸，距离底比斯大约200英里。他建立这个新城是为了献给阿顿神。他称这个新城市为埃赫那顿，意思是"阿顿的地平线"。埃赫那顿的统治经常被称为埃及历史上的阿马尔那时期，因为埃及学者是在现今的阿马尔那村附近首次发现这一时期的证据，即其墓地遗址的。实际上，大约3500年前，这里就是王城。在法老的统治下，这个城市占地77平方英里，拥有阿顿神庙，一座大宫殿，一条宏伟的王家道路，是2万到5万居民的住所。

埃赫那顿开始努力抹去人们对早期神祇的记忆。他认为这些神祇是无知的统治者和误入歧途、渴望权力的祭司阶层强加于埃及的。他下令拆毁颂扬早期统治者及其宗教信仰的神庙和纪念碑。面对他无法消除的那些，他就开始加以破坏，以让人们看不出以前的统治者和其他神祇的印记。对埃赫那顿而言不幸的是，他的宗教和哲学创新并没有延续下去。他的直接继承者之一，他的儿子图坦卡蒙，开始了反叛。他摒弃了父亲的信仰，将埃及的首都迁回底比斯，恢复了埃赫那顿曾试图消除的旧祭司阶层的权力。他重复了他父亲对其前辈们所做的事：他发动了一场无情的运动，抹去了他父亲统治遗留下的痕迹。这意味着埃赫那顿城变成了废墟，整个尼罗河流域的阿马尔那时期的所有印记都被摧毁。他的工作非常有效，以至于埃赫那顿的名字和影响力在埃及历史上消失了，直到 19 世纪 20 年代和 30 年代，学者们在阿马尔那村附近探险时偶然发现了三千多年来从未见过的墓地。尽管有关阿马尔那时期的第一批零星信息来自 19 世纪早期的几十年间，但直到 1892 年弗林德斯·皮特里开始大规模发掘，这个古埃及历史上的非凡时刻才被揭开神秘面纱，并震撼了公众。

埃赫那顿革命思想的核心是严格的一神论。这与他前辈们丰富的多神论传统形成鲜明对比。《阿顿颂》和希伯来圣经《诗篇》第 104 篇之间的相似性表明，以色列人可能受到埃赫那顿宗教的启发，并将他的见解从埃及传到了巴勒斯坦。

《阿顿颂》里是这样的：

> 当你在西方地平线上落下……
> 这片土地就如同死亡般黑暗……
> 所有的爬行动物，它们都会蜇人。
> 当黎明来临，你在地平线上升起……
> 你驱散了黑暗……
> 人们醒来并站立起来……
> 全世界，都在劳作。
> 你的作品是如此多样！
> 它们不为人类所见。
> 唯一的神啊，别无其他，

你按照你的意愿创造了大地。

《旧约·诗篇》第104篇则是这样的：

> 你造黑暗为夜，林中的百兽就都爬出来。
> 少壮狮子吼叫，要抓食，向神寻求食物。
> 日头一出，兽便躲避，卧在洞里。
> 人出去做工，劳碌直到晚上。
> 耶和华啊，你所造的何其多，都是你用智慧造成的。
> 遍地满了你的丰富。

埃及的这个新宗教还包括其他的宗教特征。埃赫那顿信奉的神是一个更易于接近的神。其他埃及神祇的神庙是封闭式建筑，神的形象被隐藏在庙宇最深、最暗的部分，只有最受尊敬的祭司才能看到。相比之下，阿顿的神庙对外开放。祭司阶层也不得垄断祭拜活动。新的宗教是一种更加慈悲和富有情感的信仰。他的信奉者鼓励人们将唯一的神视为一个人格化且宽容的存在，他伸出双手，将光芒洒向大地，在人们的日常生活中指引大家。

然而，埃赫那顿的神——阿顿，只有一个中间人，那就是法老自己。尽管阿顿神表面上似乎很开放，但实际上埃及人被禁止与他们的新神有任何接触。只有法老有权向整个社会解释阿顿的旨意。埃赫那顿的新信仰带有深深的专制色彩，甚至可以说是暴政。简单准确地来说，"埃赫那顿宗教的神其实就是埃赫那顿自己"。

埃赫那顿对一神论的强调有其潜在的政治和社会背景。它不仅借鉴了之前将个别神明提升至显著地位的尝试，还反映了埃及国家在地中海和非洲范围内的扩张。像埃及这样辽阔的帝国更容易想象出一个超级的神，这种神不像埃及传统宇宙观中的神那样与特定的地域紧密相连。此外，埃赫那顿强调新神，还关系到他和具有影响力及权威性的阿蒙-拉的祭司势力的权力之争。这个祭司阶层以底比斯为中心，已经享受到了国家扩张的红利，成了一个实际上的国中之国，甚至能够挑战国王及其追随者。随着以前好战的国王们从西南亚和努比亚带回越来越多的财宝，祭司的财富和权力也逐渐增加。埃赫那顿决定将阿顿设为埃及宗教中的唯一神，并将他的首都迁至埃赫那顿城，这是对阿蒙-拉祭司阶层势力的打击。因此，这激起了人们的强烈怨恨之情。当后来的法老恢复了旧的宗教秩序，并将帝国的中心迁回底比斯时，祭司们进行了报复。他们也努力消除埃赫那顿以及支持他的激进宗教和政治立场的人的所有痕迹。

埃赫那顿的创新精神还体现在艺术表现领域，尽管在这方面也曾有先例。在艺术上看，埃赫那顿时期的特点是强调现实主义，甚至超现实主义，而不再是刻板地规定艺术家应如何呈现各种形式的生命，包括人类，以及其他动物和植物的。埃赫那顿鼓励艺术家真实地描绘强大的法老，而不是套用刻板的表现形式。现代评论家称这一时期的艺术为表现主义，并认为它是对古典时期及其形式化表现的反抗。在某些场景中，壁画雕刻师呈现了战马和战车的"速度之美"，并描绘了王室成员亲密无间的场景。这位统治者允许画家描绘他和他的妻子手牵手、亲吻他们的孩子。在一个令人心碎的场景中，艺术家甚至饱含深刻情感，描绘了国王和王后为他们一个女儿之死而悲伤。与过去不同，这个时代的艺术家摒弃了动物和人类的神像。相反，他们将阿顿纯粹描绘为一个日盘，其手从天上伸向人间。

阿马尔那时期的艺术家们打破了长达两千年的传统。他们采用的形式"甚至可以说是可怕的；现在的规则是重视动态、表现、情感，而无视现实。通过与现代艺术派别进行比较，可以理解这种艺术的本质，这些艺术派别自由地处理人的形象，这种艺术最初被贬低为'丑陋'甚至是'病态'的"。埃赫那顿时期的创新是高度自然主义的，"从奇形怪状的风格到轻微地反传统"。然而，艺术家们也有一双善于发现恬静感和美感的眼。埃赫那顿的妻子涅菲尔泰提的著名肖像恰好体现了埃及艺术中的这些新元素。她那修长的脖颈、梦幻般的表情，以及整个头部和肩膀的倾斜线条，不仅体现了她的精致，还展示了阿马尔那时期艺术家描绘优雅和细腻的能力。

拉美西斯二世

这里要介绍的最后一位，也是至此为止最伟大、最著名的法老，是拉美西斯二世（公元前1279—前1213年在位）。他是塞提一世的儿子，拉美西斯一世的孙子。拉美西斯一世是第十九王朝的创始人，靠武力篡位。拉美西斯二世的统治时间是古埃及历史上最长的。他在公元前1213年去世，享年90岁，在9年的摄政统治期结束后，他独掌了政权66年。

与他的父亲和祖父，以及前一个王朝即第十八王朝的统治者一样，拉美西斯二世有帝国主义的野心。在拉美西斯摄政时期结束时，巴勒斯坦和叙利亚的领土慢慢脱离了埃及的统治，并落入赫梯人之手。拉美西斯二世率领一支规模庞大的埃及军队对抗赫梯国王穆瓦塔利斯，后者宣称自己对有争议的土地拥有统治权。

卡叠什战役发生在公元前1274年，战场位于现今叙利亚的奥龙特斯河附近。军事史家认为这是古代最著名的军事冲突之一。赫梯军队的人数在1.8万到1.9万之间，包括2 500辆马车。拉美西斯的军队规模更大，达到2万人，并且还有大量的驭手。然而，埃及军队的各支部队却彼此分散，赫梯军队得以伏击法老指挥下的中央军团。就在埃及军队即将被击溃的时候，拉美西斯二世单枪匹马地聚集了他的士兵。他冒着巨大的风险，驾着战车，冲入敌军之中。他大胆的行动使他从看似必败的局面中夺取了军事胜利。或者至少埃及的记录是这样写的。拉美西斯确保了尼罗河流域的人民相信他们统治者的军事功绩。他下令将卡叠什战役记录在大量的文字资料中，镌刻到这一时期的神庙和其他建筑的墙壁上，并将这场战役描述为伟大的军事胜利，而这主要是归功于国王的勇气。但实际上，尽管这场战役让拉美西斯有了强大尚武国王的声誉，埃及却未能重新确立对这一地区的控制。

埃及人对这一事件的主要记载也见于阿拜多斯的神庙、卡纳克的多柱厅，以及位于尼罗河西岸、与底比斯相对的陵庙拉美西姆。此外，官方对这一事件也有书面记载。

在拉美西斯统治时期，孟斐斯再次成为埃及帝国的首都。由于这些年里，在经济方面取得的成就令人瞩目，首都成了一个繁忙的港口城市，接收来自整个地中海贸易区的货物。它还拥有一个大型的居民区和一个王室城堡，其白墙熠熠生辉。同样，底比斯也繁荣昌盛，尽管其外观与孟斐斯明显不同。它不再是一个乡土农业村庄，虽没有孟斐斯那么宏伟，但它作为埃及的宗教和文化中心焕发出了活力。在尼罗河的东岸，底比斯已经是一个令人印象深刻的帝国城市，由宫殿、豪宅、居民区，以及规模不断增长的大厅、神庙与献给神和伟大国王的纪念碑组成。拉美西斯当然在这座城市留下了他的印记。在尼罗河的西岸，在被沙漠悬崖环绕的平原上，还矗立着其他古代统治者的遗迹。在这里，拉美西斯开始建造他的陵墓，即拉美西姆。这座神庙的目的是超越埃及历代统治者所修建的神庙，它也确实做到了这一点。拉美西斯还在帝王谷留下了他的印记，因为他不仅为自己的墓地建造了宏伟的大墓室，还为他生下的 100 多个儿女建造了一大堆墓室。他的许多儿女都比他活得长。这些墓室直到最近才被发掘出来，发掘者肯特·威克斯（Kent Weeks）表示，这些墓室是自 1922 年霍华德·卡特发现图坦卡蒙的墓室以来，最激动人心和最具有启发性的发现。

到了埃赫那顿的下一个王朝，即第十九王朝的时候，埃赫那顿的一神崇拜几乎全部消失了。拉美西斯是狂热的多神教信徒。他崇拜埃及的所有主要神祇。在底比斯，他向阿蒙神致敬。阿蒙神的教职人员在他的统治下再次兴旺起来。然而，这并不意味着对太阳神的崇拜不再重要。相反，太阳神拉仍然拥有追随者。太阳神在赫利奥波利斯的主要宗教场所备受瞩目。神再次被隐藏在神庙的最隐秘房间里，由一个祭司阶层悉心照顾。这些祭司生活的唯一目的就是服务于对他们而言特别的神灵。

关于拉美西斯二世的一切形象，除了他的身高（他只有约 165 厘米高）之外，都是巨大的。他通过建造巨大的纪念碑来展现他的一生，从而确保他在历史上的声誉。他至少为自己竖立了 11 座比他真人要高的雕像，最近的一座是 1962 年在开罗郊区发现的。这座雕像高约 8 米，由阿斯旺花岗岩制成。这些岩石是沿尼罗河一路被拖到孟斐斯市里的。今天，人们可以看到它被封闭在一个巨大的大厅里，躺在它被发现的地方附近。现代的埃及人与外部世界分享了其中的一些雕像，所以今天这位伟大的法老的纪念碑在世界各地都可见到，如巴黎和丹佛。多年来，有一座拉美西斯二世的雕像一直矗立在开罗火车总站的外面，但由于受到了污染，雕像不得不被转移到了市郊。

拉美西斯二世的纪念性建筑中最著名的是阿布辛拜勒。其历史值得一说。它由 4 座约 22 米高的统治者雕像组成，他的妻子和孩子们聚集在他的脚下。它最初是雕刻在上埃及最偏远地区的悬崖上，旨在展示君主的权力延伸到他王国的最南部。这是令人惊叹的建筑，但是有些人认为这种颂扬王权的方式有些怪异。它最终被沙子覆盖并且被遗忘了，直到 19 世纪中叶才被重新发现。想象一下，发现这个曾经引起希腊历史学家和旅行者的关注，在古代被广泛评论，然后似乎永远遗失的历史宝藏时，挖掘者是多么惊讶。最先让世界注意到它的是欧洲旅行家 J. L. 布克哈特（J. L. Burckhardt）。他说，他正准备离开该地区时，"我幸运地转向南方，遇到了四座巨大的岩石雕像……它们矗立在山体中开凿出的一个深凹里。但令人遗憾的是，这些雕像现在几乎完全被埋在风沙之下。沙子在这里像洪流一样被吹下来。其中一座雕像的整个头部、部分胸部和手臂仍然露出地面；旁边的一座几乎没有任何部分可见，头部已经断掉，身体被沙子覆盖到肩膀以上；其他两座只露出了帽子"。

100 多年后，这一宏伟的作品再次面临危险。这次威胁阿布辛拜勒的是纳赛尔在阿斯旺建高坝的梦想。阿斯旺大坝虽然会给埃及带来电力，但是其巨墙后面会形成一个巨大的湖，湖水将淹没埃及的许多著名古迹。没有人愿意失去阿布辛拜勒。埃及政府花费3 600万美元，将纪念碑切割成1 000个有编号的碎片，以便将其移至更高的地方。这一工程始于1960年，它拯救了世界上最令人印象深刻的历史纪念性建筑之一。

拉美西斯二世的木乃伊制作过程比埃及的其他统治家族都要精细，这并不出人意料。它为我们提供了进一步的机会来观察这一古埃及文化中最私密但又最引人入胜的方面。正如我们已经观察到的，埃及人相信有来世，特别是统治家族相信这一点。后来在其文化发展过程中，许多社会阶层也相信来世。然而，即使名人和普通人享有了制作木乃伊与为永恒的来世做准备的特权，最华丽的仪式和埋葬技术仍然是埃及最有权势的统治者专享的。因此，拉美西斯二世的葬礼和来世准备都是漫长而高度仪式化的，这包括为身体最后的旅程做准备的所有必要处理。他的木乃伊制作过程共花费了70天。首先是取出器官。脑组织从鼻子中取出，器官被放入卡诺卜罐中，与木乃伊尸体一起放在墓室里。埃及人认为心，而不是大脑，是存在的本质。在拉美西斯的个例中，负责下葬的外科医生取出心脏，然后用金线将其缝回原位。更常见的是，木乃伊的制作团队将心脏留在原位。接下来是对身体做防腐处理，清洗和用亚麻布包裹。为了把木乃伊放进墓室，祭司们把它抬进一个装饰华丽的房间，吟唱赞美之诗和为快乐的来世所做的颂歌。经过包裹和防腐处理的尸体被放入一个木石棺内，对于有权势的人们来说，石棺上会被涂上鲜艳的颜色并刻上华丽的图案。石棺上最引人注目的部分是统治者本人的形象或面具。内部墓室位于隧道的尽头，装饰着描绘法老生前生活和享受的画像，目的是让法老快乐地踏上前往来世的旅途。

埃及统治者之所以选择将自己埋葬在上埃及的西部沙漠里，而不是建造巨大的金字塔来彰显他们的权力，表达他们在死后复活的信仰，是为了防止盗墓和破坏墓穴这些事情发生。这在古埃及已经变得司空见惯。然而这些法老和其他像他们一样被埋葬的人并不比其古王国的前辈们更幸运。他们的墓也被洗劫了。甚至拉美西斯二世的墓也未能逃脱盗墓贼的魔爪。为了保护前人的遗产，后来的法老和祭司们将拉美西斯二世和其他人的尸体从他们原来的陵墓中移走，隐藏在一位王后的扩建墓穴中。这座陵墓被封闭起来。令人费解而又神奇的是，历经 2 800 年这座陵墓仍保持原样，不为人所知。直到后来，埃及学家们才发现了这个地方，并找到了今天在埃及文物博物馆和世界各地展出的大量木乃伊。这些木乃伊为后来的一代代学者和古埃及爱好者带来了欣喜。

少数几个未遭盗墓贼破坏的墓中，有一座就是图坦卡蒙的墓，他是埃赫那顿的儿子，是第十八王朝的第十二位国王。他统治埃及的时间很短，从公元前 1336 年到公元前 1327 年。这个基本未被破坏的陵墓是由埃及学家和考古学家霍华德·卡特发现的，他相信还有陵墓未被找到，特别是一个不为人知、短命且相对默默无闻的第十八王朝的法老的陵墓。卡特花了 15 年的时间寻找这座陵墓。他相信这一发现会向世界展示曾经存放在其他陵墓中的珍宝是多么令人惊叹，此前人们只能推测这些珍宝是存在的，因为盗贼破坏了很多陵墓。卡特最终在 1922 年 11 月找到了墓地，但是，为了等待他的赞助者卡那封勋爵到来，他直到三个月后的 1923 年 2 月才进入墓穴。事实上，图坦卡蒙墓中的一切证实了卡特的设想，甚至超出了他的设想。墓里被塞得满满当当，东西没有特定的顺序，里面有很多物件曾是法老生活的一部分。镶金的床、美丽的卡诺卜罐、黑漆的阿努比斯豺狗。其中最不可思议的是里面的石棺，躺在里面的法老戴着引人注目的葬礼面具。这些东西当时震惊了世界，后来吸引了数以百万计的游客。古埃及的辉煌让无数游客叹为观止。现在，在开罗埃及博物馆的一个专门为图坦卡蒙国王设立的大型特别展区中，人们能看到图坦卡蒙墓里的大部分藏品。但时不时地，一些最好的藏品被送往国外展出。

古埃及的农民与女性

我们对古埃及的国王、王后、祭司、官员、商人和军人的生活了解很多。墙壁上雕刻的图画描绘了他们的生活，文字作品中也有对他们生活的颂歌。而关于其他群体的文字记载很少，除了女性这个群体。因此我们对这些群体的研究十分有限。我们不难想象农民的生活，他们被描绘在埃及纪念性建筑的墙上。农民的生活与几千年前一样，与尼罗河的农耕惯例相符。在生长季节，他们努力工作，在休耕期间就没有那么多事情要做，除非国家强制他们开展建筑或灌溉工程。很少有文人写关于他们的事情，少数艺术家和雕刻家也不过是对他们的生活进行程式化的描绘。然而，女性群体是个特例。近年来，随着学者们尝试勾勒出所有社会中女性生活的轮廓，女性成为备受关注的对象。然而，即使在这一领域我们所了解的也大多是上层阶级、富有和有权势的女性,而不是农民阶级女性的生活。此外,这个世界完全是由男性艺术家和作家所描绘的。

在古埃及,女性显然附属于男性。唯一重要的女性法老是女王哈特舍普苏,她经常被描绘成穿着男性衣服,并佩戴法老的"假胡须"。在关于男人和女人的视觉与文本形象中,男性占据主导地位。丧葬场面强调男性形象;女性似乎作为背景出现,扮演着为男性服务的角色。

然而,重要的是我们要认识到,与同样被深入研究的美索不达米亚的女性相比,埃及女性拥有更多的权利,且不那么受父亲和丈夫的约束。她们拥有与同一社会阶层的男性对等的法律权利,她们对来世的期望也与男性相同。这些权利在古代西南亚和北非世界中并不多见。埃及女性的代表性形象通常被描绘为比男性体格小,皮肤呈奶油色,与男性粗糙皮肤的色调形成鲜明对比。低阶层的男性和女性被描述为从事相同类别的工作。他们织布、制作面包和耕种土地。农民阶级的男性与女性穿着简单的衣服。这样的衣服适合那些在户外从事繁重劳动的人。而上层社会的男性与女性则被描绘为穿着正式服装。艺术家对于女性之美有着明确的概念。美的标志包括优雅、身材瘦削、腰细、胸部坚挺、颈部修长、皮肤白皙和拥有蓝黑色的头发。这就是埃赫那顿的妻子涅菲尔泰提的形象,她是埃及的古典美女之一。与美索不达米亚的女性不同,埃及女性不戴面纱。她们也没有被限制在房子的特定区域里。

埃及的诗人几乎都是男性,用情诗赞美了对女人浪漫和感性的爱,正如下面的诗句展现的那样:

> 我的心跳得很快。
> 当我想到我对你的爱时，
> 它不允许我理智行事，
> 而是跳出了原本的位置。

大多数婚姻都是包办的。男子在 15 岁时结婚，女子在 12 岁时结婚。无论是在农民的简单小屋还是在法老的宏伟宫殿，女人的主要领域都是家庭。王后和太后的影响力是巨大的，尽管她们只能在幕后发挥影响。她们的影响力偶尔才能被外界窥见。埃及只有少数几位女性摄政，但许多法老在成年之前就登上了王位并依赖摄政和母亲的指导。在衡量女人的影响力时，我们也不应忽视这样一个事实：埃及的一些神是女性，其中包括像伊西斯这样具有强大力量的神。此外，人们越来越认为王后与她的丈夫一样有神性。尽管我们对女性所知甚少，但我们知道，将喜克索斯人驱逐出埃及的伟大法老雅赫摩斯一世，就是听从了他的母亲阿霍特普（Ahhotep）和他的王后涅菲尔塔利（Nefertari）的建议。涅菲尔塔利比她的丈夫和儿子活得更长，并被代尔麦地那（Deir el-Medina）的工匠奉为他们的守护神。

结婚没有正式的仪式。通常，女人会搬到她们配偶的家中居住。离婚对婚姻中的男女双方来说都是允许的。大多数家庭是一夫一妻制。婚姻的目的是生育子女，巩固家庭。从新王国时期开始，以下指导原则强调了婚姻的目标和家庭的重要性：

> 年轻时找一个妻子，

让她为你生一个儿子。
当你年轻时,她应该为你生孩子。
生孩子是正当的,
多子多福。
他因子孙众多而受人尊敬。

我们不知道在一个识字率可能不超过1%的社会中,女人是否学会了阅读或写字。尽管在古王国时期有女祭司存在,但到了新王国时期,她们已经消失了。这个迹象表明,男人开始垄断权力地位,把家庭事务丢给女人。

第四章

努比亚人、希腊人与罗马人，约公元前1200—公元632年

历史告诉我们，帝国建立者和世界霸权都想占领埃及。最初，世界上最强大的统治者——世界第一批帝国建立者之一——是埃及人自己。卡纳克和卢克索显示了新王国法老的强大，其中一位——拉美西斯二世——在他的士兵们所到之处都为自己竖立了巨大的雕像。近代，如塞西尔·罗得斯这样贪得无厌的帝国建设者也有将埃及纳入他们的世界霸权之中的野心。罗得斯梦想以众所周知的"开普敦—开罗铁路"项目让英国的领土从南非的尖端延伸到地中海。而拿破仑则希望凭借征服并占领埃及来对英帝国的野心形成致命打击，并预示法国在世界舞台上的崛起。法蒂玛王朝试图将他们的什叶派愿景推广到整个伊斯兰世界甚至更远，而马穆鲁克在埃及边境阻止了蒙古统治世界的计划。然而，这些权力追求者没有一个像非洲-欧亚大陆最有魄力的世界征服者亚历山大大帝那样重视埃及。

对希腊人和他们最有活力的军事领导者亚历山大大帝来说，埃及具有特殊的重要性。他们认为埃及是最古老、起初最先进的地

方。希腊人感激地承认自己的文化受益于埃及人。当然，亚历山大大帝认识到了埃及战略位置的重要性。但埃及的文化中心地位和神谕的智慧也吸引了这位征服者。刚刚确立希腊对这个国家的控制，亚历山大就冒着极大的风险，带着他最信任的一个随从小团队进入西部沙漠。他渴望访问锡瓦的神庙，用那里神秘莫测的神谕来预知未来。亚历山大忍受了300英里的酷热，冒着死亡的风险，在他的征服野心最强烈之际花了整整六个星期前往锡瓦，可见他是多么渴望从这最著名和最受崇敬的神谕中得到答案。他心中有两个问题：他会征服世界吗？他是神吗？没有人陪伴他会见给出神谕的大祭司，并且他没有完全描述那次会面，所以大祭司告诉这位马其顿战士的确切内容是不为人知的。然而，当他的团队询问那次会面的情况时，亚历山大承认他"得到了如自己所愿的答复"。

法老时期埃及的衰落

在法老统治的千百年中，埃及的敌人来自西南亚、利比亚和努比亚。许多敌人是从西部沙漠（利比亚人）或西奈半岛（喜克索斯人和波斯人）来的。然而，是海上来的侵略者使法老时代令人震撼地戛然而止的。这一时刻可以精确到公元前332年。那一年，亚历山大大帝征服了这个国家。甚至在被希腊征服之前，埃及的衰落就显而易见了。当地的显贵和外来篡权者仍然在努力恢复法老时代的辉煌，但亚历山大的征服给这些努力画上了句号，同时还带来了另一个毁灭性的后果，那就是在接下来的两千多年里，埃及本土人都没有主导过自己的家园。

在法老之后统治埃及的外国和外国统治者的名单是令人咋舌的。首先是希腊人，然后是罗马人、拜占庭人、阿拉伯穆斯林征服者，北非的法蒂玛王朝，阿尤布王朝，主要来自里海和切尔克斯地区的马穆鲁克，奥斯曼土耳其人，法国的拿破仑，由阿尔巴尼亚军阀穆罕默德·阿里建立的外国王朝，以及英国人。最终在1952年的军事政变中，英国人被埃及人取代。但这还不是完整的外国统治者名单。尽管努比亚人、波斯人、希腊人和罗马人在法老时代后的年月里统治了埃及，但埃及人并没有被边缘化。他们参与了所有能发挥作用的领域。特别是在基督教时代，以及此后外国穆斯林的统治时期，埃及人主导了埃及的精神生活。他们是埃及的基督教高级神职人员和知识分子，会讨论基督教神学的长处。在伊斯兰时期，他们是乌里玛和卡迪*，决定什么是被认可的信仰，什么不是。此外，希腊人和罗马人从古埃及文化中汲取了很多，并创造了一个像克里奥尔那样混杂的希腊-埃及文化。其实，埃及基督教也保留了许多古埃及宗教的内容，不过，它的神职人员永远不会承认他们与古埃及宗教的渊源。

埃及的第十九王朝在拉美西斯二世的军事胜利中达到顶峰，接着这个国家再次陷入衰落，且不再有复兴的迹象。一系列的外国统治者和外国军事人物开始登上舞台。在接下来的3 000年里，许多埃及的统治者甚至不会说当地的语言，在某些情况下甚至不信奉当时流行的宗教。他们通常像脱离群众、剥削下层的精英一样生活。

---

* 乌里玛和卡迪分别意为伊斯兰学者和伊斯兰教法官。——编者注

第四章　努比亚人、希腊人与罗马人，约公元前1200—公元632年

他们瞧不起当地的居民，尤其是蔑视埃及的农民。他们将埃及仅仅视为财富的来源，是他们自己和他们的上层扩大权势的一条途径。他们的权力中心位于埃及之外。

在法老时代，埃及的统治者被期望是优秀的牧羊人，肩负使国家繁荣昌盛和使人民安居乐业的重任。但在随后的许多个世纪里，埃及的统治者往往漠视人民。

利比亚人和努比亚人在埃及

在辉煌的第十九王朝之后的两个世纪，埃及仍然由本土出生的埃及法老统治。但那些法老是软弱无能的人，他们既没有资源，也没有决心与意志来掌控国家。他们的绰号证明了他们的无能："被拯救者""谦卑忍耐者""盲者"，还有个最有说服力的——"无用者"。这个时代充满了悲观和沮丧。权贵们劝告不幸的人效仿过去的做法，恪守传统。僵化的传统主义取代了以前时代标志性的个人主义。现在，国家的精英受到挫败感和罪恶感的折磨。他们视他们的神为全能的，而他们自己则只是生活中的小卒。他们的口号是：沉默、谦逊和服从。后来的智慧之书进一步阐述了人类的不足，如下的箴言确认了这种不足："神总是在成功，而人则活在失败中。人说的是一回事，神做的是另一回事。因为人只是黏土和稻草，而神是人的建造者，他每天都在拆毁或建造。只要他想，他就能造出一千个穷人，或者让一千个人成为监工。"

埃及的命运与许多成功的帝国一样。它过度扩张。它的统治者和军队不再能够控制位于西南亚、北非和努比亚的埃及边缘地区的臣民。现在，帝国边缘地区躁动不安的人民开始寻求独立，甚至复仇。此外，埃及的祭司阶层以牺牲各个政治阶层的利益为代价，重新获得了巨大的权力。他们抑制了法老的领导力和活力。即使是被埃及征服的人和被殖民的民族也对埃及的衰落感到悲哀，怀念着法老时期的政治稳定和经济繁荣。

在早期的几个世纪，埃及统治者持续监视着边境。因为他们担心外来者会试着推翻中央政府并建立自己的统治，就像喜克索斯人在之前所做的那样。因此，大约在公元前950年，一个利比亚家族开始扮演法老的角色，这是很能说明问题的。这不是因为发生了入侵。相反，作为囚犯进入埃及或为了寻找财富而迁移到这个国家的利比亚人接管了权力中心。他们的统治是短暂的，然后当地的埃及人在不长的一段时期内再次掌管了国家事务。他们在重新焕发文化活力和重建强大的国家方面并没有比他们的前辈们更成功。

在利比亚人不久之后，来自南方的人到了。努比亚是古埃及的后院，是埃及进入撒哈拉沙漠以南非洲的入口。努比亚对埃及的影响被严重低估了。部分原因是早期的学术界对非洲及非洲人为撒哈拉沙漠以北的文化所做的许多贡献持有偏见。不过，古埃及人自己也对形成这些偏见起到了推波助澜的作用。他们看不起这个地区产生的文化，经常称其为"可悲的库什"。埃及人经常无情地利用努比亚的资源，特别是其原材料和人民，俘虏和奴役努比亚人。埃及对努比亚人的传统观点与荷马的观点形成了鲜明对比。荷马对该地区及其人民给予了很高的评价。他说这些人"是最远的国家中最正直的人，是众神的宠儿。奥林匹斯山的众神去他们那里并参加他们的盛宴。在所有凡人献上的供品中，他们的供品是最受欢迎的"。努比亚人也最终对他们居高临下的北方霸主进行了报复，占领了埃及并将自己人推上了王位。埃及的第二十五王朝来自努比亚，学者们称其统治者为埃及的黑人法老。

上努比亚和下努比亚覆盖的范围从埃及的第一瀑布一直延伸到尼罗河的喀土穆地区。喀土穆是现代苏丹的首都。然而，在古代，位于第一瀑布至第四瀑布之间的土地吸引了埃及人，大量的人口集中居住在这片土地上。这里独特的文化大约与古埃及文化同时出现，也就是说，大约是6 000年前。尽管努比亚人与古埃及人有联系并吸收了埃及的许多制度和价值观，但努比亚人自己的传统并没有改变。这个地区的第一个强大国家是在克尔马（Kerma）出现的。它的起源可以追溯到公元前2400年，当时人们注意到其商人与埃及人进行贸易往来，并控制着奢侈品往北部地区的输送。克尔马的位置在第三瀑布上游大约50英里处。埃及人向该地区派遣了远征军，不过他们并没有在那里建立永久的政治机构或军事管控机构。

直到新王国时期，埃及对努比亚的统治才呈现出殖民地管理的特征。埃及人在西南亚和在努比亚采取了不同的统治方式。在西南亚，埃及人与当地的统治者结盟。在努比亚，新王国的征服者向南面派遣了自己的管理者，并建立了一个民事和军事管理体系。这种情况持续了500多年。埃及人在努比亚统治时，将一整套法老文化和埃及宗教信仰强加给当地居民。从强大勇武的国王雅赫摩斯的一系列军事进攻开始，埃及就活跃在该地区，直到公元前1100年这一切才结束。这时埃及人和苏丹人似乎都基本放弃了这片土地，它在几个世纪内变成了无人之地。直到公元前850年左右，这个地区才复苏,当时纳帕塔(Napata)有一群新的当地国王站稳了脚跟。最终,纳帕塔的国王之一皮安希(Piankhy)甚至冒险入侵埃及,并最终登上埃及王位,成为埃及第二十五王朝的创始人,这是埃及第一个,也是唯一一个由阿斯旺以南的人统治的王朝。皮安希扭转了努比亚以前的统治者的不利局面,并让自己的名字在颂诗中得到称颂:

> 哦,强大的统治者,哦,强大的统治者,
> 皮安希,强大的统治者!
> 你返回并夺取了下埃及,
> 你是永恒的,你的力量永远存在,
> 哦,被底比斯所爱的统治者!

公元前747年至公元前656年的近百年间,第二十五王朝的努比亚人统治了埃及,但他们最终被前来将埃及纳入亚述帝国版图的军队赶走。虽然他们离开了埃及,但纳帕塔的国王继续统治了现代苏丹的北部几百年。纳帕塔自古就被吸引到埃及的轨道上,并深受埃及的影响。努比亚国王称自己为法老,崇拜埃及的太阳神阿蒙,让自己被埋在金字塔里,并使用象形文字。然而,它距离埃及很远,而且这个地区从未被埃及完全占领,而主要是作为埃及的贸易前哨,所以埃及的影响力有所削弱。后来,为了保持他们在尼罗河谷中心地带的独立,努比亚统治者甚至进一步南迁,在大约公元前6世纪建立了麦罗埃王国。这个国家因其墓地的金字塔和首都麦罗埃所拥有的大量城市化人口而闻名于世。麦罗埃王国持续了近千

年，直到公元4世纪才灭亡。

在公元前6世纪，来自波斯的阿契美尼德王朝向西扩张势力并夺占埃及，将埃及视为其珍贵的财富。最著名的阿契美尼德征服者是居鲁士二世，他从公元前559年到公元前530年执政，并将征服埃及的任务交给了他的儿子冈比西斯。冈比西斯占领了这个国家，建立了埃及的第二十七王朝（公元前525—前404）。在他去世后，阿契美尼德的王位传给了大流士一世（公元前522—前486年在位），他是历史上最强大的君主之一，也是使波斯与其西部领土形成更紧密统一体的建筑师。

对于大多数埃及人来说，这段波斯插曲并不是一个快乐的时期。尽管下一个征服埃及的民族，希腊人，夸大了波斯的残暴和压迫，但波斯人确实让埃及人想起了喜克索斯人：不愿意被埃及同化的外来征服者。埃及人对波斯人的回应与对喜克索斯人的回应没有什么不同。他们反叛了，因而再次展示了他们独特的文化身份，还表明他们不愿意臣服于蔑视他们文化的人。波斯总督雅利安德斯（Aryandes）从公元前522年到公元前517年掌管埃及，在他的统治下，对埃及习俗的不尊重达到顶峰。公元前496年，在大流士漫长统治的末期，当波斯人正为希腊人对该地区领土的觊觎和军事野心而焦头烂额时，尼罗河三角洲地区的城市发动了反抗波斯统治的起义。后来在公元前465年的一次起义中，出现了一个能团结、鼓舞民众的领导者伊纳罗斯（Inaros），他利用自己埃及人的文化身份，发起了一场反殖民主义的民族运动。这与20世纪埃及民族主义者反英国统治者的浪潮有许多相似之处。伊纳罗斯推翻了埃及的波斯统治者，但埃及的独立却昙花一现，波斯人重新建立了他们对埃及的控制并处决了叛军领袖。

唉，这就是希腊人记录的埃及。希罗多德，他关于埃及的描述影响了后来的许多代人。他在公元前5世纪去了埃及。他到达的时候埃及正处于政治动荡和内部叛乱中。创新已经让位于屈服。对老一套的一味模仿取代了大胆创新和人们对声望的渴求。希罗多德描述的某些片段揭示了一个正在倒退的埃及，它沉湎于谎言和空洞的仪式。

希腊人和罗马人在埃及

几乎没有哪个统治者比亚历山大大帝更适合打破埃及人恢复法老荣耀的梦想了。作为才干与雄心相匹配的人，亚历山大于公元前332年带着他强大的马其顿军队进入埃及，击败了一支已经衰落的波斯部队。埃及只是亚历山大将已知可居住世界置于自己统治之下的征途中的早期站点之一。很快，他的5万人的军队于公元前331年在伊拉克的高加米拉战役中摧毁了据说拥有50万人的规模更大的波斯军队。波斯的战败为亚历山大的征服部队打开了通往中亚和北印度的大门。亚历山大因为喝得酩酊大醉于公元前323年去世，年仅32岁，这个时候他的国家已经从利比亚延伸到今天的阿富汗。

亚历山大的年轻与才能令人折服。他拥有运动天赋、军事技能、个人勇气、野心、吸引力和超凡的个人魅力。他无比了解希腊的生活方式与习俗。这是因为他的父亲，马其顿国王腓力二世，曾邀请亚里士多德到宫廷，让他的儿子沉浸于在希腊本土蓬勃发展的艺术和科学中。腓力在公元前337年被刺杀,时年46岁。而亚历山大几乎没有浪费任何时间,就镇压了国内和希腊本土反抗马其顿当局的暴动。在这个时候,甚至可能更早,亚历山大统治和称霸的决心就已凸现出来。有人猜测,在失去了他父亲的宠爱后,他参与了刺杀。不管真实情况如何,亚历山大无情而又有计划地杀死了其他渴望掌权的人。这极大程度上依赖于他最忠实的大将安提帕特(Antipater),以及忠诚的马其顿部队的支持,同时他最大限度地降低了他的军队中来自希腊本土的士兵的影响力。事实上,来自希腊本土的士兵只组成了一个小军团,他们在全军中的比例很少超过10%。

虽然埃及的领土在亚历山大帝国中只占一小部分,但它却是亚历山大帝国的重要组成部分。亚历山大在古老的法老政体中发现了很多吸引他的东西。他钦佩埃及的阶层划分和集权政府,以及宗教与政治权力的紧密结合。他希望了解法老权力的秘密,将其作为统治广阔领土的辅助手段。在最初的征服之后,亚历山大访问了赫利奥波利斯,就像法老登基时会做的那样。他也希望将阿蒙崇拜与他的权力联系起来。他前往了孟斐斯,这是古埃及的政治首都。他甚至走得更远,如我们所见,访问了位于锡瓦绿洲的著名阿蒙神庙。

亚历山大的早逝导致了他的庞大领土帝国解体,尽管解体并不彻底。他忠诚的将军帕迪卡斯(Perdicas)试图维持住帝国,努力使其他军事领导人承认亚历山大的长子,然而他的努力失败了。他为亚历山大与一个大夏女人的遗腹子设立摄政王的尝试也失败了。由于希腊将军们反对屈居于马其顿和大夏混血的儿童统治者之下,顺位继承几乎没有成功的机会。像亚历山大本人一样,将军们都是有野心的人。他们已走了半个世界，起码在他们自己看来是这样。他们还承受了各种身心上的磨难，尤其是亚历山大要求他们娶波斯妻子，以增强帝国在东方的合法性。在亚历山大去世后的几年内，帝国分裂为四个不时相互对立的单位。其中，埃及从许多方面来看都是人口最多和最繁荣的，它成了希腊将军托勒密的领地。他从公元前305年开始称托勒密一世。他建立了一个持续近三个世纪的王朝。公元前30年，罗马统治者屋大维（奥古斯都）推翻了托勒密王朝女王克娄巴特拉，并将埃及纳入了罗马不断扩张的帝国版图中。

亚历山大及其继业者无意将权力下放给地方精英。他们鼓励希腊人迁移到埃及。然而，他们对古老的法老秩序的影响并没有乍看起来那样具有颠覆性。首先，亚历山大和他的大部分军队并非来自希腊核心地带。他们拥有并捍卫希腊外围的马其顿的田园价值观和尚武价值观。而更为重要的是，希腊文化在很大程度上受到了埃及和西南亚的影响，所以对埃及人来说，希腊人的统治并不是那么令人不安。当亚历山大进入非洲和亚洲的时候，希腊已经与西南亚、北非和非洲其他各地的文化紧密交融，这反映出了希腊人受益于腓尼基人、美索不达米亚人、埃及人和波斯人。亚历山大接受了埃及的许多制度和习俗，这显示出了他对非洲和东方的尊重。后来，他还迫使他的高级将领娶波斯新娘。他对东方森严的等级制度、高度中央集权、君权神授说的君主制印象深刻。因此，他将他的帝国东方化。

东方人主要通过塞浦路斯、克里特岛和罗得岛来到希腊。这些东方人主要是工匠、祭司、医生、先知、巫师和商人，他们在北非、西南亚和希腊大陆之间自由流动。他们对希腊人最关键的贡献是腓尼基字母，这一字母体系相对于先前的书写系统（如在苏美尔发展起来并传播到埃及和世界其他地方的书写系统）具有独特的优势。腓尼基字母既有元音符号，也有辅音符号。希腊人继承了这种字母表并改进了它，使希腊文字成为当时世界上"最完美的书写系统"。

托勒密时代

托勒密时代和罗马时代是埃及前所未有的繁荣时期。托勒密王朝和罗马人通过调整一些原先由法老确立的制度，建立了一套行政系统。相比于法老时代的体系，这套体系甚至更有效地延伸到乡村。他们还扩大了灌溉系统，使埃及成了帝国的真正粮仓。三角洲的耕种面积增加到 1.6 万平方千米，上埃及的耕种面积增加到 1 万平方千米，法尤姆的耕种面积增加到 1 300 平方千米。法尤姆经历了惊人的发展。千百年来，法尤姆一直只是一片沼泽地，是鱼类和禽类最喜爱的栖息地。在托勒密王朝的工程人才和移民的推动下，法尤姆开始蓬勃发展，受到希腊大地主的青睐。许多新的土地拥有者是退伍军人，统治者曾向他们分发土地。

在法老时代的巅峰期，埃及的人口约为 300 万。到了罗马时代，这一数字可能飙升至 700 万，这在 19 世纪之前是最大数字，占罗马帝国总人口的近 10%。作为希腊人和罗马人的帝国中最富饶且人口最多的地区，埃及人口的增加和耕地面积的扩大要归功于灌溉技术的进步。尽管与 19 世纪和 20 世纪的水利工程师引入的技术相比较为简单，但它们却非常有效。最值得注意的是新的汲水设备，尤其是阿基米德螺旋泵，以及被更广泛运用的桔槔和水车。桔槔和水车在早期都曾被使用过，不过到了此时才在乡村随处可见。这些设备不仅使耕作者在洪水季节能更加充分地使用尼罗河的水，而且在洪水季节结束后还能使靠近尼罗河的土地得到灌溉。

无论亚历山大走到哪里，他都建立新城市，其中很多城市都是以他自己的名字命名的。在众多以"亚历山大"为名的城市中，给他带来最大快乐的那座城市，也是最大、最有活力的那座城市，就位于埃及。建城的过程展示了建城者的众多天赋。为了建立一个面向地中海东部的贸易港口，亚历山大访问了希腊的诺克拉提斯（Naukratis），而这个地点并不令他满意。它离海太远且位置偏僻。但位于迈尔尤特湖与大海之间的一片狭长土地却完全符合他的需求。这个地方可以建造一个深水港，易守难攻，并且能吹着凉爽的海风。这位伟大的征服者在这片土地上走了一圈，用谷物标记出主要市场和主要神庙的位置。因此，公元前 331 年，在地中海沿岸的埃及小村拉科提斯（Rhakotis）附近，亚历山大城拔地而起，正对着尼罗河的一个分支。一夜之间，它变成了一个繁忙的港口城市，将埃及与希腊以及地中海东北部的城市连接在一起。亚历山大城美丽而舒适，吸引了大量的希腊移民。亚历山大非常喜欢这座地中海城市。他死后，遗体被安葬在那里。

在托勒密王朝的统治下，亚历山大城继续繁荣发展。它成了埃及的首都。其持续增长的希腊人口深深根植于希腊文化。在托勒密时代结束之前，亚历山大城的希腊人口不少于 30 万，这一人口数据直到 19 世纪末才再次出现。

托勒密王朝统治下的亚历山大城将希腊文化中的学识发扬光大。托勒密一世沉醉于希腊文化的知识宝库中。他相信"早期希腊文明的艺术、科学和文学都登峰造极，因此，对于未来的文化具有至高无上的重要性"。托勒密一世在统治之初就邀请了很多希腊本土的顶尖学者来到他的领土。他首先接触了亚里士多德的弟子提奥弗拉斯托斯（Theophrastus）。但提奥弗拉斯托斯拒绝移居到亚历山大，于是托勒密一世接受了提奥弗拉斯托斯推荐的人选——法勒隆的德米特里乌斯（Demetrius of Phaleron）。德米特里乌斯帮助建立了一座博物馆，并创建了一个图书馆，该图书馆在整个希腊世界中都享有盛名。游客们对其庞大的藏书量、举办的研讨会和其知识宝库赞不绝口。

托勒密一世的目标是使亚历山大城成为希腊思想和文化的雅典，并利用其知识和文化资源来培养王室成员，就像马其顿的腓力二世为他的儿子亚历山大所做的那样。接下来的统治者托勒密二世，追随他父亲的脚步，提高了图书馆的声望，并吸引了众多希腊知识分子来到这座城市。

托勒密二世最引以为豪的就是亚历山大图书馆，这位君主命令图书馆收藏所有用希腊文写的书以及希腊世界以外的圣典和名著。图书馆藏书的实际数量不详。据说托勒密设定了目标，要收集 50 万部作品。无论图书馆是有 4 万卷藏书，还是像一些人说的有 70 万卷藏书，它都拥有世界上最大的馆藏。它还有一个图书目录。但遗憾的是，像书籍一样，这个目录在图书馆被毁时也未能幸免。

有一种传说认为，在 641—642 年，进攻埃及的阿拉伯穆斯林战士掠夺了这座图书馆。在这个传说中，征服埃及的阿拉伯将军阿慕尔·本·阿斯（Amr ibn al-As）写信给麦加的哈里发欧麦尔，询问他的军队应如何处理这座伟大的图书馆。据说哈里发回复道："如果这些书与《古兰经》一致，那么它们就是多余的。如果它们不包含《古兰经》里的内容，那么它们就应该被销毁。"然而，这个生动的故事在历史上是没有根据的。尤利乌斯·恺撒在亚历山大城为避免军事失利而采取行动时，无意中通过爆炸让图书馆首次遭到破坏。一些书被焚烧。图书馆的真正衰落发生在3世纪，主要原因是长时间疏于管理，以及核心藏书被分散到城市各处的私人和半官方图书馆里。

在前两位托勒密的统治下，亚历山大城的博物馆获得了与当代智库相似的声誉。它组织了研讨会，并邀请来自希腊化世界各个角落的杰出学者提交研讨论文。受邀到博物馆就等同于自己的学识在世界范围内得到了认可。但实际上，与许多现代象牙塔机构一样，该博物馆还有个出名之处，即会产出晦涩难懂的深奥论文，能读懂的人很少，愿意读的人更少。常驻的学者似乎很享受国家给予他们的闲暇。他们还因酗酒而远近闻名。

尽管埃及的希腊统治者付出了努力，雅典仍然在哲学研究方面保持领先地位，但亚历山大城在数学和科学领域走在了前沿。尽管数学家欧几里得在雅典接受的教育，但他在托勒密统治时期居住于亚历山大城时的科研成果是该领域顶尖的。在那里，他写下了《几何原本》。该书全面论述了自毕达哥拉斯以来的希腊数学，尤其几何学知识。在后来的许多个世纪里，这本书一直是该领域的标准教科书。同样有影响力且值得注意的是自然哲学家阿基米德。他出生在叙拉古,曾在亚历山大城求学,为埃及的生活做出了重要的技术贡献。埃拉托色尼,出生于昔兰尼,后移居亚历山大城,被任命为亚历山大图书馆的馆长。他还是一位杰出的诗人、数学家和地理学家,他对地球的周长和地轴的倾斜度进行了非常精确的计算。这座城市的领导者们因支持希腊抒情诗而声名远扬,其中最著名的人物是在博物馆任职的卡利马科斯。

然而,希腊化并不意味着与埃及法老时代完全决裂。征服者几乎不可能抹杀当地人的文化。而且希腊人也是精明的殖民者。他们知道,如果他们作为征服者接受当地文化的某些方面,那么统治埃及和不说希腊语的人会更容易。此外,他们非常欣赏古人在治理和文化上的贡献。

在生活的各个领域,埃及和希腊的元素都在融合。这种融合在宗教方面表现得尤为明显。前来的希腊征服者、旅行者、定居者和学者具有对埃及众神的基本了解,因此,他们很容易在自己的多神教和自然信仰与古埃及人的信仰之间找到相似点。在希腊化时代的埃及出现的新的综合信仰体系中,阿蒙取代了宙斯,成为高位的创世之神,而荷鲁斯则充当阿波罗的角色,透特代替赫尔墨斯,哈托尔代替阿佛洛狄忒,而卜塔代替赫菲斯托斯。这一时期令人印象最深刻的神庙,尤其是登德拉(Dendera)和菲莱的神庙,具有许多希腊特色,同时也模仿了古埃及神庙的样式。尽管如此,托勒密王朝并没有重蹈过去法老的覆辙。统治者控制了祭司,限制了祭司的土地拥有权和积累大量财富的能力,而祭司拥有大量土地和财富正是中王国和新王国面临的共同问题,特别是在王权衰落的时期。

在亚历山大城,希腊和罗马时代出现的最重要的宗教崇拜是塞拉庇斯。它代表了希腊和法老宗教主旨的融合。尽管希腊人对他们自己的神和埃及人崇拜的神之间的相似性印象深刻，但他们对埃及人极其喜欢的兽头神和女神并不怎么尊重。新的希腊化埃及神塞拉庇斯是埃及的公牛神阿匹斯和复活之神奥西里斯的综合，且完全呈现为人类形态。托勒密二世在亚历山大城为塞拉庇斯建造了最大的神庙，并开始为供奉这位神而建造庞大的建筑群。这片区域以神庙为中心，被称为塞拉庇斯神殿，包括图书馆、演讲厅和供奉阿努比斯与伊西斯的附属神殿，以及一座巨大的塞拉庇斯雕像。塞拉庇斯很快被视为亚历山大城的守护神，也是这座城市最重要的希腊-埃及神。

在希腊化时代，在埃及盛行的所有宗教信仰中，最普遍的莫过于对伊西斯女神的崇拜。在古代神话中，伊西斯作为复活的象征，起到了强大的作用（见前一章的描述）。许多埃及人认为权力斗争、谋杀和复仇是基本的宗教叙事。在涉及这些元素的故事里，伊西斯代表创造，她居住在天堂。而奥西里斯是冥界和复活之神，荷鲁斯则是守护并指引埃及和埃及人民的神灵。

菲莱岛位于今天的阿斯旺所在地，常被视为伊西斯在地球上的住所，并因供奉这位女神而变得重要。在被希腊征服之前，在新王国时代末期，特别是在第二十五王朝和第二十六王朝时期，围绕伊西斯的崇拜就已经出现了。菲莱已成为供奉伊西斯的重要地点。在希腊人占领埃及并将其帝国扩展到亚洲以后，伊西斯崇拜遍布整个埃及并延伸到东地中海地区。

为了纪念这位女神，她的信徒在菲莱修建了一座小而精美的神庙，人们一起在这座神庙里祭祀这位女神。这种行为至少持续了5

个世纪。尽管在20世纪初阿斯旺大坝建成后，在英国占领埃及期间，这座神庙被淹没，但在阿斯旺高坝取代旧的阿斯旺大坝时，神庙又得以恢复。它是埃及最有吸引力的旅游景点之一。它美轮美奂，其规模和近乎完美的修复使游客有机会目睹古埃及宗教影响与希腊宗教影响的理想融合。

尽管菲莱神庙只有12个房间，按照古埃及和希腊人衡量建筑是否宏伟的标准来看是小的，但对宗教信仰和崇拜至关重要的房间与功能它都拥有。其中包括国王加冕的大厅、加冕室、就职大厅，以及最重要的，内部圣殿，据说女神在那里居住。伊西斯的崇拜者创作了埃及最动人的一些诗篇，并在菲莱的墙壁上刻写了许多歌颂伊西斯的赞美诗。它们至今仍然可以读到。其中一首赞美诗的作者认为伊西斯是"至高无上和普世之神……在她尘世的宫中，她被古代诸神环绕，她与她的兄弟兼丈夫奥西里斯和他们的儿子荷鲁斯长相厮守"。

埃及与巴勒斯坦

埃及和巴勒斯坦有着悠久而紧密的联系。尽管西奈半岛干旱，但这片土地却成了连接这两个人口密集地区的桥梁。摩西带领他的追随者离开囚禁他们的埃及，穿过西奈半岛，到达巴勒斯坦的应许之地。据说耶稣的母亲马利亚曾带耶稣去过埃及，以躲避希律王的迫害。海路也是通达的。地中海东部强劲的东西向洋流将埃及与塞浦路斯及现在的土耳其南部海岸连接起来。希腊化时期是巴勒斯坦和埃及之间联系最为紧密的又一时期。托勒密一世和他的一些继任者为埃及的犹太人提供了庇护，并成功地吸引了大量的犹太人。这些犹太人大多数定居在亚历山大城。实际上，我们很难估算出这一群体的规模。有人认为埃及的犹太社区人口最多可接近100万，但这个数字无疑被夸大了。尽管埃及的犹太人很少与非犹太人通婚，但他们很快就能说一口流利的希腊语，并在希腊人的国家中担任了许多重要的政府职务和商贸职务。公元前2世纪，犹太学者将托拉翻译成希腊文，从而创作了《旧约圣经》的希腊文译本。

罗马人

公元前1世纪，罗马人取代了希腊人，他们将自己标榜为希腊文化的继承者和拥护者。罗马人也将埃及视为重要的领土，并在公元前31年至关重要的亚克兴战役之前，已经将埃及纳入罗马帝国的势力范围。当尤利乌斯·恺撒的事业如日中天时，当罗马逐渐从一个城邦共和国转变为一个拥有大量财富的帝国时，埃及具有相当大的吸引力。当时的埃及统治者是克娄巴特拉七世（公元前51—前30年在位），她是托勒密一世的直系后裔，也是唯一一个有意识地努力熟悉埃及方式的托勒密统治者。她还花时间学习当地语言。

克娄巴特拉作为一个值得一提的历史人物，至今仍享有盛名。无数的美术、文学和音乐作品都将她描绘为一位美丽和高智商的女人。莎士比亚在他的剧作《安东尼与克娄巴特拉》中描绘了她，而亨德尔则在歌剧中写到了她，还有几部电影将她塑造为一位美丽的女性和一个有谋略的统治者。其中最著名的电影制作于1963年，由伊丽莎白·泰勒和理查德·伯顿主演。我们了解的克娄巴特拉的真实情况是，她是一位聪慧且富有魅力的女人，不过她是否像现代评论家所认为的那样美丽仍有待商榷。罗马历史学家、希腊人普鲁塔克在《安东尼传》中对克娄巴特拉进行了描述："她的美貌并非举世无双，也不至于让见过她的人都怦然心动。但与她交谈，你会感受到一种无法抗拒的魅力……她的音调很甜美。她的舌头，就像一个多弦的乐器，她可以随心所欲地使用任何语言。"许多有权势的男人为她折腰。公元前51年，18岁的克娄巴特拉登基。登基后的一段时间内，她利用自己的魅力和智慧使罗马帝国的野心未能实现。首先，她与尤利乌斯·恺撒结盟，并为他生了一个孩子。然后她与尤利乌斯·恺撒的继任者马克·安东尼结盟，为他生了一对双胞胎。她选择马克·安东尼作为情人和政治救星的行为被证明是不明智的。在与他的主要对手屋大维（奥古斯都）争夺埃及控制权的战斗中，马克·安东尼失败了。在亚克兴战役中，屋大维打败了马克·安东尼的军队，入侵埃及，并将这个国家纳入了正在扩张的罗马版图。这场战役结束后，马克·安东尼和克娄巴特拉都自杀了，克娄巴特拉让自己被一条毒蛇咬伤致死。随着她的死亡，托勒密时期结束，罗马人的统治正式开始。这种统治持续了6个多世纪，直到7世纪阿拉伯穆斯林攻入埃及时才被迅速推翻。

　　罗马时期的埃及，相较于法老时代，更是为后世留下了极为宝贵的原始资料。埃及的干燥气候使得大量的纸草文件经受住了时间的摧残，得以保存下来，这为历史学家深入探讨这个时代提供了极好的条件。历史学家们甚至能像描述精英那样描述普通民众的生活。然而许多手稿来自上埃及（那里的气候和沙漠使它们得以保存），因此这些资料可能歪曲了当时的人们和埃及的面貌。许多文献是在上埃及的村庄中找到的，这些村庄位于尼罗河洪泛平原的上游。至少三分之一的文献来自法尤姆，而在希腊和罗马时期，法尤姆是一个具有特权的繁荣地区。与此相比，尼罗河三角洲的记录就显得不够完整，因此也不够出名。但从历史角度来看，它们同样重要。在这个地区，很多早期记录主要是用纸草材料写的，这些纸草都被尼罗河的洪水淹没，从而失传。

上埃及的两大庄园为埃及乡村和大地主的经营情况提供了最清晰的描绘。第一份文献提供了关于奥雷利乌斯·阿皮亚努斯（Aurelius Appianus）的农田的信息。阿皮亚努斯热衷于参与埃及首都热闹的希腊文化生活，因此他选择不居住在自己的土地上，而居住于亚历山大城。阿皮亚努斯将其位于法尤姆地区阿尔西诺伊特（Arsinoite）的土地交给了一个叫赫罗尼诺斯（Heroninos）的当地代理人进行管理。流传至今的大多数信件都是写给赫罗尼诺斯的，而大多数账簿也是他亲手做的。

第二份重要文献的来源地是俄克喜林库斯（Oxyrhynchus）州。它位于现今开罗南部约100英里的地方。该区的一个大庄园在托勒密时期就已经十分繁荣，在罗马统治的早期更是如此。但到了罗马统治晚期，它开始衰落。由于庄园被荒弃在沙漠边缘，千百年来，这些记录一直保存得较好。

从这些记录中，我们可以深入了解罗马时期的埃及。例如大量文献记载的首府俄克喜林库斯，这是一个与俄克喜林库斯州同名的

第四章 努比亚人、希腊人与罗马人，约公元前1200—公元632年

主要城市，该地区从首府以北 25 英里处延伸至首府以南 15 英里处。俄克喜林库斯州包含约 100 个村庄，农村人口总数为 10 万。另有 2 万至 2.5 万人居住在首府。基于这些人口数据，以及埃及其他 29 个州和首府甚至更大城市的数据，历史人口学家估计罗马时期埃及的人口在公元 2 世纪的高峰时期达到 700 万。尽管埃及是古代人口最多、最密集的地区之一，但埃及的乡村并不像今天这样人挤人。村民们日间独自一人外出劳作。他们如果发生了意外，可能会躺在那里好几天都得不到治疗和照顾。

罗马沿袭了希腊的势头，逐渐削弱并切断了埃及与其法老时代的联系。象形文字使用得越来越少。我们所知的象形文字的最后一次使用是在 394 年的菲莱神庙，尽管古埃及语在相当长的一段时间里，仍以草书或世俗体的形式在口头和书面被使用。当地的神祇也不像早先那样受人信奉，在埃及的基督教时代被强行践踏入土（下一章将介绍）。此外，罗马帝国幅员辽阔，从西部的苏格兰高地延伸到东部的美索不达米亚，并包括现今的非洲国家：阿尔及利亚、突尼斯、利比亚、埃及和苏丹。尽管罗马帝国总人口大约为 6 000 万，但这与同时代的拥有 1 亿臣民的中国汉朝相比则相形见绌。由于罗马帝国的广袤土地和人口密度，埃及已不如原来那么重要，尽管它仍然那么富饶且拥有众多人口。法老时代的埃及人认为自己是宇宙的中心，是所有文明和文化生活的源泉。但现在，埃及已经大不相同了。此外，波斯的萨珊王朝在公元 3 世纪作为罗马的主要对手崛起，这进一步减弱了埃及的光辉。实际上，埃及成为这两个交战国争夺的宝贵财产。这两个帝国都有征服世界的野心。

即便如此，与希腊化时期的埃及一样，罗马人并没有与法老时代的过去完全决裂。罗马当局保留了希腊人从以前的统治者那里继承的旧行政区。埃及仍分为 30 个行政区。每个行政区都有一个行政首府，由一名州长（nomarch）管理。埃及的最高统治者，即总督，是由罗马派出的，任期为一年至三年，有时还会延长至五年。此时，亚历山大城作为埃及行省的首府存在（托勒密时代则是王朝的首都）。在这方面，罗马人也遵循希腊人的做法，将埃及的政治中心设置在地中海地区，而不是孟斐斯——这个地点在法老时代是上下埃及的分界点。

在罗马统治下，亚历山大城比希腊时期更为繁荣。它人口不断增长，商业生活日益繁忙。除了罗马城以外，亚历山大城的思想活跃程度在罗马帝国中不输其他任何地方。最近波兰考古学家团队在古城的中心发现了一个包含演讲厅、剧院、花园和公共浴场的大型建筑群。这证明了罗马统治者以及后来被基督教化的人对高等教育的重视。挖掘者发现了 20 多个讲堂，在这里，高级学生聚集在一起，跟着来自帝国各地的专家们学习，汲取知识。几个能够容纳更多观众的较大的剧院，还有其他的一些设施，如公共浴场和花园，都是为了使高等教育更具吸引力。

罗马人崇尚武力，对那些作战勇敢、不顾个人安危为国家服务的人给予了丰厚的奖励。在公元 3 世纪的鼎盛时期，罗马军队总共有 40 万名士兵，其中 2 万人驻扎在埃及。埃及军队由两个军团的罗马士兵组成，每个士兵都是正式的罗马公民。选择参军的新兵要服役 25 年。罗马军团从帝国外围地区存在的大量辅助部队中得到了兵源。这些辅助部队的成员在参军 26 年后会获得罗马公民身份，并享有随之而来的所有福利。这些福利包括在罗马法庭上依据罗马法律受审，以及比帝国的非罗马人支付更少的税款。埃及辅助部队的大多数人来自埃及的城市，他们大多是希腊后裔。

一个对埃及文化产生了长期深远影响的事件，是罗马帝国的中心从罗马移至君士坦丁堡。君士坦丁堡由君士坦丁大帝于公元330年建立，并以他的名字命名。罗马帝国的东移已经持续了一段时间，这标志着拜占庭国家的崛起，尽管罗马帝国和拜占庭帝国直到狄奥多西（379—395年在位）统治的末期才永久分割开来。君士坦丁堡成为一个繁荣的大都市，而此时罗马的规模正在缩小，逐渐沦为落后的城市。当罗马的人口在4世纪下降时，君士坦丁堡的人口却急剧增加。到公元500年，君士坦丁堡的人口达到50万。

对埃及来说，罗马势力东移的重要性是无法估量的。君士坦丁大帝在324年的一场战役中击败了他的对手李锡尼，开始对埃及加以控制。在这场胜仗后，他要求埃及的帝国税收送往新的首都，而非罗马。在接下来的3个多世纪中，直到640年前后被阿拉伯穆斯林征服，埃及一直向拜占庭寻求政治上的庇护和宗教上的启示。尽管拉丁语作为高级军官和高级官僚的语言得以保留，但希腊语最终成为旧罗马帝国东部的主导语言，而拉丁语则限于西部。

罗马人及其拜占庭后继者将另一种社会等级制度强加给埃及当地居民。其结果是，在这片土地上形成了一个高度分化的社会。权力和财富分配不均，社会地位和阶层之间很难流动。在帝国境内所有生来自由的人都可以获得罗马公民身份的公元3世纪之前，只有埃及社会政治顶层的少数人是罗马公民，他们垄断权力，担任行政官员、军人，在少数情况下，还是大地主和商人。在这个阶层之下的是人数更多、主要在城市群居的希腊人。在托勒密统治的几个世纪中，希腊人的数量不断增加。接下来是庞大的犹太族群，他们受过良好教育，主要居住在城市。他们在希腊人的统治下兴旺起来，在罗马人统治下继续受到帝国的保护，直到他们失宠并遭受严重迫害。最后才是埃及人，他们大多是农民。他们首当其冲地承担了政府的税收。他们也是国家的重要经济来源，因为他们种植的粮食不仅养活了生活在埃及的大量人口，还被输送到罗马帝国各地，养活帝国的众多臣民。

尽管绝大多数埃及人处于社会的最底层，但有进取心的埃及人还是会抓住有限的机会改善他们的生活。他们可以成为商人、大地主、士兵，甚至是文官。但要实现这些，意味着他们必须放弃他们的埃及身份，让自己被希腊人和罗马人的生活方式同化。这样的人，尽管往往是农民出身，但以后他们不再被认为是埃及农民。

希腊人、罗马人和犹太人主要居住在城市。他们聚集在埃及的四大城市——亚历山大城、托勒密、诺克拉提斯和安蒂诺波利斯。对罗马人来说，如果一个人不是公民，不是大都市的居民，或不是犹太人，那么他就是埃及人，这相当于一个被大多数罗马人视为负担而受到鄙视的团体的成员。在罗马人的观念里，即使是希腊人，如果居住在乡村，那也是埃及农民的一员。

尽管罗马统治者只认为埃及的四大城市是值得居住的地方，但较小城市（其中很多是行政区的首府）的居民，都模仿更富裕的城市的居民们。他们也去公共浴室，观看露天剧场的戏剧，穿着希腊和罗马风格的服装，参加希腊和罗马的体育活动与节日庆典。他们在这些活动中大肆炫耀，甚至不惜让自己和当地政府破产。

希腊文化甚至渗透到埃及较小城市所在的地区。被富人和权贵视为低等埃及人的人们也认为自己是希腊人。那些精美绝伦的、被称为"法尤姆肖像"的城镇居民画像是他们希腊化的绝佳见证。有钱有势的城市人将所有小城镇的居民都归类为无差别的埃及人。他们是纯粹的埃及人。但对于他们自己来说，正如人们在他们的"木乃伊画像"中看到的那样，他们完全是希腊人。他们画的"木乃伊画像"是他们丧葬仪式的一部分。事实上，这些人说希腊语，过着简化的希腊式生活，并认为自己有别于埃及的广大民众。在他们的肖像上，他们被描绘得好似那些纯正的希腊后裔。

埃及人口的大部分——埃及农民，其生活方式与城市居民形成了鲜明对比。埃及有 2 000 到 2 500 个村庄，每个村庄平均有 2 000 英亩的土地和接近 1 300 的人口。由于村庄互相离得很近，当地的旅行很容易，主要是通过遍布乡村的运河网络上的小船。大多数农场都很小。然而，种植者往往要从他们的村庄走很长的距离才能到达他们的农田。大多数村庄也有一些大型庄园，其中一些是由不在本地的地主所拥有的。地主主要居住在最近的城市，如果有钱的话也可能住在大都市。小农也拥有自己的土地。然而，由于农民很少有机会从事农业之外的工作，他们向上流动的机会有限。因此，农民意识到自己被土地真正束缚住了。尽管国家对商人和企业主征税，但由于国家没有所得税或城市税，大部分的税收负担还是落在了农民身上。

法尤姆地区在希腊时期已经建立了一套完善的灌溉系统，并在罗马人统治时期保存下来，但除了那里，埃及农业的水利技术与法老时代看起来几乎没有什么不同。农民们期待尼罗河的洪水，祈求洪水适度灌溉农田。小麦是主要的农作物，其次是大麦。大麦用于饲养动物，也与小麦混合制成面包。豆类尤其小扁豆是当地饮食中的主要蛋白质来源。农民家庭用绵羊和山羊的奶酪来丰富他们的饮食。与每天都有猪肉配给的士兵相比，农民很少吃肉。鱼类供应丰富，成了所有乡村居民饮食的一部分，除了最贫穷的农民之外。但是只有在节日时，肉才会出现在当地人的饮食中。

第五章
基督教时期的埃及

沙漠是可怕的地方。那里几乎没有地标,几乎没有生命能在那里生存。除了那些生存技能和知识最丰富的游牧民族外,其他所有人皆避而远之。迷失在沙漠中就等于失去了生存的希望。但是,沙漠的危险性和朴拙的美丽又使许多人无法抗拒。尼罗河对埃及的重要性不容置疑,但埃及地区也是三大广袤沙漠的所在地。实际上,沙漠占据了埃及陆地面积的95%以上。像尼罗河一样,它们塑造了埃及的历史叙事。埃及西部的沙漠通往利比亚的边境,是三个沙漠中面积最大的一个。它有绵延起伏的广阔沙丘,是一个真正典型的沙漠。这片沙漠间或点缀着赋予生命的绿洲。东部沙漠连接埃及和红海;它和西部沙漠一样美丽,尽管不太典型。它色彩斑斓,拥有着奇峰异石,吸引着隐士来到它那偏远而又浪漫的洞穴。最后,西奈沙漠是非洲和亚洲之间的主要陆上通道。征服者的军队曾经穿越它。埃及人要求控制这条战略通道,这并不出人意料。

埃及的沙漠人烟稀少,但并非完全没有人类居住。贝都因人在任何地方都能谋生。在埃及的历史进程中,贝都因人一直扮演着重要的角色。有时,他们与大河流域的居民和平共处,并建立了共生关系。贝都因人以畜牧生活和沙漠的产品交换大河流域居民的农产品。但是,他们又非常独立。当埃及中央政府无法有效掌控局面,任由游牧民族肆意掠夺埃及居民时,贝都因人更会独立行事。

每一个沙漠在埃及历史上都有其重要的时刻。在带领以色列人离开埃及时,摩西不得不穿越西奈半岛。尽管他从未到达过巴勒斯坦,但他确实登上了西奈山。人们相信在那里,上帝给了他十诫。圣凯瑟琳修道院内有一株灌木,据说它是从西奈山山脚下最初燃烧的灌木丛中移植过来的。就是在西奈山山脚,上帝命令摩西带领人民前往圣地。如今,游客可以参观这座建立于公元527年的希腊正教修道院,从这里还可以安排前往西奈山山顶的行程。

在第二次世界大战后的多年内,西奈一直禁止平民进入。它曾是埃及和以色列军队争夺的军事战略要地。但是自从埃及和以色列在1979年签署和平条约以来,西奈成了旅游胜地,经历了壮阔的复兴。位于西奈半岛南端的沙姆沙伊赫成了一个传奇之地。游客乘飞机来到这个世界上最吸引人的地方之一,花一周时间浮潜和游泳。

西部沙漠覆盖了埃及全部面积的三分之二,是一个广袤无垠、几乎无人居住的区域。这个沙漠的面积达120万平方英里。它在历史上的声誉主要源于它的绿洲,其中最著名的绿洲位于锡瓦。如今,锡瓦吸引了许多游客。这里的酒店和众多便利设施使开罗人与其他人能够逃离他们忙碌的生活,独自享受一个纯粹的周末。但是,在古代,它更为重要。这里有300个淡水泉和溪流,滋养着橄榄树和棕榈树。锡瓦的神谕在希腊世界中广为人知,备受推崇。君主们急切地向神谕了解自己的命运。正如我们前面提到的,最重要的访客是亚历山大大帝。

最后，在历史上，东部沙漠虽有所不同，但它同样重要。本章将以多视角的方式对此展开说明。东部沙漠与西部沙漠都吸引了一些人前来埃及，他们是早期皈依基督教的人。他们想放弃罗马帝国文化的物质主义，寻求一种深邃的灵性，他们相信只有通过断舍离和过着简朴的祈祷生活才能获得这种灵性。安东尼是3世纪末和4世纪修道士的典范。沙漠中的洞穴和朴素的居所对他与其他苦行者来说是充满诱惑的隐居地。安东尼和其他人从尼罗河流域安稳的社会中逃离，到西部和东部沙漠过着简朴的生活。在那里，他们成为修道运动的创始人物，这些运动最终从埃及传播到欧洲。

基督教在埃及的开端

较之希腊和罗马的信仰与习俗，基督教对古埃及文化的威胁更为致命。然而即便如此，在法老时期人们的宗教传统并没有不战而降。此外，许多古代思想被融入了这一新的宗教。

在晚期古罗马帝国的早些年间，埃及人影响最大的是早期基督教会的发展。埃及的神职人员和学者在讨论早期基督教的主要信条与构建基督教的一些基本信仰方面发挥了重要作用。埃及基督教还深受新柏拉图主义思想的影响，其中许多被纳入了这一新宗教。尽管如此，一旦基督教成为帝国的信仰，当局就利用帝国的所有手段来打压其他宗教的习俗，宣告除基督教上帝之外，崇拜其他任何神的行为都是违法的。那些在希腊和早期罗马时期经过改良而幸存下来的诸男神与女神，只有通过巧妙的方式渗透到基督教的思想和实践中，才能抵御基督教对多神教的猛烈攻击。然而，由于基督教肯定了肉身复活的信念，并坚持神为三位一体（圣父、圣子、圣灵），而在法老时期埃及人自己也有三位一体的神（奥西里斯-伊西斯-荷鲁斯），并坚信他们会在充满荣耀的来世复活，基督教的根本信条对埃及人来说是熟悉的。

但是，归根结底，基督教信仰和新希腊-科普特字母的创造导致了埃及人与他们的法老遗产之间的不和。衍生出基督教的犹太教，以及基督教本身，都憎恨古埃及人的宗教意识形态。这两种信仰的信徒认为古埃及人是缺乏理性的、迷信的多神教徒，崇拜虚假的神。此外，当以色列人被囚禁在埃及时，古埃及人还压迫他们。埃及基督徒试图抹去关于这段历史的记忆。

耶稣的早期追随者并没有打算创立一个新宗教。一些人将早期的基督教称为"耶稣运动"，其倡导者是犹太人。耶稣本人从未放弃自己的犹太身份，并在犹太教信徒中传播他的思想。尽管耶稣吩咐门徒走遍世界去传播福音，但他们起初还是在犹太教内部积极开展这项工作。即使是保罗，也就是基督教在非犹太人中最早且最有活力的传教士，也只是在近东和小亚细亚的犹太教会堂中讲经传道。在埃及，耶稣运动主要在亚历山大城庞大、富裕且受过良好教育的犹太人群体中找到了感兴趣且乐于接受的听众，其中许多人每年都前往耶路撒冷参加圣典。在公元1世纪的许多犹太人心目中，耶稣运动不过是犹太教的一个激进的，有人甚至可能说是疯狂的边缘分支。那个时候，犹太教正在尝试肯定许多新的信条。只有当耶稣运动未能在西南亚和埃及的犹太人中广泛获得认可时，其追随者才开始向非犹太人传递他们的思想。直到这时，它才以一个新宗教的面貌出现，具有自己的独特信仰和拥有独立的教职人员。

相传，基督教最博学的门徒之一，关于耶稣生平的早期作品之一的作者马可，将耶稣运动引入了埃及。据说他在耶稣去世十几年后来到埃及，并因为愤怒的埃及人不喜欢他的传教内容，而被埃及人残忍杀害。无论情况如何，尽管缺乏证据，但似乎可以合理地推测，早在公元1世纪，耶稣在埃及就广为人知了，其思想也在埃及广泛且自由地传播开来。埃及与巴勒斯坦联系紧密，思想、文本和旅行者在这两个世界之间自由穿梭。

到了公元2世纪，基督教开始在埃及，特别是在亚历山大城深深扎根。亚历山大城仍然是一个繁荣的知识和宗教话语中心。在希腊时代鼎盛时期存在过的希腊图书馆和博物馆的位置上，出现了一所新的学校，被称为教理学校。这所学校吸引了来自整个东地中海的学者，但这些人当时讨论的是宗教话题而不是抽象哲学。他们试图赋予他们的新宗教一种严谨的形式。特别值得注意的是，经过艰辛的讨论，他们确立了有关耶稣的生平、教义的基本原则，也明确了基督传道的意义。

基督教只是许多新宗教运动之一，在罗马帝国巅峰期力争得到人们的关注。面对激烈的竞争和来自罗马帝国当局的残酷迫害，基督教最终取得了成功，这要归功于其信息的普遍性、圣人的魅力和围绕经文圣典的神圣光环。当然，在埃及，基督教教义与流行的原有宗教信仰和习俗相契合，也是基督教成功的重要因素。这个新宗教不分贫富贵贱，对富人和穷人、城市居民和农民、奴隶和自由人、男性和女性有着同样的吸引力。它还得益于早期皈依者的热情和才能，那些早期皈依者中的许多人常年生活在埃及。实际上，尽管埃及最终滑出了世界基督教信仰的中心轨道，其领先地位被罗马和君士坦丁堡所取代，但埃及对早期基督教的胜利和基督教行动与信仰的成形所做的贡献，怎样强调都不为过。

基督教的成功是惊人的，而且在许多方面出乎人们的意料。在公元1世纪，除了基督教皈依者自己偶尔写的文章外，几乎没有任何证据表明这种新宗教有所发展。犹太编年史家几乎没有注意到它的存在，帝国也没有感受到基督徒的威胁。一个世纪后，至少在表面上，这种状况也几乎没有什么改变。直到3世纪，基督徒才成为一股不可忽视的力量。也正是在这一阶段，以戴克里先（284—305年在位）为首的罗马皇帝开始了野蛮的迫害运动。戴克里先的迫害相当严酷。他要求所有士兵参加罗马宗教仪式，否则将被开除军籍。他拆毁教堂，将基督教皈依者送到竞技场让狮子撕咬。他销毁了他能够找到的所有基督教著作。然而，他的直接继任者君士坦丁（306—337年在位）声称在312年攻打罗马时看到了来自基督教上帝的异象：他将在这次攻击中获胜。君士坦丁于是在次年赦免了基督徒。君士坦丁的这一举动标志着迫害基督徒的时期结束。

在基督教存在的最初几个世纪里，埃及即使不是这个新信仰的核心地点，起码也是活跃的活动中心。如果说在3世纪，大多数埃及人是多神教徒，信奉从古代到希腊罗马时期一直被崇拜的众多神祇，那么到了6世纪，大多数埃及人都成了基督徒。多神教已成为少数并且是遭受迫害的信仰。

很难对埃及人在宗教信仰上的这一巨大变化进行准确追踪。埃及人最终放弃了埃及-希腊世界的神祇，转而拥抱基督教的上帝。

很明显，这一过程是渐进的。但到了 7 世纪阿拉伯穆斯林征服埃及时，这一过程几乎已经全部完成。在公元 4 世纪 50 年代，一个访问亚历山大城的人观察到了以下景象。在这个注定要成为基督教信仰的据点之一的城市，有供奉着希腊-埃及神祇的众多神龛。他注意到"豪华装饰的神庙、教职人员、祭司、肠卜师、信徒和最好的预言者比比皆是。一切都按照适当的仪式进行。因此，你会发现祭坛上的祭祀之火熊熊燃烧，香雾缭绕"。

然而，到了 4 世纪下半叶，基督教群体被动员起来对抗旧的宗教信仰和习俗。在 391 年，紧张局势在亚历山大城的塞拉庇斯神殿达到顶点，那里崇拜亚历山大城最重要的希腊-埃及神塞拉庇斯。皇帝颁布了一项法令，要求关闭神殿，但一名基督教士兵认为这项法令还不够严厉。他闯入神殿，打断了塞拉庇斯神像的下颌。其他人跟随其后，用锤子敲击这个神像，将其四肢与躯干分离。这个神像的四肢和其他断裂部分被带到城市的不同地方焚烧，而躯干则在塞拉庇斯神殿的剧场内公开焚烧。如果说有什么事件标志着基督教战胜希腊-罗马诸神的转折点，那就是发生在亚历山大城的这场对决。

埃及在基督教传播过程中的领导作用至关重要。亚历山大城的教理学校为基督教提供了第一批重要的神学家。这所学校的创始人是在西西里出生的潘代努（Pantaenus），他是一位世界级学者，尽管他的作品已经失传。他将知识的火炬传给了克雷芒（215 年去世）。克雷芒来自雅典，他对希腊哲学有很深的造诣。据说，克雷芒认为"无知比罪恶更糟"。克雷芒相信基督教的信仰与理性的探究之间是相容的。他为早期基督教最受尊敬的学者之一奥利金铺平了道路。奥利金出生在埃及，于 254 年去世，他可能曾师从古典文学和哲学大师普罗提诺。奥利金对希腊-罗马哲学的精通是毋庸置疑的。他曾在整个罗马世界大范围旅行,与他那个时代的许多大知识分子保持联系。他学识渊博,几乎为新旧约的所有内容都写过注释。他的主要著作《论真理》分为四卷:论上帝和天界,论人和世界,论自由意志及其影响,以及论《圣经》。不幸的是,奥利金的原著没有保存下来,只能通过后世学者鲁菲努(Rufinus)和哲罗姆的拉丁文译本流传给后人。

埃及的修道制度

埃及在早期基督教中的中心地位,在该国的修道运动中表现得尤为突出,因为基督教修道制度的诞生地是在埃及的西部和东部沙漠。特别是从上埃及以及西部沙漠东北方、开罗以西的奈特伦洼地,修道的理想在整个基督教世界传播开来。埃及的苦修者不满足于仅仅过着虔诚的生活。他们为自己在沙漠中进行精神上的探索而欢欣鼓舞,并将其传播到整个基督教世界。因此,毫不夸张地说,埃及人不仅是两种后来在欧洲盛行的修道生活方式——隐修和集体修道——的先驱,而且通过他们的著作普及了这两种修道方式。4世纪是埃及修道制度的巅峰时期,其中最著名的人物是安东尼(251—356)和帕科米乌(Pachomius,290—347)。虽然将安东尼称为隐修制度的创始人,将帕科米乌称为集体修道制度的创始人的这种说法不正确,因为两人均承接前人,但他们的影响是如此广泛,名声是如此响亮,以至于他们的名字永远与这两种修道生活方式的开端联系在一起。

安东尼与帕科米乌是两个截然不同的人。安东尼没有受过正规教育，性格极度羞涩，笃信宗教，完全超脱世俗。在 18 岁时，他卖掉了所有家当，开始过隐士生活。他在埃及东部的沙漠中越走越远，越来越远离所有生命形式。他是如此专注于简朴和苦修的生活方式，以至于有人说他"在不得不吃饭时会脸红"。当他在 356 年以 105 岁高龄去世时，他几乎已经完全脱离了文明。他的居住地和最近的村庄距离甚远，那是一片不折不扣的荒野。如果不是因为亚历山大城好斗的主教阿塔纳修（亚大纳西），安东尼也不会享有如此的声望。阿塔纳修被安东尼的虔诚所打动，写下了颂扬安东尼的《安东尼传》，将安东尼的苦修方式推广到了埃及以外的地区。

阿塔纳修的《安东尼传》甚至产生了更深远和更重要的影响。它颂扬了基督教的禁欲方式，将其奉为实现虔诚宗教生活的典范。它还告诫人们不要使用希腊和罗马做学问的传统方式来理解基督教真理，并强调了《圣经》书面之言的首要地位。这部著作是阿塔纳修攻击亚历山大主教区的神父阿里乌（本章下文有详细介绍）教义的重要部分。亚历山大的主教们，尤其是阿塔纳修，认为阿里乌的教义过于依赖异教的哲学方法来研究宗教真理，此外也没有充分沉浸于圣言的学问中。

帕科米乌与安东尼大不相同，他摒弃了与世隔绝的修道士生活方式。他不像安东尼那样认为真正的基督徒必须苦修身体。然而，他也偏好禁欲主义，他希望在集体生活中放弃世俗享乐。在被强行征召进入君士坦丁的军队后，帕科米乌皈依基督教并将帝国的很多军事制度带入他的宗教团体中。修士们住在小屋中，遵守严格的日程；所有信徒都在指定时间起床，穿着相同的衣服，一起吃饭，并在一天中的固定时间做礼拜。帕科米乌在上埃及的修道院建造得像罗马堡垒一样，四周高墙环绕，只有那些坚定献身于基督教信仰的人才能进入。帕科米乌的运动导致上埃及建造了许多大型修道院，到了 7 世纪末，他在塔本尼西斯（Tabennesis）创立的修道院有 7 000 名修士，而在阿西诺埃（Arsinoe）的另一个修道院有 1 万名信徒。

这两种修道运动都在希腊-罗马世界中埃及境内的边缘地区兴起。埃及隐修制度这一形式是在尼罗河三角洲的边缘形成的。埃及隐修制度最重要的位置包括尼特里亚（Nitria）、斯凯提斯（Scetis）和凯利斯（Kellis），这些地方几乎都处于亚历山大城繁华都市的郊区。住在那里的隐士们通过在开放的市场上出售农产品或接受信徒的馈赠来维持生计。相比之下，埃及的集体修道制度出现在中埃及的贫困农村地区。在那里，生存依赖于良好的组织，修士们在贫穷的环境中相互扶持。

在这两种情况下，修道运动都起到了将基督教信仰和实践带入埃及村庄的作用。它为农民家庭带来了启示性的图景，使他们开始放弃传统宗教信仰，转而接受新宗教。教会领袖，尤其是与修道运动有关的领袖，将众多民间宗教信仰场所以及与古代神灵密切相关的神庙改造为敬拜基督教上帝的场所。这种做法并不少见。因此，埃及的修道制度使基督教成为一种群众运动，就像亚历山大城的教理学校使基督教成为希腊-罗马世界的学术精英中一股不可忽视的力量一样。

女性在埃及修道制度中发挥了重要作用。在埃及修道运动中极具影响力的是位于上埃及的白修道院。这所修道院从建院之初就有女性修士。舍努特（Shenoute）从 385 年开始担任白修道院院长，直到 465 年去世。在此期间，舍努特管理着不少于 4 000 名修士，其中包括 1 800 名女性。他相信，在一个组织严密的团体中才能过上真正的基督徒生活并获得救赎。他为其追随者制定严格的纪律。修士们需要过着禁欲的生活。生活中充满了辛劳工作与祈祷。修士们的穿着、饮食、住所和性行为都是经过设计的，这样做是为了将他们与其他社会成员区别开来，并帮助修士们进入天堂。舍努特的修道院成员试图"与同伴和平共处，没有罪恶和欺骗，就像生活在天堂的上帝和他的天使一样"。

舍努特是基督教的积极倡导者，他利用自己的影响力来取缔修道院周围的异教习俗。几乎没有人比他更会利用自己的职位和名望来获得话语权，进行强硬、无情的说教。白修道院与重要城市帕诺波利斯（Panopolis）隔尼罗河相望。白修道院对该地区尚未皈依基督教信仰的人发出了谴责。一个富有、专横但没有具体名字的帕诺波利斯地主成了舍努特炮轰的对象，他被反复且无耻地指责为是没有信仰的人、不信上帝的人、愚人、卑鄙之徒、瘟疫之子和罪人。

埃及诺斯替派

1945 年，埃及村民在上埃及的哈马迪村（Nag Hammadi）发现一批诺斯替卷轴，这使后来的学者们更加清楚地认识到埃及早期基督教的活力。虽然这些文本推迟了 32 年才出版，而且这些著作的作者、创作时间和地点各不相同，但它们为了解早期基督教正统思想和异端邪说的演变提供了独特的视角。哈马迪村的文集包括 12 册抄本或图书，外加从第 13 册书中取出并放置在第 6 册书内的 8 页纸。除了第 10 册书外，每册书都由简短的文本组成。文集总共有 30 篇或长或短完整的文本和 10 篇残缺的文本。

此前，我们对埃及诺斯替派的了解仅来自对诺斯替派最严厉的批评者，如伊里奈乌（Irenaeus）、伊格内修斯（Ignatius）和德尔图良（Tertullian）。这些人成功地将诺斯替派学者中流传的教义和诺斯替派的宗教文本定性为异端邪说。相比之下，哈马迪村文集提供了诺斯替派原始的文本，学者可以对照其批评者的指控来核对这些文本。这些文本包括《多马福音》《腓力福音》《真理福音》，这些文本在公元 2 世纪的埃及和近东广为流传。人们热切地阅读这些文本，就像热切地阅读最终构成《新约》公认版本的其他那些文本一样。我们无法确定这些文本的确切作者是谁，却明确知道这些诺斯替派主要学者的名字和他们的主要观点，尽管这些观点在批评者的攻击中被歪曲。最知名和承受批评家最多谩骂的是瓦伦廷（Valentinus）和巴西里德（Basilides），这些文本肯定替他们发了声。

在教义上，诺斯替派试图通过认识自我，而不是通过阅读《圣经》，来寻求接近耶稣。诺斯替派将耶稣视为向导而非救世主。许多人认为他是一个杰出的、拥有一定神性而区别于其他人的人。

这些文本最初是用希腊文写成的，并从柏拉图式的基督教传统中汲取灵感。它们被翻译成科普特语，但翻译得不太娴熟。然后，这些文本中的一部分在公元 400 年左右被藏匿起来。哈马迪村文集之所以在思想上具有相当的统一性，是因为它以一种乌托邦式的、高度个人主义的态度看待人类社会，并主张一种禁欲主义，这种禁欲主义表现在放弃世俗财物上。诺斯替派认为耶稣的复活是一种精神上的重生，而非肉体上的。他们相信个人理性和直觉的力量，不接受日益崛起的基督教神职阶层垄断对教义的解释权。

不出所料，对诺斯替派方法最严厉的批评者来自埃及的神职阶层。这些批评者认为，只有经过特殊培训和任命的神职人员，上至主教，下至神父个人，才对什么是正确的信仰，哪些著作是真正的基督教著作，而哪些又不是，拥有最终的决定权。

在埃及创建一个独立的基督教会

埃及，作为基督教世界的中心地区、激烈宗教辩论的舞台，见证了公元4世纪一次根本性的新转变。它目睹了一个埃及基督教会的创立，这个教会脱离了其他基督教会，并从政体中分离。这次基督教世界内的分裂在很大程度上归因于几位活跃的亚历山大城主教。其中最突出的是阿塔纳修，他的任期很长，从328年持续到373年，其间他被流放过五次。在早期，亚历山大城的基督教会有许多领袖，后来逐渐地才变成单一的主教获得至高的地位，其地位高到经常被称为教皇或教父。阿塔纳修成功将自己和自己的亚历山大城主教的职位提升到了一个很高的地位，原因之一就是他将各种修道运动纳入教会范围内，支持像安东尼和帕科米乌这样的人的教义与行动。他们是这个世纪埃及基督教创造性思想和行动中最具影响力的修道士。

最让埃及学者和神职阶层的神学之争激化，并对亚历山大城主教的权威形成更为决定性挑战的，是关于阿里乌思想的争议。亚历山大城的这位神父提出的问题引发了4世纪罗马世界最严重的思想危机。在这里，主教阿塔纳修的立场和行动也起到了决定性的作用。今天，我们很难理解当时的神职人员为何会对圣父与圣子，即上帝与耶稣之间的关系这种看似玄妙的问题进行如此激烈的争论。但在这些看似晦涩的神学争论背后，隐藏着自基督教教义诞生以来一直处于核心的重要问题。当时，正在争论的决定性问题是：耶稣是谁？他是上帝的儿子之一还是上帝的独生子？他是纯粹的神，还是兼具了神性和人性？他带来了哪些启示？关于耶稣的生平和教诲，有哪些可靠的信息来源？神职人员应该对平信徒，尤其是在如何接近上帝和耶稣的问题上，拥有哪些权力？这些问题在教会内部制造了分裂，使朋友之间和学者们之间相互对立。

阿里乌是这一争议的主要起因。阿里乌于280年左右出生在一个富裕的利比亚家庭。当基督教活跃在整个罗马帝国时，阿里乌开始崭露头角。阿里乌深受柏拉图思想的熏陶，是亚历山大城郊区的一个小堂区的领袖，还是一位深受信徒爱戴的传教士。阿里乌的演说技巧产生了巨大的影响，他提出了一种令人信服的基督教观点。他颂扬基督的人性，并主张上帝只能通过比自己低级的神灵才能与人类交流。他还认为，评判基督徒的标准应该是他们生活中对基督教的虔诚程度，而不是严格遵守一套由教士确定的教条。阿里乌强调苦修的生活是一种美德，他呼吁他的追随者拒绝世俗的物质享受。

他的许多观点，尤其是他认为耶稣基督不等同于圣父的观点，使他与埃及的神职人员团体发生了冲突。他早期的主要对手是亚历山大城的主教亚历山大。亚历山大主教维护亚历山大城主教区在整个基督教世界的至高地位，与此同时，他决心将埃及所有的堂区，包括阿里乌所在的堂区，纳入自己的管辖之内。关于圣子基督和圣父的问题，亚历山大认为这两者本质是相同的。他们是等同的，因此这两者同体。在亚历山大主教的观点中，用当时的话来说，圣父和圣子是同质的——这是一个阿里乌所拒绝的教义。在阿里乌看来，圣父总是先于圣子，因此圣子耶稣与圣父不是同体和等同的。

阿里乌的演说和他广博的仁爱之心，对亚历山大城社会的许多阶层都具有很大的吸引力。平信徒传教者出现在亚历山大城的街头，传播他的思想。亚历山大城的主教们，最初是亚历山大，而后是他的继任者阿塔纳修，将阿里乌的思想视为对他们权威的挑战，也是对极端个人主义的基督教信仰观的推动。

这种争论惹恼了君士坦丁皇帝。他是一个务实的人，他信奉基督教，期望基督教能成为帝国体系的堡垒。君士坦丁决心结束争议，他在325年召集了主要神职人员开会，约有300名主教参加会议。这次会议在尼西亚举行。君士坦丁亲自参加了会议，并在说服与会者批准最终的信条声明这一方面发挥了作用。《尼西亚信经》的主要信息代表了反阿里乌主教们的胜利，信经的字里行间清楚地表明了同体论："我信独一上帝，全能的父，创造天地和有形无形万物的主。我信独一主耶稣基督，上帝的独生子，在万世以前为父所生，出于神而为神，出于光而为光，出于真神而为真神，受生而非被造，与父一体，万物都是借着他造的。"除了两位利比亚主教外，其他所有主教都认同了这一信条。利比亚主教和阿里乌一起遭到放逐。然而，阿里乌继续宣传他的宗教观点，只是遇到了更强大的对手——阿塔纳修。

尽管尼西亚公会议批判了一位有影响力的埃及人阿里乌，但它也确立了埃及最有权势的神职人员亚历山大和阿塔纳修的地位。尼西亚公会议之后,埃及在教会处于极高的地位,以至于它的竞争对手,特别是罗马和君士坦丁堡的主教们,为了提升自己的地位,声称亚历山大的主教已成为"教会的名副其实的法老",以此表示他们的担忧。然而,埃及的霸主地位是短暂的,因为基督的神性和人性问题远未解决。在451年召开的卡尔西顿公会议上,有不少于600名的主教参会。这次会议对埃及代表团来说是一场灾难。在以前的会议上,埃及的代表都是知识分子中和学术界里的重量级人物,特别是阿塔纳修和西里尔。而现在,一个外交和辩论技巧远逊于他们的人,迪奥斯克鲁斯(Dioscorus),率领了埃及代表团。他顽固地坚持他的批评者称之为一性论的立场。这指的是耶稣基督具有单一本质,既完全是人也完全是神,这与《卡尔西顿信经》不同,后者主张基督具有两种本质:一种是完全的人性,另一种是完全的神性。对埃及神职人员来说,耶稣在某种意义上是变成神的人类。"神与我们同在"是他们的口号。公会议谴责了埃及的立场,埃及的代表们不准备再留在罗马或拜占庭基督教会内,他们脱离出去,并宣布了埃及科普特教会的独立。

尽管这场争议的神学背景难以被阐明或被完全理解,但毫无疑问的是,埃及的主教和主要神职人员通过这场争端维护了埃及国家教会的独立性。科普特派是埃及独立身份和埃及独特文化的体现。它反对罗马和君士坦丁堡的崛起,并在埃及创造了一个教会,这对于埃及与基督教世界其他地区的关系而言是不幸的。埃及成了世界教会中的一个分裂出去的统治区。卡尔西顿公会议确认了罗马是教会权威的首要所在地,其次就是君士坦丁堡。此外,卡尔西顿公会议还通过谴责亚历山大城的主教并将他流放来削弱亚历山大城的权威。

科普特派的一个例外是它与初生的埃塞俄比亚教会的关系。然而，在最初的阶段，这种关系像父母与孩子的关系。几乎所有的指导和灵感都是从埃及流向埃塞俄比亚。这两个基督教据点之间的紧密联系始于4世纪，当时埃及大主教阿塔纳修任命傅如孟提（Frumentius）为埃塞俄比亚的首任主教。从那时起，埃及科普特教会的负责人就承担了任命埃塞俄比亚教会领袖的责任。此外，在早期的几百年里，埃及科普特文献是阿克苏姆姊妹教会的主要宗教和神学灵感的来源。埃及神职人员在传播希腊文写成的大量基督教文本方面发挥了重要作用。这些文本有《圣经》、帕科米乌修道院规则、《安东尼传》以及其他文献。埃塞俄比亚人随后将这些文本翻译成他们的语言，即吉兹语。

科普特语是支持科普特派独立和民族化的重要因素。用一位研究科普特派的著名学者的话来说，科普特语是"古埃及语言演变的最后阶段"。因此，科普特语是将埃及人与他们法老时代的历史长期联系在一起的为数不多的纽带之一。

正如我们已经看到的，象形文字被修改和简化成了僧侣体，然后变得更加非正式化，成为世俗体。在亚历山大征服埃及后，亚历山大大帝及其继任者将希腊语引入了这个国家。这个时候，一种早期形式的科普特语出现了，它的作用是将埃及僧侣体转写成希腊语。但埃及神职人员发现这种语言无法充分代表僧侣体中的所有本土埃及音素，后来，这种语言也无法准确再现基督教经文。因此，学者和书吏在希腊字母中增加了七个字母来代表希腊语中不存在的音素。这就成了科普特语。它在埃及的基督教时代逐渐得到了广泛认可，并取代了希腊语。第一份已知的用希腊字母转写的埃及文献是在公元前2世纪中期写成的。直到5世纪初，仍然有祭司以使用希腊字母的埃及僧侣体来表达对伊西斯的崇拜。随着时间的推移，阿拉伯语最终取代了科普特语。但科普特语退缩到仅成为一种纯粹的宗教语言和礼仪语言——只由科普特神职人员在宗教仪式中使用——这一过程是在阿拉伯穆斯林统治几个世纪之后才发生的。实际上，在阿拉伯穆斯林统治埃及的最初两个世纪里，科普特语仍然在写作中被频繁使用，直到10世纪才有许多埃及基督徒作家开始用阿拉伯语撰写作品。

第六章
阿拉伯帝国时期的埃及，639—969 年

开罗是一座清真寺之城。当人们抵达这座城市时，首先看到的大型建筑就是建立在穆盖塔姆山顶上的穆罕默德·阿里清真寺。它远远高于这座城市的其他建筑。如这座清真寺的建造者所希望的那样，它彰显了埃及新王朝的力量。这座清真寺建于 19 世纪，并非埃及早期的清真寺之一。可它的显赫地位却提醒所有人：尽管埃及有着辉煌的法老时期以及希腊-罗马-基督教遗产，但埃及本质上是一个伊斯兰国家。一年四季，这座雄伟的清真寺的宣礼塔每天都在迎接开罗居民，宣告伊斯兰教在这个国家的生活和文化中的重要地位。

每天清晨，通常早在 5 点，城市的每个角落，从新近建造的小型建筑到伊斯兰时期最古老、最受尊敬的清真寺，晨礼的唤拜声就在宣礼塔中回荡。近年来，人们烂熟于心的话语已经被录制下来：安拉至大。人们已不再需要宣礼员。星期五是真正的宗教活动日。清真寺里挤满了前来祈祷的信徒，他们从伊玛目博学的话语中寻找真知灼见。开罗是伊斯兰教最著名和最有活力的城市之一。这里有

伊斯兰教最古老也最受尊敬的宗教学府——爱资哈尔大学。宗教建筑不仅装饰着最新的区域,也装饰着那些形成了原始穆斯林城市的地方。然而,埃及并非一直是伊斯兰教的中心地带。在伊斯兰帝国的最初三个世纪里,埃及将其在北非-西南亚世界长期保持并备受珍视的首要位置拱手让给了其他地区。在叙述埃及的历史时,我们有必要暂时离题,转向西南亚、伊朗高原和中亚,以便正确理解席卷了法老之地,并叠加于希腊人、罗马人和基督徒在尼罗河流域建立的文化之上的穆斯林信仰与实践。

7世纪时,埃及丧失了在世界舞台的中心位置。作为文明的摇篮之一,埃及曾凭借自身力量成为世界强国,曾是希腊和罗马帝国的粮仓,是亚历山大大帝青睐的殖民地,还是基督教作为一种新的世界性宗教的胜利中心,而此时埃及失去了其至高无上的地位,转而被其领导人曾经蔑视的地区所超越。近东的新活力源于公元610年阿拉伯半岛西南部的一个小山丘。在那里,一位商人获得了神的启示。在这个戏剧性的时刻,穆罕默德相信安拉来到他面前,并用以下信息命令他:

> 你应当奉你的创造主的名义而宣读,
> 他曾用血块创造人。
> 你应当宣读,你的主是最尊严的,
> 他曾教人用笔写字,
> 他曾教人知道自己所不知道的东西。
> 绝不然,人确是悖逆的,
> 因为他自己是无求的。

万物必定只归于你的主。

　　他还得到了其他启示，直到他去世。其中许多启示是他在裹着毯子颤抖，仿佛处于恍惚之中时来临的。很快，一个新的宗教诞生了，其信徒横扫阿拉伯半岛，击败了控制西南亚、埃及和北非其他各地的拜占庭与波斯军队，并在他们的势力范围内推行新的伊斯兰教。虽然埃及迅速而果断地加入伊斯兰世界，但在接下来的三个世纪中，阿拉伯半岛、叙利亚和伊拉克在宗教与政治上的中心地位使埃及黯然失色。

　　到了7世纪，埃及已成为基督教世界中基督教化最彻底的地区之一，尽管在这里仍然存在着大量的传统宗教习俗。然而，这里很快就会参与另一个改变世界的事件：阿拉伯穆斯林征服者来到埃及，并使其人民逐渐转向伊斯兰教。要理解7世纪罗马-拜占庭帝国在埃及的崩溃以及伊斯兰教的传播，我们必须转向非洲-欧亚大陆上一个相对孤立的地区：阿拉伯半岛。那里在6世纪末发生了重大事件。

　　从3世纪开始，阿拉伯半岛逐渐融入外部世界。西部的汉志地区受到的影响尤大。商队和旅行者通过这里，前往波斯、叙利亚、也门，甚至穿越红海到达埃塞俄比亚。领导商队进行长途旅行的商人不仅从波斯和叙利亚带来了商品，还带来了新的宗教信仰。也门是犹太人和基督徒礼拜的中心。此外，即使在汉志的部分地区，尤其是后来被称为麦地那的耶斯里卜，犹太群体也非常活跃。因此，居住在半岛的阿拉伯部落越来越熟悉像基督教这样宣称为全世界人民提供普遍真理的宗教，或者像犹太教这样信奉单一神的宗教。

汉志的商业中心和宗教中心之一是麦加。这个地方并不壮观，只是一个由简单的住宅组成的小镇。用当时一位诗人的话说，麦加是一个荒凉的地方："没有流水……没有一片草地让眼睛休息；没有狩猎。只有商人，这个最卑鄙的职业。"尽管诗人是以贬低的方式强调了麦加在商业方面的重要性，但这个村庄也作为一座圣城、一个避难所，以及凭借活跃的长途商贸，享有很高的地位。来自周围地区的人们聚集在克尔白祈祷。克尔白本身是个"其貌不扬"的建筑，由堆叠的石头砌成。尽管克尔白不起眼，但人们认为它是麦加人的主神安拉的所在地。安拉能解决纠纷，帮助交战中的氏族、部落与派系获得和平，尽管安拉不是麦加人唯一崇拜的神。公元570年左右，一个注定要改变历史走向的人在这个世界诞生。

伊斯兰教的先知和创始人穆罕默德

穆罕默德是强大的古莱什部族的成员，但不幸的是，他所在的分支并不是最有影响力的。穆罕默德的父亲在他出生前就去世了，母亲在他仅仅6岁时也离世了。抚养这个年幼孩子的重担首先落在他的祖父阿卜杜勒·穆塔里布身上，然后是他的伯父阿布·塔里布。在大约40年的时间里，穆罕默德默默无闻地生活着。他是一位成功女商人赫蒂彻的代理人。穆罕默德还与她结了婚，尽管赫蒂彻比他年长很多。毫无疑问，穆罕默德的商旅之行，或许远至叙利亚，对他后来的宗教信仰产生了影响。

610年，穆罕默德到他经常去冥想的希拉附近的山坡上进行心灵静修时，经历了一次宗教觉醒。他相信神（阿拉伯语中的安拉）来到他身边，召唤他向他的社群介绍重要的宗教信条。穆罕默德不断地获得神的启示。尽管他是文盲，但他的早期追随者将这些启示抄写在"羊皮纸和皮革碎片，棕榈树枝条，骆驼的肩胛骨和肋骨，以及木板和人的胸膛上"。这些碎片最终汇集成了一本书，这就是《古兰经》。早期获得的启示强调要过正直的生活，以迎接即将到来的审判日。这些启示简短而富有劝诫性。《古兰经》基本是按照启示的长度进行排序的，最长的启示放在最前面，最短的放在最后面，所以大多数早期启示位于后面的苏拉或者说章节中。

穆罕默德向麦加的人们传达了审判日的信息和正直生活的必要性。这为他赢得了一些皈依者，包括他的妻子赫蒂彻。但是大多数麦加人，尤其是那些富有和有影响力的古莱什部族成员，很少理睬他。直到他变得更加坚定自信并开始赢得更多皈依者时，古莱什的领导层才开始反对他。在家乡遭到冷落后，这位先知将他的注意力转向了饱受纷争困扰的麦地那城。在麦地那，各个部落之间相互争斗，这里还有一个重要的犹太社区。麦地那的一些领导人接近穆罕默德，请求他成为他们的领袖和团结大家的纽带。穆罕默德接受了他们的邀请，并带着他的一些忠诚的麦加追随者离开了家园，于622年迁移到麦地那。这个被称为"希吉拉"的事件发生的那一年，是伊斯兰教历的第一年。正是在麦地那，穆罕默德建立了一个强大的信徒团体，这个团体后来被称为乌玛，它接受穆罕默德及其教义，认为其信条比起他们自己的家庭和宗族更具权威性。

在麦地那，穆罕默德开始阐述他的新宗教关于社会、文化、经济和政治的信条。不可避免的是，当他传达这些神的启示时，他的新宗教内容变得更长且更复杂。穆罕默德相信，他所得到的启示与犹太人和基督徒所获得的启示是相同的。后来，他称基督徒和犹太人为"有经人"，声称他们也拥有圣书，因此在新的秩序中应被宽容。然而，穆罕默德在麦地那的犹太社区中的困境给他带来了摩擦和失望，这促使他提倡了一系列能将他的宗教信仰与犹太教和基督教信仰分开的做法。一开始他指示追随者在礼拜时面向耶路撒冷，但后来，在麦地那的犹太人拒绝接受他的传教并据称与他的敌人沆瀣一气后，他告诉追随者在礼拜时面向麦加。他还设定了一个整月，即斋月，进行斋戒，而不是单独的几天。并且，他要求穆斯林每天礼拜五次而不是三次。正是在犹太人对他的传教持敌对态度的情况下，穆罕默德阐明了他的信仰，称他的教义是神给人类留下的最后话语，因此他是"先知的封印"。他纠正了早期犹太教和基督教团体在理解神的信息方面所犯的错误。

伊斯兰教允许犹太人和基督徒崇拜自己的神，并在自己的社区内和平生活，但他们需要在政治上服从穆斯林统治者，并缴纳被称为吉兹亚的一种特殊的税。然而，穆罕默德未能说服麦地那的犹太人接受他就是摩西和希伯来传统中的世袭先知，这导致《古兰经》中出现了反对犹太人的、带有敌对情绪的段落。最终，穆罕默德对犹太人的怨恨导致他将犹太人驱逐出麦地那或杀死他们。在他这样做之后，他将原来属于犹太人的土地交给了他的追随者。

穆罕默德和他的新宗教在麦地那取得了成功。他们为这个饱受内战困扰的社区带来了秩序和稳定。但这位先知从未忘记他的出生地，后来他发起了一次军事行动，以夺回麦加。在这场战役中，他提出了"吉哈德"的概念，即"圣战"。尽管他未能在军事上击败他在麦加的对手，但最终古莱什部族的领导人物意识到穆罕默德的支持者正在损害他们的远程贸易。如果他们与这位昔日的居民达成和解，他们会过得更好，甚至可能繁荣起来。因此，630年，麦加领导层在宗教方面接受了穆罕默德的领导。

穆斯林的核心宗教文本是《古兰经》。它最初通过口耳相传保留下去，然后逐渐被写下来。穆罕默德去世后，在奥斯曼作为哈里发统治穆斯林群体的时期（644—656年），《古兰经》终于被整理出来汇集成册。奥斯曼成立了一个小组以确定安拉圣言的权威版本。最终的版本大约在650年完成，奥斯曼下令销毁所有其他文本。《古兰经》共有114个苏拉。第一个苏拉，称为法谛海，即开端，经常被虔诚的人们挂在嘴边。其内容如下：

> 奉至仁至慈的真主之名
> 一切赞颂，全归真主，全世界的主，
> 至仁至慈的主，
> 报应日的主。
> 我们只崇拜你，只求你佑助，
> 求你引导我们上正路，
> 你所佑助者的路，不是受谴怒者的路，也不是迷误者的路。

许多不是穆斯林的人发现《古兰经》难以阅读，并且无法欣赏它的美和力量。但《古兰经》历经千百年仍然激励着人们。《古兰经》英文翻译者之一A. J. 阿伯里（Arberry）捕捉到了《古兰经》的光辉，称其是"人类最伟大的文学杰作之一"。他承认英文译本不佳，他声称原著会"使人泪流满面和陶醉"。

穆罕默德的继任者们

穆罕默德于632年去世。由于他没有为继承问题做任何准备，他的信徒团体陷入危机之中。一些团体试图脱离，他们认为自己只忠于穆罕默德，现在可以自由地走自己的路了。其他人则试图让先知的衣钵传递到他们自己身上。有三个团体争夺权力：穆哈吉勒（迁士），早期皈依穆罕默德并迁移到麦地那的人；安萨尔（辅士），麦地那社区的成员，他们邀请穆罕默德成为他们的政治和宗教领袖；古莱什，穆罕默德的部族，但其领袖一开始是反对这位先知的。古莱什以他们的财富和权力为基础，宣称自己的权威性。

最终，团体选择了艾卜·伯克尔作为他们的领袖或者说哈里发——这个选择被证明是天意，对保持新信仰和新政治社区的活力起到了决定性的作用。艾卜·伯克尔是早期的皈依者，也是古莱什团体里受到尊敬和具有影响力的成员。他还是一位高龄老人，因此不太可能长期统治。事实上，他在担任团体的哈里发两年后便去世了，继任者是另一位早期皈依者欧麦尔，他从634年至644年实施统治。欧麦尔之后，由古莱什部族的成员奥斯曼接任，他从644年至656年实施统治，然后是阿里，先知的堂弟和女婿。阿里从656年至661年实施统治。

穆罕默德的这四位继任者作为信仰坚定者和穆罕默德遗产的维

护者而载入穆斯林史册。他们被逊尼派穆斯林称为"正统哈里发"。他们当之无愧,因为他们确实将仍处于形成初期的穆罕默德的乌玛团结在一起。但他们是在许多动荡中办到的。他们的斗争在伊斯兰教内部留下了深刻而持久的分歧。艾卜·伯克尔之后的三位哈里发都死于刺客之手,所以在661年阿里遇刺时,伊斯兰教内最严重的分歧之一已经开始形成。阿里承认他前任们的合法地位,但他不满奥斯曼的统治。因为在他看来,奥斯曼太过倾向于世俗化和扩大古莱什部族的影响力。此外,作为先知的堂弟和先知女儿法蒂玛的丈夫,阿里认为哈里发应该通过他和他的后代传承。因此,当他被杀害,权力转移到叙利亚总督穆阿维叶手中时,阿里的追随者被深深地、永久地疏远了。穆阿维叶是古莱什部族的成员,曾得到已故哈里发奥斯曼的提携。随着时间的推移,一些早期支持阿里哈里发地位的人在穆斯林内部发起了一场分裂运动,并创立了什叶派。(关于什叶派的更多讨论见第七章。)

甚至在去世之前,穆罕默德就考虑过将信仰扩展到阿拉伯半岛以外的伊拉克和叙利亚,当时两个地区分别处于萨珊王朝和拜占庭帝国的统治之下。阿拉伯半岛的阿拉伯人与这些地区的阿拉伯移民有很多接触。因此,向阿拉伯以外地区进行军事扩张似乎是对先知使命的合理化延伸。穆罕默德的直接继任者实施了这些计划;到了奥斯曼当哈里发的时期,阿拉伯军队利用其在运用骆驼作战方面的技能以及由于经济和宗教原因而对征服产生的热情,击败了拜占庭帝国和萨珊王朝的军队。

征服埃及

636年，对这些穆斯林战士来说是关键的一年。在这一年里，他们在卡迪西亚战役中击败了萨珊王朝军队，在巴勒斯坦的耶尔穆克河击败了拜占庭帝国军队。这两次军事胜利开辟了进一步向东深入伊拉克并最终进入伊朗高原，以及向西进入埃及随后深入北非的前景。

对埃及虎视眈眈的军事指挥官是阿慕尔·本·阿斯。他在向这片土地进行如此大胆而有意义的扩张之前，先征得了哈里发的授权。在此之前，埃及仍是拜占庭帝国最宝贵的领土之一。在阿拉伯人征服埃及时，当地人口已降至约300万。希腊语和科普特语是埃及的两种主要语言。阿慕尔的军队起初只有3 000人左右，而在埃及的拜占庭驻军不少于3万人。在征服过程中，阿慕尔的军队增长到了1万人。阿慕尔对埃及有所了解。他曾作为商人游历过埃及。他也坚信自己会征服埃及。他指出："世界上没有哪个地方如此富有，却又如此不设防。"他意识到驻守埃及的拜占庭部队并非其军队中的精锐军团。此外，拜占庭的皇帝也清楚，埃及内部对拜占庭统治的不满情绪日益高涨，如果帝国将所有资源都投入对埃及领土的保卫战中，很可能会遇到困难。因此，他将精锐部队撤回到更易防守的北叙利亚前线。他没有将埃及拱手让给穆斯林对手，但也没有组织强大的力量来抵抗穆斯林的进入。

阿慕尔迅速击败了拜占庭部队。他于640年占领了拜占庭的旧首府巴比伦[*]，于641年占领了亚历山大城。到641年11月，拜占

---

[*] 这里是指后文提到的旧开罗的巴比伦要塞。——编者注

庭指挥官与穆斯林军队签订了一份条约,交出了埃及的控制权。但将整个埃及置于自己的控制之下,花费了阿慕尔更长的时间。阿慕尔直到6年后才确立了对中埃及和上埃及的控制,而且直到651年才与埃及南部边境的努比亚人谈判并达成协议。

阿慕尔惊人的快速征服是由一些因素造成的,这些因素也是穆斯林在其他地方取得军事胜利的原因。宗教热情和从被征服的土地上获取战利品的渴望是穆斯林部队击败规模更大但纪律较差的军队的主要原因。此外,拜占庭帝国几乎没有得到当地居民的支持,特别是在埃及,因为埃及一神教的宗教信仰导致埃及人被边缘化且税负日益沉重,埃及当地的居民苦不堪言。

阿慕尔对被征服的领土有着雄心勃勃的计划。首先,他努力加强埃及与汉志之间的商业联系,承诺建立一条安全可靠的商队路线连接埃及和阿拉伯半岛。在给哈里发欧麦尔的一封信中,他吹嘘道:"我将向麦地那派出一支驼队。这支队伍如此之长,以至于第一头骆驼到达您那里时,最后一头还没有离开我这里。"到644年,当阿慕尔离开埃及时,在埃及驻扎的阿拉伯穆斯林士兵不少于1万人。

阿慕尔还必须做出一个关键的政治决定:在哪里设立他的政治首都?亚历山大城吸引了他。作为东地中海的明珠,亚历山大城是埃及人口最多、最发达的城市。它的辉煌令热爱沙漠的部落人惊叹不已。在给麦加的哈里发的一封信中,阿慕尔写道,他已经"攻占了一座城市,我不会详细描述它。我只想说,这座城市有4 000座别墅、4 000个浴室、4万名纳税的犹太人和400个王家娱乐场所"。阿慕尔的几名部下占领了亚历山大城的豪华住宅,但哈里发欧麦尔让他们回到自己的主要职责上来，扛起伊斯兰教的大旗向西前进。他提醒阿慕尔和他的部下，他们是战士，他们的任务是开拓伊斯兰教的疆域。他们必须摒弃城市化的生活，并应将埃及的首都定位在往东朝向阿拉伯半岛的地方，而不是朝北望向地中海的地方。哈里发欧麦尔写道，他希望自己和他在埃及的士兵之间没有水域。欧麦尔要求"当我从麦地那出发前往你们那里时，必须能让我的马带我到与你们会合的地方"。因此，他指示阿慕尔将首都建在古罗马人建造的巴比伦要塞处。

这座新城市被称为福斯塔特，它在现今开罗以南的地方迅速崛起。在最初被征服的一个世纪里，它的人口就达到了20万。阿慕尔也没有忽视他的宗教职责。他在福斯塔特的第一件事几乎就是建造一座清真寺，后来这座清真寺以阿慕尔的名字命名。阿慕尔清真寺最初建在尼罗河畔，但在后来的几个世纪里，尼罗河向西流去，清真寺也越来越靠近内陆。

多年来，这座清真寺一直在扩建和翻新。因此，除了清真寺的位置外，原始建筑的任何部分几乎都没有保存下来。然而，我们从编年史家的记载中知道，在早期，它是一座开放式的大型建筑。最初的清真寺是一座没有屋顶的建筑，有一个大庭院，后来在庭院的四个角落分别增加了气势宏伟的宣礼塔。它能容纳700名礼拜者，主要服务的是阿慕尔及其继任者手下的政治和军事精英，而不是驻扎在福斯塔特的约1.2万人的军队。后来，在673年，它被扩大，为城市中更多的穆斯林居民提供了一个礼拜场所。尽管它不像开罗的一些更著名的清真寺，如伊本·图伦清真寺和爱资哈尔清真大寺那样拥有众多参观的游客，但它仍保留着一种有目共睹的美丽，展现了伊斯兰教在最初日子里的纯真和简朴。

驻扎在拜占庭古城巴比伦外的阿拉伯部队占领了一个后来被称为福斯塔特的区域，该区域构成了开罗城市演变的起始阶段。福斯塔特又被称为米斯尔，后者也是阿拉伯语中对埃及的称呼。福斯塔特始建于642年，位于尼罗河东岸，就在尼罗河分支形成三角洲的地区的南面。阿拉伯征服者将福斯塔特作为他们的政治首都，这意味着他们将埃及人生活的中心迁回内陆，回到了上埃及和下埃及的分界点，正如古代一样。埃及人的生活中心远离了亚历山大城和地中海，即希腊人和罗马人统治时的中心。

然而，需要提醒的是，福斯塔特纯粹是一个阿拉伯穆斯林驻军城市，它位于以基督徒为主的人群中，而这个人群对政治稳定至关重要。仅在福斯塔特城外的基督教古城巴比伦，至少就有十座教堂，而且附近还有更多的教堂和修道院。杰济拉岛（Gezira island）上有一座教堂，大金字塔所在的吉萨也有一座教堂，还有两座犹太教会堂中的一座。此时，埃及历史上的一次重大变革——人口的阿拉伯化和伊斯兰化——尚未发生。伊斯兰化是一个渐进和不完全的过程，直到14世纪的马穆鲁克时代才得以完成。即使在这个较晚的时代，科普特基督徒仍然代表着人口中的重要少数群体，这个群体占比很可能接近10%。阿拉伯化的进展则更为迅速，这无疑得益于大量说阿拉伯语的部落成员从阿拉伯半岛迁徙到埃及。更重要的是，埃及总督于706年颁布了一项法令，要求所有政府法令必须用阿拉伯语书写。随着阿拉伯语文件的广泛传播，用科普特语和希腊语书写的文件数量减少。最后一份希腊纸草文献可追溯至780年。

叙利亚和伊拉克成为阿拉伯权力中心

倭马亚王朝

阿慕尔,是哈里发欧麦尔和奥斯曼选中的战士,是古莱什的倭马亚分支的军事指挥官。当第四任哈里发阿里死于刺客之手时,权力转移到了古莱什的领袖人物穆阿维叶手中。新任哈里发将伊斯兰帝国的首都从麦地那迁往叙利亚的大马士革。这一举动让征服埃及的阿拉伯人很满意,因为他们发现自己离政治权力中心更近了。而当倭马亚王朝后来的统治者之一哈里发阿布德·马立克开始发行伊斯兰货币以取代旧的拜占庭货币,并于692年在耶路撒冷的圣殿山,即基督教的圣墓教堂所在地的上方建造圆顶清真寺时,他们也没有因此而不满。千百年来,这座宏伟的建筑一直启发着观察者进行思考。它公开表现了在这片曾经由犹太人和基督徒统治的土地上,伊斯兰教的统治至高无上。其中的一幅马赛克镶嵌画上的阿拉伯语信息表明穆斯林与基督徒不同,他们相信单一的神,而不是三位一体的上帝。

倭马亚王朝一直统治伊斯兰世界,直到750年。倭马亚王朝在本质上是一个阿拉伯政治和宗教实体。由于阿拉伯征服者缺乏管理大规模常住人口的经验,他们主动且公开地借鉴了以前的拜占庭和波斯的做法。然而,如果一个人想获得权力,逃避对非穆斯林征收的沉重人头税吉兹亚,那么他就必须成为穆斯林。起初,成为穆斯林的途径极其有限,随着时间的推移,这导致了人们对倭马亚王朝的统治深恶痛绝。唯一确定的同化途径是接受阿拉伯人的庇护,即成为毛拉*。只有赢得资助者的青睐，一个人才能加入穆斯林的行列，而要想获得青睐，自然就要学习阿拉伯语，接受阿拉伯习俗并将伊斯兰教作为自己的信仰。当然，同化过程是缓慢的，只为那些正在逐渐受到伊斯兰权威控制并寻求皈依伊斯兰教的庞大非阿拉伯群体稍稍打开了大门。随着伊斯兰世界逐渐阿拉伯化和伊斯兰化的加速，产生了大量穆斯林。他们中的许多人精通阿拉伯语，但仍然被视为帝国的二等成员。因此，不满和反抗情绪日益高涨。

此外，非穆斯林人口也开始感到他们与他们的阿拉伯穆斯林统治者间的疏远。起初，犹太人和基督徒接受了他们的新统治者。与拜占庭和萨珊王朝的统治者相比，新统治者更加宽容，不那么压迫他们。但随着倭马亚王朝细化了穆斯林和非穆斯林之间的区别，这些限制变得越来越苛刻。倭马亚王朝后来的哈里发更加严格地执行相关法律，使不是穆斯林的人群处于从属地位。这些法律限制建造新教堂和犹太教会堂，要求不是穆斯林的人穿特殊服装，并对这些社区（在伊斯兰世界中，这些社区的成员被称为"济玛"）征收特别的税，而不是所有拥有土地的人都必须支付的一般性土地税，即哈拉吉。

阿拔斯王朝

反对势力最终在 8 世纪中叶达到巅峰，推翻了倭马亚王朝，并建立了新政权。这些新统治者，被称为阿拔斯王朝。阿拔斯王朝于

---

* 毛拉后来一般是穆斯林对伊斯兰教学者的尊称，但在 7 世纪到 8 世纪，毛拉是阿拉伯哈里发国家对非阿拉伯人血统的穆斯林的称呼。——编者注

750年掌权，并将伊斯兰帝国的首都从大马士革迁至新建立且很快就辉煌起来的巴格达城。巴格达城位于底格里斯河畔，靠近古美索不达米亚的政治中心。迁都巴格达代表了权力的东移，表明权力远离了阿拉伯半岛、埃及和北非其他各地。促成这一转变的部分原因是，反倭马亚王朝势力的中心在东方，位于遥远的呼罗珊省，那里居住着大量波斯人，他们不满于自己的从属地位。阿拔斯王朝显然代表了伊斯兰帝国内部非阿拉伯人的胜利，这些人包括北非的柏柏尔人以及波斯人和突厥族群。但是阿拔斯王朝的统治者自己仍然使用阿拉伯语，用于政治、文化和宗教交流的主要语言也仍然是阿拉伯语。尽管如此，阿拔斯王朝的统治为突厥族群和波斯人带来了福音，他们在皈依伊斯兰教的同时不用放弃自己的语言和文化。并且越来越多的人选择这样做。

　　阿拔斯时代的成就辉煌而炫目。对穆斯林，乃至整个非洲-欧亚大陆来说，巴格达成了宇宙的中心。一些伊斯兰地图将巴格达定位为中心。一个支持以巴格达作为阿拔斯王朝首都的人是这样描述该地区的："四周被棕榈树环绕，靠近水源。因此，如果一个地区遭受旱灾或歉收，其他地区就会提供援助。"一夜之间，这座城市成了繁荣的行政中心和商业中心。商品从非洲-欧亚大陆的各地区流向这里。有来自中国的丝绸、纸张和瓷器，印度商人带来的胡椒，东非人提供的象牙、黄金和奴隶。被一些居民称为"地球的肚脐"的巴格达吸引了"远近各地的人们，以及与自己的家乡相比更喜欢巴格达的五湖四海之人"。对巴格达的居民来说，伊拉克是"最优雅之地"，从那里"可以极其轻松而确定地获得"各种商品，"似乎世界上所有好东西都被送到那里，地球上所有宝藏都在那里聚集，造物的所有恩惠都体现在了那里"。

因此，在阿拔斯王朝时期，伊斯兰教信仰和制度框架的许多基础都得以明确，这不足为奇。被称为乌里玛的伊斯兰学者，在阿拉伯穆斯林中心地带尽可能多地收集了有关穆罕默德及其早期同伴生平的信息。第一部先知传记出现在8世纪，而在8、9世纪期间，学者们不远万里地四处走访，搜寻有关穆罕默德活动的更多信息。在所有收集圣训的人中，最受人尊敬的学者是布哈里。他汇编的圣训实录是穆斯林宗教、法律和政治的源泉。布哈里和其他人之所以要寻找更多有关早期信仰的信息，原因之一是《古兰经》只涉及数量有限的问题。然而，帝国需要一系列法律和制度，帝国也需要为这些法律和制度在宗教上找到正当性。毕竟，穆罕默德是"先知的封印"，是真主赐予人类的最后一位使者，因此他的言行，包括那些未载入《古兰经》的言行，也被视为所有穆斯林日常生活的基本准则。

也是在8、9世纪，各种穆斯林法学派系发生了演变。沙里亚（伊斯兰教法）的主要制定地点在伊拉克中部，特别是在巴格达，以及阿拉伯半岛。最终，伊斯兰教法学出现了四大学派。它们是沙斐仪派、马立克派、罕百里派和哈乃斐派。埃及在这方面具有影响力。许多人认为穆罕默德·本·伊德里斯·沙斐仪（767—820）是伊斯兰法律推理大师和最博学的伊斯兰教法学家。正是他提出了将法律作为约束信徒群体的方法。尽管沙斐仪出生于加沙并在幼年移居麦加，在阿拔斯官僚机构中任职，但他晚年生活在埃及。他被埋葬在埃及，他的坟墓至今仍在。这位法学家的墓碑非常值得一看；它是阿尤布王朝木制品的典范，由从叙利亚进口的柚木制成。这座陵墓是伊斯兰世界最大的陵墓之一，底部的立方体建筑加上圆顶高达 29 米。几乎所有保存下来的沙斐仪的学术著作都是他在埃及居住期间所写的。

沙斐仪认为，安拉不会让人类没有可靠的行动和信仰指南。这个可靠的指南就存在于先知穆罕默德的生活、教诲和行动中。从本质上讲，沙斐仪认为《古兰经》和圣训为人类在日常生活中面临的所有问题提供了全面的指导。如果有时某个人，甚至是训练有素的伊斯兰学者，无法在《古兰经》和圣训中找到正确的指导，而不得不运用法律推理，那只是因为他们未能充分理解构成伊斯兰生活和法律的这两大根基。当然，没有穆斯林会怀疑《古兰经》的首要地位。沙斐仪强调圣训，将伊斯兰教法的这一渊源的地位提升到前所未有的高度。从那时起，伊斯兰学者开始重视研究先知的言行，以确保其真实性。这就需要通过一个准确无误、无可争议的权威传述链条（伊斯纳德）来验证先知的言论。沙斐仪和其他主要伊斯兰教法学派的领袖认为，这样的法律体系完全可以满足个人行为和机构行为的需要。

阿拔斯王朝是伊斯兰教历史上最辉煌的时期之一。可能，这个时代是通过《一千零一夜》才最为现代人所熟知的。人们向穆斯林哈里发讲述魔法、辉煌、富商、危险的航海活动和美女的故事，以取悦和打动他。许多故事发生在哈伦·拉希德统治下的巴格达。他的统治时期为 786 年至 809 年，这一时期通常被认为代表了伊斯兰文明的顶峰。

虽然哈伦·拉希德的统治可能代表了阿拔斯王朝的辉煌顶峰，但在他之后不久的一位继任者，哈里发穆塔西姆（833—842 年在位），做出的政治决策对伊斯兰历史产生了更深远的影响。在这一时期，不仅逊尼派与什叶派的分歧加剧，而且，或许是为了应对什叶派所代表的威胁，哈里发扩大了武装力量，并将阿拔斯王朝的军事力量置于越来越多的外国出生的军人手中。起初，虽然这些外来的雇佣兵仅有三四千人，但是他们受过高水平的军事训练，对哈里发的忠诚毋庸置疑，是一支精锐的军队，一支真正的宫廷卫队。随着时间的推移，他们的人数不断增加，可他们却并没有怎么融入巴格达的阿拉伯社会以及帝国文化和社会网络中。这些高度专业化的新兵绝大多数属于突厥各部，来自帝国的边缘地带。其结果就是，伊斯兰国家在军事上逐渐被外国出生的少数族裔所控制，在政治上也越来越如此。就这样，伊斯兰国家内部首次出现了从境外招募的军事骨干集团，这个集团与社会其他部分隔离开来。在早期伊斯兰国家中，平民与军人之间的区别并不明显（当时，不断扩张的阿拉伯穆斯林部队实际上是公民军队）。而现在，平民与军人之间的明显区别成为穆斯林政体的显著特征。

许多迅速扩张的帝国由于扩张过度而衰落。罗马和汉朝就是如此。最终，这也成了瓦解宏大的阿拔斯帝国的一个因素。同罗马和汉朝一样，阿拔斯也深受一些问题的困扰：如何保持对帝国遥远地区的控制，尤其是在长距离和军事资源受限的情况下如何快速通信，以及如何同化不同语言和种族的群体。从阿拔斯帝国西端的西班牙到其在中亚和北印度的东部前哨的距离是 6 000 英里，这确实阻碍了从巴格达来进行有效控制。无论阿拔斯哈里发如何努力控制波斯人、突厥族群、柏柏尔人和其他群体，无论他们的军事力量多么忠诚和庞大，他们都无法阻止地区势力维护其自治权。

埃及的图伦政权

从阿拔斯王朝统治之初，就有人对阿拔斯王朝的权威发起挑战，以期获得自治权。一个战败的倭马亚人于750年来到西班牙，并在那里建立了独立政权。到了10世纪，这个政权已成为繁荣和稳定的灯塔。在西班牙的倭马亚政权出现不久后，埃及和北非其他各地开始脱离巴格达的控制。9世纪初，阿格拉布王朝在北非部分地区宣布脱离阿拔斯王朝而实行自治。不过埃及的第一个自治政权直到9世纪下半叶才出现。当时艾哈迈德·伊本·图伦来到了这里，开创了图伦王朝（868—905）。艾哈迈德·伊本·图伦作为阿拔斯哈里发的代理人，被派往埃及担任总督，他把自己和家族其他成员在伊拉克萨迈拉宫廷中见识过的政治素养与军事素养带到了这里。很快，他和他的继任者就宣称独立于巴格达，拒绝向哈里发支付应缴的税款，并以自己的名义颁布法令。图伦王朝的统治只持续到905年，那时阿拔斯重新控制了埃及。然而，这种控制是短暂的。半个世纪后，埃及成为另一个外来政权的牺牲品，这一次是以北非为基地的什叶派法蒂玛统治者。他们于969年征服了这里。

尽管图伦王朝的统治仅持续了短短的37年，但这个政权留给了后世一份重大的礼物：伊本·图伦清真寺。它是开罗最优雅而简朴的清真寺之一。与阿慕尔·本·阿斯清真寺一样，伊本·图伦清真寺也彰显了这些萨迈拉统治者的热情和坚定的宗教信仰。伊本·图伦清真寺以其优雅的开放式庭院和环绕四周的拱廊大厅而著称，除了它的一座石砌宣礼塔外，其他部分均由砖砌成。这项工程始于876年，历时三年完工。修建这个清真寺是为了解决市民的抱怨，即旧的阿慕尔·本·阿斯清真寺太小，无法容纳所有想做礼拜的人。这座新建筑很快成为图伦王朝首都的中心。它位于阿慕尔在福斯塔特的首府北部的格塔伊耳（Qatai）。不过，在969年法蒂玛征服埃及不久后，迅速成形的辉煌首都开罗很快就取代了格塔伊耳。但格塔伊耳这个城市区域仍是一个美丽和广阔的地方。这座城市之所以会诞生，是因为艾哈迈德·伊本·图伦发现旧的福斯塔特城市太小，不符合他的心意。格塔伊耳有许多令人印象深刻的建筑，包括一座宫殿、一个医院和一条水渠。这些建筑至今仍在。然而，最重要的建筑还是清真寺本身，正如伊本·图伦所希望的那样。如今，它是开罗现存最古老的清真寺，其广阔的内部空间占地六英亩半，给游客和朝拜者带来无尽的宁静。在建造之初，这座清真寺号称可以容纳格塔伊耳城所有的居民参加周五聚礼。

埃及在伟大的阿拉伯帝国中的地位

正如我们所观察到的，基督教时期的埃及人已经与其法老祖先保持了距离。对犹太人和基督徒来说，古埃及是一个充满偶像崇拜、自然崇拜、祭司和王权压迫的荒凉之地。阿拉伯穆斯林征服者对古埃及人持有相似的看法，他们也将古埃及人视为异教徒，认为他们的纪念性建筑是为假神而建的。然而，基督徒已摒弃了许多古代的宗教信仰，所以伊斯兰学者在研究甚至珍视古埃及人的一些成就时受到的限制比较少。博学的穆斯林对埃及有着特殊的兴趣，他们与之前的希腊人和罗马人一样，认为埃及是文明的摇篮之一，值得高度关注。

基督教时代标志着埃及与其辉煌的古代历史的决裂，这种决裂比希腊和罗马时期更为彻底。这在宗教领域尤为显著。在希腊和罗马时期，许多古埃及神仍然拥有信徒甚至祭司团体。围绕着伊西斯女神的崇拜持续了几个世纪。但基督教将这些信仰视为亵渎神灵。尽管古代宗教信仰和习俗以微妙的方式融入了基督教，但基督教神职人员不会容忍这些与古代神祇相关联的习俗和祭司阶层公之于世。事实上，基督徒在消除或同化他们所认为的异教习俗方面如此成功，以至于他们的穆斯林继任者面对的宗教景观中相对没有前基督教和前伊斯兰教的习俗。

直到11世纪，在倭马亚王朝和阿拔斯王朝已不再统治这个国家很久之后，埃及人对古文明的迷恋才成为学术阶层一些人士所热衷的事业。直到那时，极为多产而敏锐地描述其所居世界的地理学家和编年史家们，才开始关注金字塔、神庙和尼罗河谷居民所熟悉的其他古迹。首先，他们必须克服《古兰经》中法老极其负面化的形象留给人的印象，还要克服学者们自己深信的一种想法，即埃及是一种无神论的和寻衅滋事的异教文化。在穆斯林统治的最初几百年里，埃及的古迹被视为警示性的故事：安拉会毁灭那些忽视他的信息、拒绝聆听他的先知旨意的人。阿拉伯诗人穆泰纳比（915—965）认为，金字塔的废墟表明了人类在没有安拉教诲指引的情况下所做的努力是多么愚蠢。他写道："那些拥有金字塔的人在哪里？……这些古迹比它们的居民存留得更久，但这也只是暂时的。因为当灭亡降临时，它们也必定会随之消亡。"即使到了13世纪晚期，加马鲁丁·伊德里西（逝于1251年）仍持有这种观点，他声称埃及明显破败的古迹"呼吁着信徒好好想想那些不接受安拉信息的人的命运"。

然而，12世纪，伊拉克学者兼旅行家阿布德·拉蒂夫·巴格达迪（逝于1231年）访问了埃及，并留下了中世纪时期对古代尚存遗迹的最完整和最令人赞叹的描述。在他的描述中，没有任何贬低古人的地方，而是表现出对他们众多成就的极大尊重。特别是，巴格达迪惊叹于吉萨金字塔背后的工程天才。关于这些，他写道："如果你仔细思考它们，你会发现最崇高的智慧被融入其中，最伟大的思想在背后做支撑……这些金字塔几乎能够展露它们的人民，显出它们的地位，揭示它们的科学和智慧，呈现它们的传记和编年史。"

11世纪和12世纪的阿拉伯语埃及文献对埃及神奇的古代文化津津乐道，这使许多后来的学者声称，埃及人肯定已经意识到了这片土地在伊斯兰世界中的独特地位。但事实上，对古埃及人的兴趣直到12世纪和13世纪才兴起，而且似乎在很大程度上仅限于文人。因此，没有充分理由相信，由于其古老的辉煌，埃及在倭马亚和阿拔斯王朝中被赋予了显著的首要地位。更重要的是，早期伊斯兰世界的大部分思想活力展现在伊拉克和阿拉伯半岛。在那些地方，伊斯兰教的大部分伟大法学家制定了伊斯兰教法的基础，但伊玛目沙斐仪是一个重要的例外。如我们所见，正是在伊朗高原，波斯和后来的突厥元素开始对伊斯兰教产生影响。

在最初三个世纪里，埃及在阿拉伯大帝国中处于从属地位。但有一个显著的例外，那就是埃及在手工艺和工业生产方面的优势。埃及工匠在法老时代和希腊罗马时代就因其编织的精美纺织品而声名远播，很受欢迎。这些纺织品中，许多都写有信息或编织着信息。有些只是用黑色墨水写上了统治者的名字。另一些则包含更长的信息，涉及宗教信仰或葬礼禁令。还有一些则非常平凡，包含洗衣或购物清单。在穆斯林统治初期的几十年里，埃及工匠在法老时代、希腊罗马时代和科普特时代做法的基础上，继续纺纱和织造世界上最优质的纺织品。尽管虔诚的穆斯林禁止使用丝绸，但很少有富人能抗拒购买和展示精美丝绸的诱惑。那是埃及工匠织成的镶有金色花边的锦缎。穆斯林工匠借鉴了早期的技术，生产出了羊毛、亚麻和棉织品。这些物品在整个伊斯兰世界都非常珍贵。第二任哈里发欧麦尔从埃及订购了覆盖克尔白的刺绣丝绸。埃及大部分最精美的织物都是在高度专业化的小作坊里生产出来的。其中，纺纱、织布、染色和刺绣是在不同的工坊中进行的。客户会向这些最佳的专业工匠订购单件产品。

然而，直到969年法蒂玛人占领埃及并在那里创建新的首都开罗，修建了宏伟的清真寺和学术中心，埃及在伊斯兰世界的地位才开始与它早先在北非和西南亚的地位相媲美。

女性与伊斯兰教

随着伊斯兰教的到来，埃及发生的最重要变化之一与女性在社会中的地位和处境有关。在法老时代，女性被认为是男性的附属品。她们中很少有人识字，更少有人能够担任要职，尽管有少数几位女王或王后确实行使了法老的权力。在希腊人、罗马人和基督徒统治时，埃及女性的地位几乎没有什么变化。但埃及的阿拉伯化和伊斯兰化带来了决定性的变革。这些变化始于穆罕默德时代的阿拉伯半岛，并展示了先知为确定女性在新的伊斯兰教乌玛中的地位所做的努力。在伊斯兰教产生之前的阿拉伯，女性有诸多权利，也拥有多种权益。男性会入赘并搬进妻子的住所。女性可以主动向男子求婚。此外，正如穆罕默德的第一位妻子赫蒂彻的事业所证明的那样，女性可以从事商业活动。赫蒂彻是一位商人，也是她所在社区的一位重要人物。女性还可以与丈夫离婚。

当穆罕默德开始定义男女之间关系时，他改变了许多这样的安排。这里的主要影响并非来自埃及、希腊和罗马-拜占庭世界，而是来自千百年来一直在美索不达米亚占据主导地位的古老习俗。特别是在巴比伦时期，富裕和有权势阶层的女性戴着面纱，不与家庭外的男性接触。在很大程度上，这一要求旨在将体面的女性与不太体面的女性区分开，特别是与妓女区分开。妓女们不许戴面纱，如果被发现穿着高贵女性的衣服并扮演高贵女性的角色，她们会遭到鞭笞及其他严厉的责罚。此外，富裕家庭的女性在家中有自己专门的区域。除了丈夫和儿子，其他所有男性都不得进入这些区域。

当穆罕默德阐述伊斯兰教的新社会原则和宗教原则时，他使伊斯兰世界与西南亚的世界更加一致。在赫蒂彻去世前，他没有其他妻子。但在她去世后，他娶了许多女人。她们戴着面纱，除非有外出的义务，否则就留在家中。他允许男人最多娶四个妻子，尽管他告诫那些娶一个以上妻子的男人要平等对待每一个妻子。如果一个男人认为他做不到这一点，他就不应该再娶第二个妻子。先知还使休妻变得容易，规定男人只需三次说出他要休妻，这个愿望就可以实现。然而，女性不得与丈夫离婚。男人可以随心所欲地纳妾。穆穆罕默德在赫蒂彻去世后最喜爱的妻子是一个年轻女子阿以莎。她只有九岁或十岁时便与穆罕默德结婚。穆罕默德要求她必须戴面纱。诚然，穆罕默德在婚姻和社会地位的某些关键领域所下达的命令比伊斯兰教产生之前的阿拉伯提高了女性的地位。在各族群接受先知的新宗教之前，富裕和有权势的男性娶了许多妻子。先知还要求彩礼直接支付给新娘，而不是新娘的监护人；女性可以继承财产，尽管继承比例低于男性。然而，伊斯兰教性别原则在埃及等地的实施也使美索不达米亚的父权制和对女性自主权的削弱波及了许多地区。在这些地区，比起伊斯兰教的领导，此前盛行的其他制度赋予了女性更多的自由。

第七章

法蒂玛王朝、阿尤布王朝与马穆鲁克王朝，969—1517 年

穆仪兹街是一条狭窄的小巷，它将现今开罗的祖维拉门（Bab al-Zuwayla）和城墙与北边的浮屠门和城墙连接在一起。它也让人们不禁回忆起了中世纪的开罗。穆仪兹街是以第一个统治埃及的法蒂玛哈里发的名字命名的。游客走过这一小段路，就会穿过法蒂玛王朝在 969 年征服埃及后作为其新的政治首都和宗教首都而修建的王城。游客应该在最近修复的宏伟的祖维拉门处驻足片刻。夜晚，这个巨大的城门会将王城封闭起来，保护城里的居民不受敌人的侵袭。人们也应花些时间爬上城墙，甚至应登上马穆鲁克苏丹穆阿亚德（al-Muayyad）的清真寺的一个宣礼塔。从这个制高点上俯瞰开罗，美不胜收。宣礼塔、穹顶和墓葬建筑，它们都来自不同的伊斯兰时期，见证了伊斯兰教在这个国家生活中的深远影响。

法蒂玛王朝的建筑已所剩无几。王宫已不复存在，爱资哈尔清真大寺与法蒂玛人建造的那座不太华丽且规模较小的清真寺大不相同。沿街许多最引人注目的建筑是马穆鲁克王朝和奥斯曼帝国时期建造的，但这狭窄的小巷里的两层和三层住宅无疑是中世纪建筑，

其阳台不太牢靠地在街道上方探出，几乎挡住了阳光。今天，在这条小巷中穿梭的商人、小贩和店主的穿着与他们中世纪的同行不同，但那些穿着无领对襟束带长袍的人仍提醒着人们千年前的着装。喧闹的声音、动物和马车与熙熙攘攘的人群交织在一起，更让人回想起过往的时代。

在 969 年，才干出众的法蒂玛王朝将军昭海尔（Jawhar）从他在北非的权力中心策划了对埃及的征服。几乎在同一时刻，他也开始建造一座王城，这座王城位于原来的权力中心福斯塔特的东北方。他的王城被命名为开罗（al-Qahira），意即胜利之城。在英语世界中，这座王城被称为 Cairo。昭海尔要求只用四年时间就建设到让他满意的地步，能让他认为这座新城市已经做好了接待法蒂玛最高宗教和政治领袖的准备。雄心勃勃的帝国主义伊玛目-哈里发穆仪兹（953—975 年在位）于 973 年以君王的仪式进入开罗，他准备将这个新地点作为法蒂玛王朝的权力中心。在这里，他打算将整个伊斯兰世界置于什叶派的政治权威之下。

在倭马亚王朝和阿拔斯王朝时期，埃及并不是伊斯兰教的中心，尽管它显然是一个重要而富裕的省份。在倭马亚王朝和阿拔斯王朝时期，埃及人继续与法老时代、希腊罗马时代的过去保持距离，带着怀疑的眼光看待古人。与此同时，尼罗河谷的居民被迫将他们在思想、政治和宗教方面的优势地位拱手让给了叙利亚、伊拉克、波斯，甚至中亚。但这一切在 969 年法蒂玛人进入埃及时发生了变化。在法蒂玛王朝哈里发穆仪兹的命令下，军事指挥官昭海尔被派往埃及，他率领 10 万大军建了一座城市，以便穆仪兹和他的继承人能统治世界。这位军事指挥官代表一个独立、强大、充满能量的新王朝控制了埃及,直到1171年,该王朝仍然执政。昭海尔几乎没有遇到埃及统治者的抵抗。一方面,这无疑是因为埃及统治者们被法蒂玛王朝庞大的军队和先进武器吓倒了。另一方面,这也是因为昭海尔承诺允许逊尼派穆斯林、基督徒和犹太人保持自己的宗教信仰与习俗,埃及统治者因而平静下来。尽管埃及人在法蒂玛王朝及其众多继承者(阿尤布王朝、马穆鲁克王朝和奥斯曼帝国)统治下继续受到外国统治者统治,但埃及在经济、政治和文化领域的活力不亚于法老时代。特别是在法蒂玛王朝时期,埃及的财富超过了其他伊斯兰地区,埃及的高雅文化令穆斯林和见多识广的欧洲人羡慕不已。

法蒂玛王朝的崛起是一个常常令人感到困惑的复杂故事,涉及什叶派和逊尼派在伊斯兰教内部争夺至高无上地位的争议与论战。然而,鉴于埃及曾被一个强大而闪耀的什叶派王朝统治了两个辉煌的世纪,我们有必要揭开这种说法的面纱。此外,20世纪末和21世纪初,什叶派在穆斯林事务和全球政治中也扮演了越来越有影响力的角色。

关于什叶派的故事始于伊斯兰教诞生之初。那最初只是一场关于先知穆罕默德继承权的政治争论,但很快就演变成了关于复杂的神学问题、宗教法律、圣训以及宗教领袖(在伊斯兰教中被称为伊玛目)的政治权威的争端。这些分歧持续至今。大多数穆斯林,即后来的逊尼派,接受了这些早期历史上形成的秩序。他们认为前面的四任哈里发(穆罕默德的继承者)是合法的统治者,并且也接受了随后的政权:首先是倭马亚王朝,之后是阿拔斯王朝。后来,被称为什叶派的少数人提出了异议。他们认为穆罕默德的堂弟阿里应

第七章 法蒂玛王朝、阿尤布王朝与马穆鲁克王朝,969—1517年

该是先知的继承者,他还是先知女儿法蒂玛的丈夫,也是早期皈依者。许多人甚至断言穆罕默德已指定阿里为他的继承者。有一种传说声称穆罕默德曾对他的追随者说:"我是谁的主人,阿里也是他的主人。"最早支持阿里合法地位的是安萨尔(辅士),即来自麦地那的穆罕默德的追随者,他们对麦加的旧精英在伊斯兰国家建立之初所占据的首要地位感到不满。很快,其他群体也在支持阿里的事业中聚集起来。这些群体包括那些觉得自己远离权力中心的人,特别是对倭马亚王朝统治下的叙利亚和阿拔斯王朝统治下的伊拉克中部反感的伊拉克南部人民,以及北非的柏柏尔部落,他们抱怨阿拉伯人使他们丧失了独立自主权。

伊斯兰教中也存在着其他反对派,但没有哪一个反对派像什叶派那样经久不衰。起初是一个被称为哈瓦利吉派的团体。他们认为穆罕默德的继承者应该是伊斯兰教最虔诚的人。这个团体收获了大量的追随者。同样,许多团体支持阿里及其后代的主张。阿拔斯王朝的第一位哈里发艾布·阿拔斯声称自己是阿里的后裔。但在阿拔斯王朝断绝与其他反对派团体的联系,特别是与那些认为哈里发的合法继承人只能是阿里及其妻子法蒂玛的后裔的人断绝联系后,反对阿拔斯王朝权威的主要力量就聚集到了阿里和法蒂玛后裔的支持者身边。起初,这些人被称为阿里党,不久后又被称为什叶派。

这些早期什叶派运动的历史充满了悲剧和苦难,这为殉难的反对派创造了强大的象征意义。阿里与法蒂玛的两个儿子哈桑和侯赛因都声称自己是哈里发。哈桑退位后,他的弟弟侯赛因继续了他的未竟事业。然而,在 680 年的卡尔巴拉惨案中,侯赛因和他的一小群追随者都被杀害。尽管被由 4 000 人组成的倭马亚军队包围,但侯赛因和他的追随者选择了死亡而不是屈服，从而为他们的什叶派追随者留下了一个纪念和象征。

什叶派在阿拔斯王朝版图内持续吸引着零星反对派，特别是吸引帝国难以控制地区的人们和认为自己被排除在权力中心之外的团体。然而，直到一位声称继承了阿里和法蒂玛遗产的虔诚而博学的人，即贾法尔·萨迪格（逝于765年）出现，什叶派才获得了宗教和政治上的活力。贾法尔是一个有学者气质的人，他在麦地那过着宁静的生活。主要的什叶派团体都认为他是继阿里之后的第六伊玛目，即精神和政治领袖。但是，在他去世后，什叶派运动开始分裂成两个主要团体：伊斯玛仪派，有时被称为七伊玛目派，他们后来在埃及和北非其他各地建立了法蒂玛王朝；原始的十二伊玛目派，此派在波斯变得强大，并最终在16世纪初建立了萨非王朝。什叶派内部的这一重大分裂发生在贾法尔的继承人问题上。伊斯玛仪派认为贾法尔指定了他的儿子伊斯玛仪·本·贾法尔为他的继承者。大多数人认为伊斯玛仪在他父亲之前就已去世，而伊斯玛仪又指定了他的儿子穆罕默德·本·伊斯玛仪为他的继承者。这个团体以伊玛目伊斯玛仪的名字命名，他们相信第七代伊玛目穆罕默德已隐遁，并将在世界末日以救世主马赫迪的身份回归。与此相反，十二伊玛目派认为从贾法尔开始的继承路线是不同的。他们通过一系列不同的伊玛目追溯到了第十二代伊玛目的血统，这位伊玛目像穆罕默德·本·伊斯玛仪一样已隐遁，并将在世界末日作为马赫迪返回。

尽管人们对贾法尔的生平所知甚少，但他在确立什叶派核心教义方面具有影响力。他特别强调了伊玛目思想，因为他认为伊斯兰教需要一个特别指定的精神领袖——伊玛目——来为信徒提供宗教指导和政治指导。他还相信伊玛目是阿里和法蒂玛的后裔。这一信念对阿拔斯王朝的哈里发及其学术支持者来说无异于叛国，因为它否认了阿拔斯王朝哈里发的合法性，并挑战了乌里玛在逊尼派世界中扮演的角色。

后来，在贾法尔去世后，伊斯玛仪派学者提出了什叶派的另外两个基本原则，进一步将他们与逊尼派穆斯林区分开来。第一个是宗教真理有两个领域：一个是表义，称为扎希尔，包含宗教规定和法律，其中就有伊斯兰教法；另一个是隐义，称为巴颓尼，包含所有高级宗教的深层和内在真理。只有什叶派信仰中最博学的启蒙者，即伊玛目及其最亲密的伙伴，才了解宗教真理的内部领域，因此伊玛目对穆斯林在宗教和世俗事务中的行为与信仰的裁决具有决定性意义，远比逊尼派教职人员给出的指导更为重要。这些深厚的宗教知识包含了犹太教、基督教和伊斯兰教等所有主要一神教的精髓，因此什叶派的核心是包罗万象的宗教。然而，这些原则与逊尼派信仰如此相悖，故而，它实际上是一把指向逊尼派核心的匕首。伊斯玛仪派宣扬需要实践的第二个基本原则是"谨防"，他们称之为塔基亚。当与强大的逊尼派伊斯兰世界接触时，他们鼓励自己的追随者隐藏自己的真实信仰。只有在什叶派形式的伊斯兰教取得胜利后，什叶派才会公开表达他们所有的内在宗教信仰，并充分实践他们的宗教理想，也许不必一直等到马赫迪归来时。

贾法尔的去世使什叶派运动陷入困境，其不同支派就继承问题争论不休。然而，在下一个世纪（9世纪），伊斯玛仪派强势复兴，为10世纪初法蒂玛王朝的胜利铺平了道路。复兴的主要原因是伊斯玛仪派传教者的影响力，他们遍布整个阿拔斯王朝疆域，传播他们的宗教信息和对伊斯玛仪派政治秩序终会胜利的信仰。他们呼吁信徒承认穆罕默德·本·伊斯玛仪的伊玛目地位，并确认他作为人们期待已久的马赫迪即将归来。伊斯玛仪教义传播的中心之一是位于波斯西南角的胡齐斯坦，那里一位名叫欧贝杜拉（又称欧拜杜拉）的富有商人派遣他的追随者传播穆罕默德·本·伊斯玛仪作为马赫迪即将归来的消息。阿拔斯王朝的统治者并不希望听到这样的预言。为了安全起见，欧贝杜拉逃离了胡齐斯坦，先是来到伊拉克南部的巴士拉，然后来到叙利亚沙漠西部边缘的塞莱米耶。他不断迁移，成功避开了阿拔斯王朝的势力范围。这些传教者的思想落在了肥沃的土壤上，因为9世纪是一个政治动荡和宗教动荡的时期。在东部，非洲黑人奴隶发动起义。他们被带到伊拉克南部的盐沼地，在压迫条件下劳作，从当时流传的相同激进理念中汲取了灵感。这次起义从869年持续到883年，历时15年。其领导者宣称自己是马赫迪，被派来恢复世界的合法秩序。他也声称自己是阿里家族的后裔。

  对阿拔斯王朝威胁更大的是西部的起义，尤其是在北非，那里的柏柏尔人长期以来一直是反对由阿拉伯人、突厥族群和波斯人主导的逊尼派政治秩序的力量源泉。欧贝杜拉发现塞莱米耶不再安全，于是将他的行动基地转移到了北非。在那里，他获得了鼓舞人心的宗教领袖和伊斯玛仪传教者艾布·阿卜杜拉的支持，此人已经在今天摩洛哥东南部偏远的西吉尔马萨村定居。在那里，艾布·阿卜杜拉宣布他是马赫迪的先驱。尽管艾布·阿卜杜拉颇具魅力，也很成功，并从统治的阿格拉布王朝手中夺取了北非大部分地区的政治控制权，但他还是在909年将权力移交给了他的马赫迪，即欧贝杜拉。910年，当欧贝杜拉·马赫迪进入阿格拉布的旧都凯鲁万时，法蒂玛王朝诞生了。欧贝杜拉并不满足于统治曾经是逊尼派权力中心的城市，他首先将首都移到突尼斯海岸的马赫迪耶，不久之后又移到曼苏里耶。然而，他和他的继承者还有更宏大的计划，至少要征服整个伊斯兰世界，并使整个伊斯兰世界在政治上臣服于他们的什叶派权威，如果不是在宗教方面接受的话。但在此之前，欧贝杜拉必须与他的首席代理人艾布·阿卜杜拉打交道，后者很快成了欧贝杜拉最顽强的对手。欧贝杜拉成功地击败了艾布·阿卜杜拉的军队，并处死了艾布·阿卜杜拉这位曾经最忠诚于他的支持者。

到欧贝杜拉在北非掌权时，伊斯玛仪派的教义已经具有一种更复杂但明显是什叶派的形式了。这些思想进一步强调了伊玛目的宗教权威和政治权威，并扩大了逊尼派和什叶派对于教职阶层看法的差距。伊斯玛仪派认为，安拉派遣了一系列先知给人类提供精神指导和宗教法律。总共有六位这样的先知——亚当、挪亚、亚伯拉罕、摩西、耶稣和穆罕默德。这些人给世界带来了宗教律令。但在他们背后，与他们相关的还有六个人，他们被称为保证人。这些人理解宗教法律的内在含义，能理解把所有一神论宗教联系起来的深层精神真理。亚当的保证人是他的儿子亚伯，而挪亚的保证人是他的儿子闪，亚伯拉罕的精神保证人是他的儿子以撒，摩西的保证人是他的兄长，而对于耶稣，他的保证人则是他最重要的门徒彼得。伊斯玛仪派认为，穆罕默德视阿里为他的精神保证人。既然穆罕默德是"先知的封印"，是真主派遣的最后一个使者，那么阿里就是最后一个保证人。从此以后，解释宗教内在真理的任务就落在了受神灵启示的伊玛目和其受过专门训练的助手身上。

法蒂玛王朝在埃及（969—1171）

法蒂玛王朝将其权力扩展至埃及的前三次努力都以失败告终。但到了10世纪60年代，埃及已经开始衰落。埃及领导人为了寻求政治稳定和经济繁荣，与法蒂玛王朝军队经验丰富的军事指挥官昭海尔建立了联系，并与他协商达成和解。昭海尔是雄心勃勃的法蒂玛哈里发穆仪兹的钦定代理人，是法蒂玛王朝的"命定之人"。

组成法蒂玛军队核心部分的是来自北非的库塔马柏柏尔人，他们在9世纪末聚集到法蒂玛王朝的旗下。这部分核心力量随后以埃及为基地进一步向东扩展影响力。但首任法蒂玛哈里发欧贝杜拉的继承者们在10世纪通过引进突厥各部和撒哈拉以南非洲的军事奴隶扩大了自己的队伍。事实证明，这些奴隶在对付法蒂玛最顽固的敌人，即使用弓箭的穆斯林和拜占庭士兵时要有效得多。到了穆仪兹的继任者阿齐兹（975—996年在位）在开罗登基时，法蒂玛王朝的版图已达最大，覆盖了从摩洛哥到埃及的整个北非、西西里、巴勒斯坦、叙利亚部分地区和汉志。在汉志，法蒂玛王朝负责保护麦加和麦地那这两座圣城的安全并负责这两座城市的年度朝圣活动。此外，法蒂玛王朝的哈里发把埃及作为行动基地，从埃及派遣大量传教者去波斯、信德（今巴基斯坦和北印度）和也门，推动那里的人群信奉伊斯玛仪派。10世纪是什叶派的世纪，因为伊斯玛仪派在整个伊斯兰土地上拥有广泛的影响力，不仅如此，阿拔斯王朝的哈里发还把许多行政职责委托给了什叶派的白益家族。

尽管法蒂玛王朝信奉什叶派，但他们并没有下定决心转化埃及人的逊尼派习俗。恰恰相反：除了少数几次事件外，法蒂玛王朝的统治者及其教职人员对逊尼派以及科普特人和犹太人实行了宽容政策，尽管在法蒂玛王朝统治的两个世纪里，这些人的数量持续减少。在官员的选拔中，统治精英根据的是功绩而不是宗教信仰。其结果是许多逊尼派穆斯林以及很多基督徒和犹太人担任了王朝中一些最重要的职务。因此，当法蒂玛王朝在1171年被逊尼派的阿尤布王朝推翻时，埃及几乎毫不费力地就回归到了逊尼派的生活方式。

对他人信仰的容忍并不意味着对什叶派事业的冷漠。相反，法蒂玛人是帝国主义者，致力于将整个伊斯兰世界置于什叶派的影响之下。他们利用埃及的财富和影响力将传教者派遣到伊斯兰世界的各个角落。更重要的是，王朝统治者周围有一小群什叶派知识分子，他们致力于建立一套什叶派宗教法律，与逊尼派伊斯兰教法相抗衡。这些人还收集了先知及其同伴的箴言和传统，即什叶派版本的圣训，以肯定伊斯玛仪信仰的合法性。在这一事业中，努尔曼家族发挥了主导作用。在10世纪后半叶和11世纪前半叶的大部分时间里，努尔曼家族成员担任开罗法蒂玛王朝的首席卡迪，并制定了一套什叶派宗教禁令，要求伊斯玛仪信徒遵守。

生活在法蒂玛王朝统治时期的埃及基督教评论家称哈里发穆仪兹和阿齐兹的统治是"教会的大和平时期"。这一说法的唯一例外发生在动荡的哈基姆统治期间，他于996年到1021年担任哈里发。他反复无常且往往暴力的政策使一些观察者认为他的精神相当不稳定。尽管哈基姆建立了一个智慧馆，那里教授世俗科目和宗教科目，并且支付薪水给学者们，使他们能在其感兴趣的领域做研究，但他还是对埃及和法蒂玛王朝其他地区的基督教与犹太教社区发起了攻击。他拆毁了许多基督教教堂、修道院和犹太教会堂，包括耶路撒冷的圣墓教堂。他强迫非穆斯林臣民穿着特殊的服装，甚至有时戴上徽章，将他们与其他人区分开来。科普特人被迫放弃他们的信仰，改信伊斯兰教，尽管直到14世纪的马穆鲁克时代，科普特人口才减少到不足总数的10%。哈基姆对圣墓教堂的破坏在唤醒西方基督教世界对圣地的兴趣方面发挥了重要的作用，并促使罗马教皇考虑发动一次十字军运动以重建基督教对巴勒斯坦的控制。

  法蒂玛人是开罗城的创始人，而且他们对这座城市的影响至今仍清晰可见。尽管在尼罗河分流并汇入三角洲的地方，城市群已存在数千年之久，但法蒂玛人才是这座城市的真正缔造者，当然也是这座城市的命名者，它在英语中的名称是Cairo，在法语中是Le Caire，在阿拉伯语中是al-Qahira。开罗最初被设计为一座王城，主要包括哈里发的宫殿、军营和爱资哈尔清真大寺。在这座清真寺里，哈里发及其军事官僚和文职官僚按照伊斯玛仪派习俗做礼拜。法蒂玛王朝政权在政治和经济上取得的非凡成就使这座城市迅速扩张，远远超出其作为军营和哈里发所在地的最初规划。爱资哈尔清真大寺的规模不断扩大，声誉不断增长。它吸引了来自整个伊斯兰世界的学生，它如同一所大学，新加入教派的人可以在这里吸收伊斯玛仪派信仰的知识。极具争议的哈里发哈基姆将他的大量精力用于美化和扩建开罗。他力求使开罗能与非洲-欧亚大陆的其他伟大城市相媲美。在这一点上，他显然成功了。他修建了更多的宫殿、清真寺、亭台、喷泉、花园和军械库，使他的城市比他所知道的其他伟大城市更加耀眼。他将阿拔斯王朝首都巴格达、东方基督教的最高中心君士坦丁堡以及西班牙倭马亚王朝的城市视为开罗的

第七章 法蒂玛王朝、阿尤布王朝与马穆鲁克王朝，969—1517年 165

竞争对手。哈基姆努力使开罗变得美丽并成为学术的堡垒,其中一个重要部分就是他创建的图书馆。据说,该图书馆拥有 10 万卷装订成册的图书,涵盖各种主题,其中包括 1.8 万份关于古代文明的手稿。阅览室向所有人开放。如果访客想抄录图书馆的任何文件,图书馆会为他们提供纸张、笔和墨水。

我们之所以知道埃及在法蒂玛王朝时代异常繁荣,是因为人们在开罗的一座犹太教会堂的存储室或者说秘库中发现了一批记录,主要来自 11 世纪至 13 世纪。这些珍贵的记录包括商人的遗嘱和信件。这些材料在 19 世纪 90 年代被发现,随后被卖给外国收藏家。在剑桥大学图书馆可以找到这些资料的绝大部分,研究人员从中挖掘了关于法蒂玛王朝晚期及阿尤布王朝时期埃及的经济、宗教和社会生活的信息。

按照惯例,犹太宗教官员要保存所有以上帝之名命名的文件。随着时间的推移,许多这样的存储区域被摧毁或没有得到维护。但开罗犹太教会堂的秘库在 11 世纪初被哈里发哈基姆摧毁后重建,一直保持完好,尽管在 13 世纪末之后就不再被使用。因此,直到 19 世纪末研究者发现其珍贵的文件宝库时,它的存在才为人所知。

S. D. 戈伊坦(S. D. Goitein)的大量文章和著作对这些文献进行了最详尽的分析,揭示了一个将北非、欧洲、西南亚和印度洋周边国家联系在一起的远距离贸易的繁荣世界。尽管这个档案中的许多商业记录来自犹太商人,他们在这广阔的地区有广泛的商业网络,但它们也证明犹太商人与基督教商人和穆斯林商人有着密切且友好的合作。最初的许多商人定居在开罗,是不久前才从北非其他各地移民过来的,特别是来自法蒂玛王朝哈里发征服开罗之前的政治首都凯鲁万和马赫迪耶，他们促进了埃及与印度洋国家和欧洲的远距离贸易。这些商人显然是跟随他们的法蒂玛王朝的赞助人来到的埃及，并利用统治者为他们和其他商人提供的政治稳定与经济保护，扩大了他们的贸易网络。

这些文件表明，开罗是一个重要的进出口地，也是大规模和远距离贸易网络中的转口港。木材和家具来自意大利，因为埃及缺乏木材。意大利还提供奶酪，这是埃及饮食中至关重要的蛋白质补充品。从北非其他各地来的是许多不同的金属，尤其是黄金。埃及人用来购买这些金属的是自公元之初以来就养活着希腊人和罗马人的神奇谷物收成，这些谷物在埃及仍然丰收。从遥远的马六甲和印度等东方各地来的是香料与胡椒。在法蒂玛王朝晚期和马穆鲁克王朝的大部分时间里，一群主要以埃及为基地的穆斯林商人（卡里米商人）在香料与胡椒贸易中占据主导地位。卡里米商人是通过埃及与东方进行频繁贸易的代理商。他们也是威尼斯、热那亚、比萨、马赛和巴塞罗那等地的主要香料供应商。

然而，法蒂玛王朝并没有长久维持权力，11世纪开始衰落。1094—1095年的继承危机导致王朝变得虚弱。两兄弟，穆斯塔利和尼扎尔，为继承他们的父亲穆斯坦绥尔的哈里发之位而争斗。尽管穆斯塔利胜出并使他的后裔在埃及掌权到1171年，但当阿尤布王朝的政治领袖萨拉丁结束了法蒂玛王朝在埃及的统治时，埃及发现自己面对着许多敌人，其中最强大的是塞尔柱突厥人、欧洲十字军和逃往里海地区的尼扎尔人。尼扎尔人最终在波斯建立了一个以复仇为目标的国家。

萨拉丁和阿尤布王朝在埃及（1171—1250）

法蒂玛王朝的统治在 1171 年终结。致命一击是由埃及最著名的中世纪人物，萨拉赫·丁·本·阿尤布施加的。他以欧洲化名字萨拉丁在历史上留下了赫赫名声。尽管是库尔德人，萨拉丁却是塞尔柱突厥人和逊尼派重新征服伊斯兰中心地带的重要人物。特别是塞尔柱突厥人，他们从 10 世纪开始一直在伊斯兰中心地带渗透，首先进入波斯，在那里采用了波斯语并接受了波斯-伊斯兰文化。在 11 世纪，塞尔柱突厥人从东边的波斯进入巴格达，结束了什叶派在哈里发宫廷中的影响，并说服阿拔斯统治者任命他们为苏丹。这些塞尔柱苏丹中最强大的两位，艾勒布·艾尔斯兰（1063—1072 年在位）和马立克沙（1072—1092 年在位），在将阿拔斯王朝名义上的统治从波斯扩展到叙利亚的过程中发挥了重要作用。当然，他们的目标之一，也是阿拔斯王朝哈里发的目标之一，就是结束什叶派异端的法蒂玛王朝在埃及的权威统治，并重建巴格达对这一重要地区的权力。

到了 12 世纪，伊斯兰中心地带的政治动荡不安。各种强大、雄心勃勃的集团争夺霸主地位，埃及是这些竞争集团的战略疆场，主要是因为法蒂玛王朝已不再拥有 11 世纪所展现出的力量。法蒂玛王朝的哈里发如此虚弱，以至于他们越来越频繁地求助于强大的、非什叶派的维齐尔来控制国内人口，并抵御外敌日益增长的势力。

在埃及和叙利亚，新的权力竞争者将赌注下得更高了。在 1095 年的克莱蒙会议上，教皇乌尔班二世唤醒了欧洲基督徒对圣地的关注，他呼吁信徒们重新征服巴勒斯坦，并声称那里的基督徒正在遭受压迫，圣地也处于危险之中。毫无疑问，教皇记得法蒂玛王朝哈里发哈基姆在 11 世纪初进行的迫害和他对圣墓教堂的肢解。实际上，穆斯林与基督徒之间的关系已经得到修复，基督徒也不再面临存活和谋生的困境。然而，教皇的呼吁还是引起了共鸣。次年，由欧洲基督教国家的一些主要王公率领的十字军集结完毕，并于 1099 年进入巴勒斯坦，占领了耶路撒冷城，并在巴勒斯坦和叙利亚建立了四个相对较小的基督教飞地邦国。这些邦国分别位于埃德萨、安条克、的黎波里和耶路撒冷。由于法蒂玛王朝一直将叙利亚视为其帝国的核心部分，哈里发们很快就派兵对抗十字军。

与十字军出现在伊斯兰中心地带同时，塞尔柱突厥人也在将他们的势力扩展到叙利亚及其他地区。这次扩张的重要参与者是努尔丁，他被阿拔斯王朝派往叙利亚，作为其军事代理人和政治代表，以增加阿拔斯王朝的西进收益。努尔丁于 1154 年占领了叙利亚，并受到阿拔斯王朝哈里发的委任。阿拔斯王朝的哈里发宣布努尔丁为埃及和叙利亚的统治者，并敦促他尽快将埃及纳入阿拔斯王朝的统治之下。不幸的是，当时努尔丁正忙于对付控制耶路撒冷的十字军，而耶路撒冷是伊斯兰世界（和基督教世界）最神圣的地方之一。因此，努尔丁将进军埃及的责任交给了他信任的副将萨拉丁。1168 年，作为对法蒂玛王朝统治者提供军事援助的奖励，萨拉丁被任命为法蒂玛王朝的维齐尔。当 1171 年法蒂玛王朝的哈里发阿迪德去世时，萨拉丁不允许任何继承者接替阿迪德的位置，并宣布自己为埃及的统治者，他将让埃及重归阿拔斯王朝的统治之下。然而，当他自己的指挥官努尔丁三年后于 1174 年去世时，萨拉丁抓住机会，宣布他在埃及享有至高无上的地位，并开始行动，以将整个叙利亚和巴勒斯坦纳入他的统治之下。他这样做无疑是受到个人野心和宗教热忱的驱动，因为萨拉丁认为自己是在为了保护伊斯兰教的中心地带而进行"圣战"。然而，尽管他野心勃勃，在军事和政治上屡获成功，他却从未正式宣布自己独立于巴格达的阿拔斯王朝哈里发的统治。

萨拉丁作为一名军人和政治家的能力一直备受争议，至今仍是历史争论的焦点。这主要是因为原始材料本身就存在严重分歧。有些权威人士将萨拉丁描绘成一位伟大的人民领袖和出色的伊斯兰战士。另一方则认为他纯粹是为了个人利益而巧妙操纵意识形态的精明人物。他的一位后世传记作者汉密尔顿·A. R. 吉布（Hamilton A. R. Gibb）在其研究结论中是这样描述萨拉丁的，"远非出色的将军或战略家……也不是一个好的行政官"，但他是一位有魅力的领导者，围绕他的是有能力的人，萨拉丁的"无私、谦逊和慷慨，以及他面对敌人和信徒时为伊斯兰教所做的道德辩护"激励着这些人。吉布还补充道，萨拉丁"完全是一个简单而透明的实诚人"。萨拉丁看到了伊斯兰教的衰落，这种衰落体现在失去了耶路撒冷以及巴勒斯坦和叙利亚的一些重要中心，这些地方都被基督教十字军所占领。萨拉丁决心重振伊斯兰精神，建立一个统一的帝国，但这个帝国不是在他自己的统治下，而是在阿拔斯王朝哈里发的统治下。

这种受到赞颂的萨拉丁形象得到了他的许多基督教对手的支持，他们称赞萨拉丁的人道主义和对敌人的尊重。萨拉丁的一位狂热崇拜者是提尔的威廉。他是提尔大主教，也是记录十字军运动及中世纪的编年史的作者。他认为萨拉丁是一位值得尊敬和称赞的敌人。萨拉丁在欧洲世界中的形象如此正面，以至于但丁在《神曲》中将他列入被允许生活在地狱中的有德行的异教徒灵魂，他们因自己高尚的生活和值得称道的事迹免遭地狱之火的炙烤。

毫无疑问，萨拉丁最伟大的军事胜利是1187年的哈丁战役。这场战役中，十字军的军队对阵萨拉丁的军队，结果是萨拉丁及其军队取得了绝对的胜利。十字军损失惨重，根据当时的一些记载，死亡人数从3万到4万不等。这场战役是决定性的，它使得萨拉丁的军队得以进入耶路撒冷，并为伊斯兰教重新夺回了这个将近10万人口的城市。然而，与近一个世纪前的1099年征服耶路撒冷时屠杀穆斯林居民的基督徒不同，萨拉丁宽恕了大量的基督徒。他允许那些能支付相当多赎金的人离开城市，到别处定居。而那些无法支付赎金的人，大约有1.5万名男子与女性，被纳入征服的穆斯林人口中，成为奴隶。尽管按照现代标准，这个和约看起来并不慷慨，但按照当时的标准，它确是慷慨的。它大大提升了萨拉丁在西方人心目中的声誉，使萨拉丁成为一个具有人道主义精神和公正之心的人。

萨拉丁做了之前的许多埃及新统治者都做过的事情。阿慕尔·本·阿斯和穆仪兹在征服这里后都建立了新的都城。萨拉丁也选择这样做，他将政府所在地迁移到福斯塔特和开罗以东。尽管此处离尼罗河更远，但新址地势较高，这使萨拉丁的军队能够指挥下方的城市，并保护其免受该国众多敌人的侵袭。城堡是阿尤布王朝对开罗建筑的诸多贡献中最引人注目的。萨拉丁将城堡建在城市中空气最清新、最纯净的地方。有一个故事说统治者把肉放在城市的不同地方，并寻找肉保持新鲜时间最长的地点。城堡建在穆盖塔姆山的一条支脉上，从阿尤布王朝一直到赫迪夫伊斯迈尔，这里一直是埃及统治者的居住地。赫迪夫伊斯迈尔（1863—1879年在位）在开罗市中心附近的阿布丁宫殿建立了他的住所。萨拉丁还在城堡下方建立了一个阅兵场，他的军队在那里进行军事训练和演习，还在那里进行体育活动，包括打马球。为了使他的首都在十字军和其他敌人面前坚不可摧，他用坚固的城墙包围了法蒂玛的老城开罗和福斯塔特，其中一些城墙至今仍然保留着。

马穆鲁克王朝在埃及（1250—1517）

伊斯兰历史学家认为，在13世纪和14世纪的埃及完善的马穆鲁克政治权力体系与军事权力体系，是伊斯兰教最引人注目和有影响力的治理形式。马穆鲁克的统治代表了在外国出生但在本地接受训练的军人的专制统治。在埃及马穆鲁克统治者夺取政权时，这种统治方式已在伊斯兰世界流行开来。但埃及的马穆鲁克将这种统治技艺和精神发扬光大，使其达到了炉火纯青的地步。马穆鲁克在埃及磨炼出来的统治技艺随后在整个伊斯兰世界被广泛复制，长盛不衰，且几乎是伊斯兰教所独有的。

军事奴隶（马穆鲁克）实行统治在伊斯兰历史上有着深远的根源，可以追溯到9世纪。即使在18世纪末拿破仑的法国军队入侵埃及以及十年后穆罕默德·阿里屠杀剩余的马穆鲁克，试图压制这种统治形式的情况下，马穆鲁克的统治形式仍在埃及和其他地方蓬勃发展。在许多方面，穆罕默德·阿里在埃及的统治（1805—1848

1. 法尤姆文化出土的陶杯和芦苇篮，收藏于大英博物馆（Szilas，拍摄于2010年）

2. 巴达里文化墓葬中出土的一尊妇女雕像，收藏于卢浮宫（Rama，拍摄于2018年）

3. 涅迦达II时期出土的陶器，收藏于卢浮宫（Rama，拍摄于2018年）

4. 那尔迈调色板，收藏于埃及博物馆

5. 左塞金字塔（Charles J. Sharp，拍摄于2007年）

6. 吉萨金字塔群（Ricardo Liberato，拍摄于2006年）

7.《亡灵书》中在冥王奥西里斯面前审判辛努佛的场景

8. 图坦卡蒙墓出土的阿努比斯雕像,收藏于埃及博物馆（Jon Bodsworth,拍摄于2007年）

9. 罗塞塔石碑，收藏于大英博物馆（Hans Hillewaert，拍摄于2007年）

10. 卢克索狮身人面像大道旁的雕像（Hatty321，拍摄于2018年）

11. 卡纳克神庙遗址（Hamerani，拍摄于2015年）

12. 拉美西姆陵庙遗址（Marc Ryckaert，拍摄于2011年）

13. 描绘了孟图霍特普二世和哈托尔神的浮雕

14. 描绘了女法老哈特舍普苏的"蓬特探险队"的浮雕（Σταύρος，拍摄于2008年）

15. 哈特舍普苏神庙（Ad Meskens，拍摄于2011年）

16. 哈特舍普苏狮身人面像，收藏于纽约大都会艺术博物馆

17. 图特摩斯三世雕像，收藏于卢克索博物馆（Oltau，拍摄于2010年）

18. 阿顿神光辉下的埃赫那顿一家，收藏于柏林新博物馆（Neoclassicism Enthusiast，拍摄于2014年）

19. 埃赫那顿雕像，收藏于埃及博物馆

20. 埃赫那顿王后涅菲尔泰提的雕像，收藏于柏林新博物馆（Philip Pikart，拍摄于2009年）

21. 图坦卡蒙的面具，收藏于埃及博物馆（Roland Unger，拍摄于2016年）

22. 图坦卡蒙的王座，收藏于埃及博物馆（Djehouty，拍摄于2019年）

23. 拉美西斯二世雕像，收藏于大英博物馆（Pbuergler，拍摄于2010年）

24. 阿布辛拜勒（Olaf Tausch，拍摄于2019年）

25. 内巴蒙（Nebamun）墓中出土的描绘古埃及人猎鸟场景的壁画，收藏于大英博物馆（Paul Hudson，拍摄于2013年）

26. 内巴蒙墓中出土的描绘古埃及人牧牛场景的壁画，收藏于大英博物馆（Djehouty，拍摄于2024年）

27. 黑人法老塔哈尔卡（Taharqa）雕像，收藏于卢浮宫（Tangopaso，拍摄于2022年）

28. 描绘亚述国王阿淑尔巴尼拔的军队围攻孟斐斯的壁画，收藏于大英博物馆（Osama Shukir Muhammed Amin，拍摄于2016年）

29. 亚历山大大帝建立亚历山大城（Placido Costanzi, 1737）

30. 托勒密一世雕像，收藏于卢浮宫
（Marie-Lan Nguyen，拍摄于2020年）

31. 1513年发现于意大利坎波马尔齐奥的尼罗河之神尼罗斯的雕像，收藏于梵蒂冈博物馆（Ismoon，拍摄于2024年）

32. 描绘埃及女神伊西斯欢迎希腊女神伊俄的壁画，收藏于那不勒斯国家考古博物馆（Wolfgang Rieger，拍摄于2009年）

33."埃及艳后"克娄巴特拉在死刑犯身上测试毒药（Alexandre Cabanel，1887）

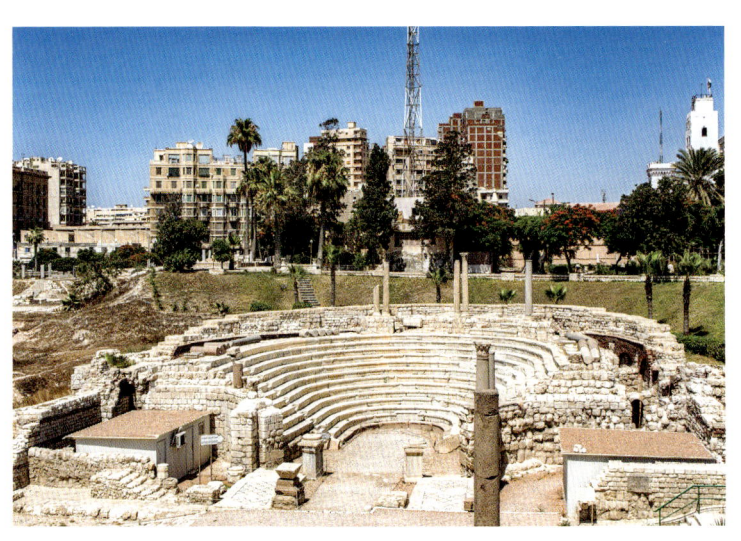

34. 亚历山大城的一个罗马剧院遗址（ASaber91，拍摄于2017年）

35. 登德拉神庙中一幅描绘了罗马皇帝图拉真向埃及诸神献祭的壁画（Djehouty，拍摄于2016年）

36. 丹铎神庙，收藏于纽约大都会艺术博物馆

37. 亚历山大城的庞贝柱（Adelbayoumi，拍摄于2017年）

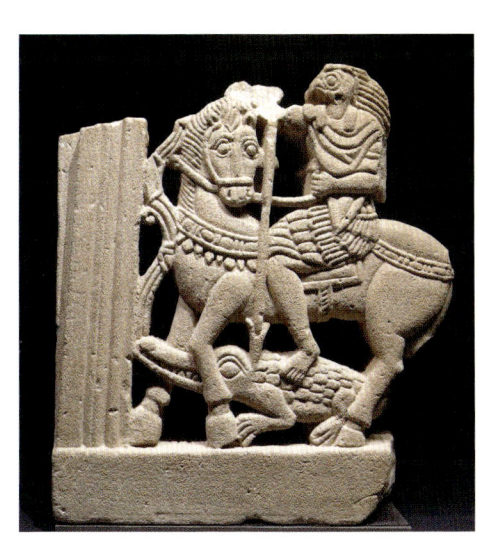

38. 公元4世纪左右的一座雕像，描绘了以罗马战士形象出现的荷鲁斯神用长矛刺穿象征塞特神的鳄鱼，收藏于卢浮宫（Marie-Lan Nguyen，拍摄于2020年）

39. 白修道院（Einsamer Schütze，拍摄于2006年）

40. 离白修道院不远的红修道院内部（Ctschroeder，拍摄于2012年）

41. 伊本·图伦清真寺内部庭院，修建于图伦王朝（Berthold Werner，拍摄于2010年）

42. 爱资哈尔清真大寺，修建于法蒂玛王朝（Diego Delso，拍摄于2011年）

43. 萨拉丁城堡（Ahmed al-Badawy，拍摄于2010年）

44. 苏丹哈桑清真寺，修建于马穆鲁克王朝（Dennis G.Jarvis，拍摄于2004年）

45. 马里达比克战役后，马穆鲁克苏丹高里的头颅被献给奥斯曼苏丹塞利姆一世（Seyyid Lokman, 1584）

46. 奥斯曼帝国时期一个马穆鲁克骑兵的铠甲，收藏于巴黎军事博物馆（PHGCOM，拍摄于2007年）

47. 完工于1744年的萨比尔−昆它布（Jorge Láscar，拍摄于2012年）

48. 金字塔战役（François-Louis-Joseph Watteau，1799）

49. 骑马站在狮身人面像前的拿破仑(Jean-Léon Gérôme, 1866)

50. 拿破仑指挥下的埃及探险队(Léon Cogniet, 1835)

51. 穆罕默德·阿里（Auguste Couder, 1841）

52. 穆罕默德·阿里清真寺（Ahmed Ragheb，拍摄于2014年）

53. 1869年苏伊士运河开通（佚名，创作于19世纪）

54. 泰勒凯比尔战役（Alphonse-Marie-Adolphe de Neuville, 1882）

55. 赫迪夫伊斯迈尔（佚名，创作于1860—1890年的某个时间）

56. 曾担任英国驻埃及总领事的克罗默勋爵（John Singer Sargent，创作于1925年之前）

57. 华夫脱党领导人柴鲁尔（W. Hanselman，拍摄于1926年）

58. 1919年埃及革命时的几名女性示威者（佚名，1919）

59. 纳赛尔（Stevan Kragujević，拍摄于1962年）

60. 1956年，纳赛尔在塞得港升起埃及国旗（佚名，1956）

61. 1978年9月12日，萨达特在戴维营与美国总统卡特举行会谈（White House Staff Photographers, 1978）

62. 埃及《消息报》报道穆巴拉克在选举中获胜（*Al Akhbar*, 1981）

63. 萨达特之墓（Einsamer Schütze，拍摄于2006年）

64. 亚历山大省的省徽，上面描绘了伊西斯女神和亚历山大灯塔

年，见第九章）复兴了大量马穆鲁克特征。马穆鲁克治理体系提供了刺激伊斯兰扩张主义的大部分军事力量，并为伊斯兰政体在长达千年的时间里经久不衰做出了贡献。

第一个在其朝廷中广泛使用马穆鲁克的统治者是阿拔斯王朝的哈里发穆塔西姆，他在833年至842年统治。然而，这种做法在6世纪阿拉伯半岛的前伊斯兰部落社会中已有先例。在那里，成功的部落领袖通常会收留一些实力较弱、依赖性较强的人，甚至接受他们为奴隶，然后在他们服务几年之后再释放他们。这种主奴关系和释放行为造就了奴隶对主人持久忠诚与服从的纽带。后来，阿拔斯王朝统治者释放的奴隶被证明是最忠诚和坚定服从的军事代理人与政治代理人。尽管这种马穆鲁克统治体系从阿拔斯王朝时期到19世纪一直存在于伊斯兰世界，但在1250年阿尤布王朝被推翻后，它才在埃及得到了最充分的发展，并繁荣了近三个世纪，直到1517年奥斯曼帝国攻入埃及。因此，这一时期在埃及历史年鉴中被称为马穆鲁克时代，这一点也不足为奇。

马穆鲁克崛起为压倒性的势力，很大程度上是由于阿尤布王朝的最后几位统治者之一，即在政治动荡和军事动荡时期登上苏丹宝座的萨利赫·阿尤布（1240—1249年在位）。当时，埃及和叙利亚政局动荡，争权夺利者不计其数。在他统治时期，最顽强的对手是十字军，但蒙古人已经开始攻入穆斯林土地。他们在1258年洗劫巴格达，并将目光投向叙利亚和最大的战利品——埃及。为了加强自己的权力，让身边人都拥有军事技能并忠于自己的统治，萨利赫·阿尤布引进了大量的军事奴隶，事实上比以往任何一位阿尤布王朝的统治者引进的都多。他从里海以北贫困的钦察地区引进了大部分新兵。这个地区的父母愿意以高价将儿子卖给伊斯兰商人。这些商人将他们运送到埃及,在埃及,他们接受军事训练并逐渐获得权力。苏丹使这些约 800 人到约 1 000 人的新兵成为他军队的核心。钦察地区是个多神教边境区域,穆斯林和蒙古人正在争夺这里。该地区的居民以骑马和战斗技能而闻名。因此,这个地区对埃及的统治者极具吸引力,他们迫切需要一支忠诚、服从和有献身精神的军队。

可惜的是,对于在萨利赫 1249 年去世后继任的统治者来说,13 世纪 50 年代的这十年是混乱的。最终,这些来自钦察的马穆鲁克中有一人为自己及自己的追随者夺取了政权,这个人是马立克·扎希尔·拜伯尔斯。拜伯尔斯开创的马穆鲁克政权一直持续到 14 世纪末。这个时期常被称为伯海里(Bahri)时期,因为掌权的马穆鲁克主要驻扎在伯海里军营——这个军营位于尼罗河的一个岛上,离开罗不远。伯海里系马穆鲁克的继任者是一群常被称为布尔吉系马穆鲁克的人,这群人的主要军营是开罗城堡中的碉楼(burj)。他们更常被称为切尔克斯马穆鲁克,因为这些人绝大多数来自高加索的切尔克斯地区。

一开始,马穆鲁克因为清除了叙利亚和巴勒斯坦的十字军残余,更重要的是 1260 年在巴勒斯坦的艾因扎鲁特战役中阻止了名声在外且令人闻风丧胆的蒙古军队的前进,为自己赢得了合法地位和伟大战士的声誉。

艾因扎鲁特战役是埃及历史中的一个重要事件。如果蒙古人胜利,埃及会被并入不断扩张的蒙古帝国,蒙古战士也会继续势不可当地向西进军。这是蒙古统帅,令人畏惧的旭烈兀向埃及领导人发出的明确信息，他警告埃及领导人说他的军队是"神在大地上的军队"，并告诫他们，要避免"其他人的命运，并在面纱被撕裂之前交出你们的权力，否则你们会后悔，你们的错误会反弹到自己身上……你们已经听说我们征服了土地，清除了大地上的腐败，并杀死了大多数人"。马穆鲁克很清楚这些话并非空穴来风，因为仅仅在两年前蒙古战士就曾肆虐巴格达，吹嘘他们夺去了20万人的生命。在那里，他们不放过任何人，在水井、厕所和下水道中寻找他们的对手，并将其追上屋顶。一个见证这场浩劫的人说："鲜血从排水沟流入街道……同样的事情发生在清真寺中……巴格达曾是最文明的城市，现在变成了只有少数居民的废墟。"尽管马穆鲁克勇士刚刚抵达埃及，但他们决心保卫开罗，使其免受巴格达所经历的掠夺。马穆鲁克勇士的领袖让蒙古人明白马穆鲁克的军队不会投降。他下令处决了蒙古使节，并将他们的头颅放在祖维拉门前的长矛上。

早期的军事胜利给了拜伯尔斯（1260—1277年在位）和他的直接继任者，尤其是曼苏尔·盖拉温（1279—1290年在位）机会，使他们能在埃及建立一套在军事与政治方面进行招募和训练的精密系统。埃及的统治者们利用熟悉伊斯兰世界北部边境地区的穆斯林商人，从那些地区的家庭中购买刚到青春期的年轻人。这些年轻人因其体能和外貌而被选中，然后在商人的看护下被运输到埃及。

一旦到达埃及，这些新兵就被编入马穆鲁克家庭，并被送往学校，接受密集的宗教训练和军事技能训练。这些学校大约有12所，每所可容纳1 000名学员。学校的大多数教师是太监，他们忠诚于主人，且擅长防止年长的马穆鲁克学生欺负年轻的同伴。在俘虏的

第七章　法蒂玛王朝、阿尤布王朝与马穆鲁克王朝，969—1517年

早期训练中,强调的是宗教原则,尽管成年后的马穆鲁克常常违反伊斯兰教义,但他们还是对伊斯兰教有着深刻的理解。随着教育水平的提高,他们开始专注于学习军事技能,尤其是骑术和射箭。马穆鲁克部队以骑兵技能而闻名,是全速骑射的专家。一旦训练完成,他们会在大型的毕业阅兵式中集体毕业,届时他们作为奴隶也会被释放。这种高强度的教育形式使他们对彼此,也对赞助并释放他们的马穆鲁克主人产生了强烈的忠诚感。

马穆鲁克征兵制度和训练制度的一个显著特点是,它培养了一代贵族统治者和战士,至少在按照其基本原则运作时是这样的。尽管这些被释放的自由民有将权力传给后代的强烈愿望,但实际上,马穆鲁克家族会让新人而非其后代来取代其位置。著名的伊斯兰学者伊本·赫勒敦出生在突尼斯,但成年后的大部分时间都在埃及度过,他理解这种不寻常做法的优点。他写道:"统治者们从这些被带到他们身边的马穆鲁克中挑选骑士和士兵。之前的马穆鲁克子弟在轻松的环境和统治者的阴影中长大,与之相比,新的马穆鲁克更勇敢,更能忍受苦难。"也许当时困扰伊斯兰世界的政治动荡和军事不稳定,导致穆斯林统治者们放弃提拔自己的后代,转而选择与从遥远地区来的新兵建立联系,这些新兵在大多数情况下表现出对其新主人最无条件的服从。

马穆鲁克统治精英本身是分层次和等级化的。最有权力的是苏丹本人的马穆鲁克。有幸隶属于苏丹家族的年轻男孩有望在马穆鲁克等级制度中晋升到高位,大部分时间里在首都开罗当士兵和行政长官。他们构成了马穆鲁克王室。在军事和政治等级制度中,低于这个团体的是不同等级的埃米尔,共有四个等级:拥有100名马穆鲁克的埃米尔，拥有40名、10名和5名的埃米尔。这些单位虽然训练方式与苏丹的马穆鲁克大致相同，却没有那么多特权。他们的训练也不那么精细，并且在开罗以外的地方服役。最后，还有第三等自由骑兵单位，其中的许多人是马穆鲁克的子弟。他们并不像正统的马穆鲁克那样受到尊重或拥有权力。随着时间的推移，他们变得越来越不重要、不守纪律且组织松散。

马穆鲁克前两位强势的统治者——拜伯尔斯和盖拉温——是建立并完善马穆鲁克政治制度与军事制度的人。为了抵御蒙古人和十字军的挑战，他们被迫创建了一支比阿尤布王朝时期更强大的军队，建立了统一的军事体系。所有军官和军官以外的人都知道自己在军事等级制度中的位置，并理解他们需要对苏丹统治者无比忠诚。拜伯尔斯和盖拉温非常重视军队的效率。拜伯尔斯经常一周两次视察他的王家马穆鲁克部队，特别关注士兵的军事装备及其使用情况。他用大片土地奖励他的高级军官，但他拒绝徇私枉法，他认为这样做会破坏他部队的团结和战斗精神。蒙古人征服巴格达后，他将阿拔斯王朝的哈里发从巴格达接来，并将其安置在开罗，从而增强了自己的合法性。

拜伯尔斯和盖拉温都利用新的军事学校向学员灌输服从、忠诚、纪律和等级观念。学校举办军事比赛，以检验和提高学生的战斗技能。校长都是让学生尊重和敬畏的人，他们绝不容忍任何违反纪律的行为。据说，马穆鲁克王家学校一位有权势的校长几乎会打击或辱骂每个学生。然而，当这些男子被释放并晋升为战斗部队的埃米尔，回想他们的导师时，他们都极为钦佩。

不幸的是，到了伯海里时期的后半段以及切尔克斯时期，越来越频繁出现的情况是，这种严格的等级制度和纪律开始瓦解。为了继续掌权，苏丹们徇私枉法，把更多的土地授予那些对他们忠心耿耿的人，而非级别更高的人。这种做法在短期内对这些统治者有效，却破坏了拜伯尔斯和盖拉温统治时作为马穆鲁克治理基石的严格等级制度与坚定的忠诚。到了14世纪末和15世纪初，马穆鲁克的统治不再令人生畏和受到尊重。马穆鲁克的孩子们在军队里找到了自己的位置，而普通民众发现他们的反叛行为引发了旨在安抚他们的改革。马穆鲁克军队未能成为奥斯曼军队于1516—1517年征服埃及时的屏障。

马穆鲁克统治值得注意的一个方面是统治者与其民众之间的鸿沟。统治者来自遥远的地方，采用或已有突厥名字，讲突厥语而不是阿拉伯语，并与普通民众分开居住。他们经常对埃及人民滥用权力，鄙视普通民众，认为民众是下等人。讽刺的是，将马穆鲁克统治者与埃及人民联系起来的唯一桥梁是马穆鲁克的后代。尽管他们经常被自己的父亲唾弃，但他们学习了自己母亲的阿拉伯语，起了阿拉伯名字，并利用自己作为马穆鲁克孩子的影响力在埃及社会中占据居间调节的位置。他们中的许多人是商人，一些人成了官僚，还有一些人追求成为宗教学者和做官的显赫事业。他们对普通埃及人的生活有更深刻的感受，如果他们对当权者有任何影响力，他们会利用这些影响力向统治者传达埃及平常生活的一些现状。

尽管同时代的人和后来的历史学家常常将马穆鲁克描述为粗鲁的个体，只有部分被伊斯兰教同化，但苏丹和精英们对他们接受的伊斯兰教育的尊重与践行程度是无人能比的。虽然开罗老城是由法蒂玛王朝建立和由阿尤布王朝扩建的，但它在很大程度上体现了马穆鲁克对伊斯兰教的忠诚。开罗的许多中世纪建筑，尤其是保存至今的清真寺，都带有马穆鲁克建筑的烙印。位于萨拉丁城堡下穆盖塔姆山脚的苏丹哈桑的清真寺和马德拉沙（伊斯兰学校）是城市中最精美的伊斯兰建筑之一。这两座建筑都具有鲜明的马穆鲁克风格，让信徒和游客都心生敬畏。马德拉沙始建于苏丹哈桑（1347—1361 年在位）统治时期，但直到他被暗杀后才完工。它是一座庞大的建筑，就像许多马穆鲁克建筑一样，旨在展示统治精英的权力和财富。这座建筑于马穆鲁克伯海里时代末期的 1356 年至 1363 年建造。它拥有开罗最高的尖塔，高达 84 米，并且有最高的入口。它同时也是一座清真寺，内设四所伊斯兰学校，这四所学校位于拱形凹室中，专门用来分别传授逊尼派的四个法学传统。这是中世纪开罗建造的最昂贵的清真寺，它竣工时被认为是整个伊斯兰世界最伟大的清真寺。马德拉沙对面是里法伊清真寺，该清真寺建于 19 世纪中期的赫迪夫伊斯迈尔统治时期，采用新马穆鲁克建造风格，以让该地更为壮观，并激发整个地区的宗教热情和对过去宗教辉煌的感受。

令人感到讽刺的是，马穆鲁克的存在对马穆鲁克时期的一项思想成就颇有贡献。那是由著名的叙利亚伊斯兰学者伊本·泰米叶（1263—1328）领导的一群知识分子的著作。他们的思想在 20 世纪和 21 世纪经历了辉煌的复兴。伊本·泰米叶和一位有着相似思想倾向的埃及学者伊本·哈吉（逝于 1336 年），都支持对伊斯兰教进行严格和传统的解释。他们认为，十字军和蒙古人在伊斯兰教中心地带的存在，外国人和在他们看来没有充分伊斯兰化的马穆鲁克统治者所行使的权力，证明了穆斯林未能遵循穆罕默德和第一代信徒的原始教义。伊本·泰米叶和伊本·哈吉要求穆斯林放弃近代的创新，牢牢坚持先知本人的简单且易于理解的信仰。他们的论述也挑战了马穆鲁克统治者的权威，因为这两位知识分子希望受过教育的阶层——乌里玛——在伊斯兰世界中的地位高于军人。虽然他们所传达的信息很难对马穆鲁克构成威胁，但是他们有助于催生学者阶层对伊斯兰教和知识追求的奉献精神。

　　正如我们所观察到的，这两个人和其他不那么出名，但同样有影响力的乌里玛都是一个悠久历史传统的一部分。在这个传统中，土生土长的埃及人在由外国人统治的社会中为自己赢得了一席之地。这些人利用他们的知识才能，特别是在宗教和哲学方面的成就，为受过良好教育的人在这个原本由军人统治的社会中开辟了一席之地。尽管伊本·泰米叶出生在土耳其，但他发现叙利亚马穆鲁克统治下的思想界氛围更合他的口味。同样，作为伊斯兰教可能最广受尊敬的知识分子，伊本·赫勒敦将开罗描述为"宇宙的花园，世界的果园"。

　　伊本·泰米叶和其他保守的乌里玛不仅质疑马穆鲁克统治者的权力，还在文章中强烈反对在阿尤布王朝末期出现并在马穆鲁克时期蓬勃发展的运动——苏非主义，或者说伊斯兰教神秘主义。在伊斯兰教历史上，神秘主义者一直是杰出的宗教人物。在伊斯兰教早期的几个世纪里，他们因禁欲和模范的生活方式而声名远扬。他们通过不断祈祷和拒绝个人享乐，寻求与真主结合。也许在这些早期神秘主义者中最值得注意，也最声名狼藉的，是一个出生在波斯，在巴格达定居并用阿拉伯语写作的伊拉克人。此人名叫侯赛因·本·曼苏尔·哈拉智（858—922）。与许多其他的神秘主义者不同，他试图向人们传播他的宗教观念，劝告人们像他一样寻求与真主结合。他经常陷入恍惚状态，在这种状态中他相信自己在真主面前。有一次在这样的场合，他宣称自己就是真理，通过与真主完全结合，他已成为真主本人。

政治当局害怕追随者众多的哈拉智。当局得到了乌里玛的支持。乌里玛认为哈拉智的观点是异端邪说。经审判，哈拉智在被监禁了11年后，于922年以极其残忍的方式被处死。一些报告称他被斩首，手脚被砍掉。

苏非主义并没有随哈拉智消亡。个别神秘主义者继续在伊斯兰教中蓬勃发展，其中最著名的也许是西班牙虔诚信徒伊本·阿拉比（1165—1240），他说服许多人相信他的伊斯兰教神秘主义带来了宗教狂喜和个人幸福。在他生活的12世纪和13世纪，伊斯兰教正受到十字军、蒙古人和西进的突厥军事部落的巨大压力。正是在这一时期，这种神秘的伊斯兰教形式开始在整个伊斯兰世界找到制度化的设置。颂扬创始人或圣人的苏非派兄弟会成立了，并建立了自己的宗教中心。这些中心通常被称为罕卡，苏非派长老住在那里，并在那里以苏非派的方式指导新成员。事实上，埃及存在时间最长、最具影响力的苏非兄弟会是在12世纪建立的。尽管苏非派仍令学者阶层感到担忧，后者经常指责苏非主义者信奉异端信仰，但苏非派却越来越成为普通人的宗教，并成为维护社区福利的社会组织。

马穆鲁克权力的衰落

在14世纪，鼠疫，又称黑死病，席卷了非洲和欧亚大陆。埃及经历了全面毁灭。它的影响削弱了马穆鲁克的政体和经济，并最终为奥斯曼帝国的征服铺平了道路。1347年，鼠疫蔓延到开罗和亚历山大城。致命的鼠疫杆菌在这两个大都市的城市人口中传播，同时也给农村人口稠密的地区造成了严重破坏。著名的埃及编年史家麦格里齐（1364—1442）亲历了鼠疫的后期。他评论道："这个国家离毁灭不远了……人们在沙漠中发现了腋下带着脓疱的野生动物的尸体。马、骆驼、驴和所有野兽，包括鸟类，甚至是鸵鸟，都是如此。"这种流行病并不局限于动物。它也在人类当中肆虐。麦格里齐接着说："开罗变成了一片空荡荡的沙漠，街道上一个人都看不到。一个人从祖维拉门走到胜利之门都不会遇到另一个人。死者如此之多，以至于人们想到的只有死者。"伊本·赫勒敦在黑死病疫情中失去了母亲、父亲和多位老师，他认为黑死病威胁着文明的根基。"城市和建筑被摧毁，道路和路标被抹去，定居点和宅邸变得空空荡荡，王朝和部落日渐衰弱。整个世界都变了。"

在整个非洲和欧亚大陆，黑死病的出现都意味着毁灭。它对当地人口造成了可怕的损失，死亡人数从三分之一到二分之一不等。尽管我们没有关于埃及的确切数字，但没有理由相信它对埃及人口的影响会小于它对中国和西欧人口的毁灭性影响。14世纪初，埃及的人口可能有600万。到了1500年，经历了多次疫情后，埃及人口减少了一半。直到19世纪某个时候，埃及的人口才达到1300年前的水平。

在马穆鲁克统治下，埃及从黑死病中恢复的速度比西欧国家和中国慢得多。复苏缓慢的主要原因是中央集权的土地持有制度。在这种制度下，马穆鲁克地主们拒绝像西欧国家的地主精英那样，在人口减少后迅速免除农民的地租和缴税的义务。马穆鲁克封地持有者不在当地,因此对农村状况和农民的困境一无所知,而且还用强制手段将自己的意志强加给农村居民,哪怕这些手段延长了农村的衰退并耽搁了农业的进步。

第八章
奥斯曼帝国时期的埃及，1517—1798年

1599年，奥斯曼帝国的高级官员、帝国最重要的知识分子之一穆斯塔法·阿里第二次访问埃及。穆斯塔法·阿里的世界史著作在今天研究奥斯曼帝国的历史学家中得到了名副其实的赞誉。他对当时埃及社会状况的悲痛描述令伊斯坦布尔的当局感到不安。他们不能眼睁睁地看着他们最重要和最有利可图的省份走向衰落，他们想知道埃及是否会继续提供与以往同等水平的财政支持和物资支持，这些支持曾使帝国国库充盈。穆斯塔法·阿里是一个悲观的人，他深信奥斯曼人无力扩张领土并完成建立世界帝国的使命，这预示着他们文明的衰落。他还对伊斯兰教第一个千年的来临耿耿于怀，并认为这进一步证明了奥斯曼帝国的衰落，也是世界末日和马赫迪到来的前奏。

穆斯塔法·阿里关于奥斯曼文化衰落的观念在许多学术精英信徒中受到追捧，并在此后的几个世纪里成为奥斯曼人的一种信条。欧洲人还没有准备好将与奥斯曼帝国的恩怨一笔勾销，他们仍然担心奥斯曼军队围攻维也纳和其他重要的欧洲城市。但拿破仑1798

年对埃及的远征让许多人（见第九章）相信，奥斯曼帝国统治下的埃及只是对辉煌古埃及的苍白模仿，而伊斯兰教，尤其是奥斯曼人信奉的伊斯兰教，是进步的障碍。到了19世纪，欧洲政治家和知识分子将奥斯曼帝国描述为欧洲病夫，他们热切期待着欧洲大国瓜分其领土的那一天。

由于这样或那样一些原因，奥斯曼帝国在历史上获得的评价并不高。从17世纪至今，奥斯曼帝国的衰落一直是奥斯曼历史研究的主要内容。英国和法国政治家以此为理由，为他们在"一战"后瓜分奥斯曼帝国的阿拉伯领土进行辩护。但这种观点是完全不公正的。奥斯曼帝国是世界上持续时间最长的帝国之一。它的管理者展现出的才能，肯定是今天无力调和国内外宗教、种族和语言方面的分歧的统治精英所钦佩的。当欧洲人开始主宰印度洋上的穆斯林贸易世界时，奥斯曼的商人非但没有绝望，反而以惊人的聪明才智做出了调整。而奥斯曼的学者和工匠，不仅没有陷入沉睡，反而创作出了经久不衰的美妙作品。在所有这些领域中，埃及作为奥斯曼帝国最重要和最赚钱的帝国领土，都表现出色。

我们再说回具有批判性又悲观的穆斯塔法·阿里。他对开罗的描述传达出衰落和忧虑的强烈信息。信息由两个不均等的部分组成："好的方面和可喜之处，以及令人反感的方面。"在篇幅较短的第一部分，作者按照惯例对尼罗河的作用表示了敬意，称赞它在"所有河流中无与伦比"。它为开罗人提供了"非常美味的水……在极致的愉悦中更有益于消化，也更纯净和更甘甜"。他也夸赞几乎所有评价埃及者都赞扬过的那些值得注意的项目，如金字塔。"在任何其他国家都没有这样的纪念性建筑，没有类似的奇迹。"但他也看到了坏的一面。他谴责它们的建造者，即法老们，称之为"恶意的"。他沉醉在开罗众多的咖啡馆中，将它们描述为人们聚会的理想场所，但与此同时他也抱怨大多数顾客是"放荡的人和鸦片吸食者"。负面特征远远超过了正面，他对埃及人的美貌几乎没有赞美之词。在他看来，土生土长的埃及人缺乏吸引力。如果碰到一个长得好看的埃及人，那么这个人很可能是从突厥祖先那里继承了好相貌。穆斯塔法·阿里对埃及女性的评价最为严厉，他认为她们"外表不得体"，尽管"她们在优雅举止，尤其是在卖弄风情和性感方面的能力与技巧比人们预期的要好得多"。她们是极其糟糕的家庭主妇，在当地市场购买难以消化的食物，然后端给毫无戒心的丈夫们。

奥斯曼征服埃及

奥斯曼的征服几乎是不可避免的。自14世纪初建国以来，奥斯曼战士一直朝两个方向扩张——北进巴尔干半岛和南下阿拉伯领土。当奉行扩张主义的什叶派政权在波斯上台，并将其政治和宗教目标对准伊拉克时，向南的推进变得势不可当。1517年，在苏丹塞利姆的亲自指挥下，奥斯曼军队做好了南征的准备。至于苏丹的军队是打算对波斯萨非王朝的敌人开战，还是向与萨非王朝结盟的埃及马穆鲁克政权发起进攻，尚不确定。当条件有利于向埃及人发起攻击时，塞利姆没有丝毫犹豫。随后爆发的战斗激烈而残酷，但胜负毫无悬念。奥斯曼人有更多的军队，更精良的武器，并掌握了基于步枪和火药的步兵作战技术。相比之下，马穆鲁克仍然推崇骑兵部队，并为骑兵冲锋感到兴奋。他们轻视步兵部队，认为步兵只能以一种低等的方式作战。两个参战国都情绪高涨。双方都为自己的军事实力而自豪。双方都有斩首的习惯。马穆鲁克毫不畏惧地将阵亡的奥斯曼士兵的头颅放在竖立于开罗主要入口处的长矛上。作为报复，奥斯曼人在征服开罗时掠夺、强奸并杀害了大约1万名开罗居民。为了展示他们对马穆鲁克对手的蔑视，奥斯曼人在祖维拉门吊死了最后一位马穆鲁克统治者图曼贝伊，以此向市民传达了这样一个信息：他们的前统治者只配得到普通罪犯的待遇。当具有决定性的叙利亚马里达比克（Marj Dabiq）战役结束时，"战场上到处是尸体和无头的身体，面孔被灰尘覆盖，变得丑陋不堪"。开罗遭到的破坏"让人心生恐惧，这种恐惧使人们失去理智"。记录这个时期的著名历史学家伊本·伊亚斯（Ibn Iyas）说，自1258年臭名昭著的蒙古人征服巴格达以来，伊斯兰世界从未见证过如此严重的破坏。

奥斯曼帝国的统治改变了埃及。埃及曾是一个独立的国家，在叙利亚和阿拉伯半岛拥有自己的帝国领土，现在却沦为一个殖民地省份。开罗，这个法蒂玛王朝、阿尤布王朝和马穆鲁克王朝时期的帝国首都，这个曾向大马士革、阿拉伯半岛的圣城和努比亚派遣其行政官员的地方，现在沦为一个省级中心。作为不断扩张的奥斯曼帝国的外围省份，其主要资源（包括金钱、粮食和战士）都要由总部设在伊斯坦布尔的统治者支配。

虽然埃及被纳入奥斯曼帝国时，是埃及历史上的一个衰落期，但它给奥斯曼帝国的历史轨迹带来了变革性的影响。在征服埃及之前,奥斯曼人的国家以边疆帝国、战斗民族的模式运作。他们向北扩张,穿过达达尼尔海峡,进入巴尔干半岛,统治了大量基督徒。他们控制了巴尔干半岛,却是作为少数群体的宗教征服者。奥斯曼人最辉煌的军事成就,即穆罕默德二世在1453年征服君士坦丁堡,凸显了这一状况。这一成就虽然将奥斯曼帝国的苏丹推上原拜占庭基督教帝国的宝座,但也将更多的基督教领土和基督教人口纳入了帝国。相比之下,向叙利亚、埃及推进,以及后来在伊拉克和北非推进,则是将众多信奉同一宗教的信徒纳入奥斯曼帝国的管辖之下,平衡了伊斯坦布尔统治下的庞大基督教社群。征服阿拉伯还提升了奥斯曼人的伊斯兰教目标,即将维护阿拉伯半岛伊斯兰圣地的责任从埃及马穆鲁克转移到奥斯曼苏丹身上,并将埃及和叙利亚这两个伊斯兰中心地带置于帝国的管辖之下。隶属奥斯曼帝国的阿拉伯国家人口占帝国总人口的五分之一以上。埃及作为帝国人口最多、利润最丰厚的省份,迅速在帝国事务中占据了具有决定性的重要位置。在征服埃及后,塞利姆迅速宣布自己的国家是过去伟大的伊斯兰帝国的继承者。到了16世纪之初,奥斯曼帝国确实已经成为一个安定的国家,拥有复杂而成熟的官僚体系。从此,它全心全意致力于加强逊尼派的实力和扩大其势力范围,以对抗基督教和什叶派的对手。

然而,1517年对埃及的最初征服既不彻底,也不是决定性的。刚取得胜利,苏丹就撤走了大量士兵,以便继续与伊拉克-波斯边界处的什叶派萨非政权作战。塞利姆还做出了一个危险的决定。他允许驻扎在埃及的马穆鲁克部队重组,驻扎在叙利亚的部队除外。他这么做的原因显而易见,尽管他肯定明白允许有政治野心的军事人员继续存在是极其冒险的。首先，他需要把他最好的士兵派往波斯-伊拉克边界，那里是萨非王朝与奥斯曼帝国战争最激烈的地方。其次，他还必须寄希望于被赦免的马穆鲁克军人能够协助奥斯曼帝国的留守部队控制和管理埃及本土，尤其是那个庞大且可能叛乱的贝都因部落。为了巩固与埃及马穆鲁克军队的联盟，塞利姆任命凯尔贝伊（Khair Bey）为该省的首任总督。作为阿勒颇的总督，凯尔贝伊在马里达比克战役的决定性时刻投靠了奥斯曼一方，由此得了"叛徒"的外号。塞利姆这一重要决定使马穆鲁克得以重建他们的财富，并使他们在17世纪初有能力挑战奥斯曼帝国在埃及的主导地位。

凯尔贝伊从1517年开始担任埃及总督，直到1522年去世。在此期间，驻埃及的奥斯曼军队中心怀不满的部队与怀恨在心的马穆鲁克结盟，试图脱离伊斯坦布尔的管辖。当时伊斯坦布尔的宝座上是一位强大的新苏丹，苏莱曼一世，后来他被称为"大帝"和"立法者"。苏莱曼一世从1520年到1566年的执政期通常被视为奥斯曼帝国影响力的顶峰。苏莱曼不打算让他的珍贵帝国领土溜走，他急忙派遣他的首席行政官帕夏易卜拉欣镇压叛乱，并重新确立奥斯曼帝国的宗主权。帕夏易卜拉欣击败叛军后，于1525年颁布了一套被称为《埃及法典》的法律，这些法律为整个奥斯曼帝国时期埃及的行政管理确立了指导方针。

易卜拉欣的法律体系有一个总体目标。这些法律旨在为埃及提供一种有序的政府形式，从而使马穆鲁克统治末年和征服的最后几年动荡不安的政治恢复稳定，并通过重建政治安宁，使当地居民，尤其是农民和商人，成为帝国高额的纳税人。该法典还反映了奥斯曼帝国的一个愿望，即让马穆鲁克不再有理由参与类似1524年那样的分裂叛乱。法典通过采纳在15世纪末马穆鲁克统治有效的时期管理埃及的许多规则，安抚马穆鲁克贵族并鼓励他们与奥斯曼帝国统治者合作。

《埃及法典》被分为两部分。第一部分涉及军事事务。它规定埃及是六支军队的基地，后来在1554年增加了第七支。最初的六支中有一个是马穆鲁克部队。每支军队由一位"奥加"（ogha）指挥，奥加的副指挥官被称为"卡特胡达"（katkhuda）。两支部队是步兵，其余五支是骑兵。在16世纪的大部分时间里，这部分军事力量总共有1万人，其中近90%是土生土长的埃及人。两支规模最大、最负盛名的部队都是步兵，即耶尼切里（禁卫军）和阿扎普（单身汉）军团。这两个步兵团都驻扎在开罗重要的政治中心，即所谓"城堡"。至少与初期的马穆鲁克军队不同，奥斯曼人并不坚持军队和行政管理只能延续一代。军队的子弟并没有被禁止从军。此外，尽管《埃及法典》禁止农民、贝都因人和切尔克斯人从军，但事实上他们加入了军队。因此，在奥斯曼帝国时期，统治精英与埃及民众之间的关系更为密切，这与马穆鲁克时期形成了鲜明对比。历史学家不应该忘记这种情况的讽刺意味，埃及人民也一定感受到了这一点。虽然埃及已经沦为殖民地，但事实上，土生土长的埃及人在本地事务中拥有比在马穆鲁克统治时更多的发言权。

易卜拉欣的《埃及法典》的第二部分涉及民事管理。这部分同样大量借鉴了马穆鲁克的做法。苏丹任命埃及的总督，也称帕夏或瓦利。总督任期一年，但大多数都会续任。然而，没听说过有哪位总督长期任职。只有一位总督任职超过十年。在整个奥斯曼帝国统治埃及的281年间，埃及共有过110位总督。因此，总督平均任期仅略微超过两年半的时间。帕夏有义务与一个被称为"迪万"的委员会来共同治理。该委员会每周开会四次，由奥斯曼帝国在埃及最重要的官员组成，包括财务官（daftardar）和朝觐官（amir al-hajj），后者负责组织每年前往阿拉伯半岛圣城朝圣的行动。奥斯曼帝国的其他省份也有迪万，但没有哪个迪万对省级管理如此重要，也没有哪个迪万被要求每周召开四次会议。

法典还涉及税收和支出。国家的收入主要来自土地税和关税，用于支付国家的行政管理费用，当地驻军费用，也门、埃塞俄比亚和红海等地的陆军与海军部队费用，保卫麦加和麦地那的费用，以及前往圣城的朝圣队伍的费用。剩余的部分则作为贡赋被送往伊斯坦布尔。

在法律事务方面，《埃及法典》授予了苏丹任命埃及首席卡迪的权力。首席卡迪负责监督埃及的法院。首席卡迪均来自哈乃斐派，这也是奥斯曼人偏爱的法学流派。尽管埃及以前主要是沙斐仪派国家，但在埃及法院系统的首席法官席位上安排一名哈乃斐派并不构成根本性的变化。马穆鲁克允许所有四个法学派别在国内发挥作用。

最后，易卜拉欣的法典将埃及划分为14个区，其中13个位于下埃及和中埃及，第14个包括西部沙漠中的哈里杰绿洲。为了向居住在上埃及的部落群体的政治权力让步，奥斯曼人将艾斯尤特以南所有埃及的行政管理权委托给巴努·欧麦尔（Banu Umar）部落的谢赫。《埃及法典》愿意向上埃及的阿拉伯部落让权反映了这些团体在马穆鲁克统治下变得多么强大，并在奥斯曼帝国时期仍然如此。尽管不愿屈从于国家官员，但上埃及的阿拉伯部落成员还是同意代表国家征税。作为回报，总督允许他们在这一大片地区行使权力。

定居埃及的阿拉伯部落必须与游牧部落区分开来，游牧部落大多居住在西部沙漠，定居的阿拉伯部落为其他埃及人提供保护。在奥斯曼帝国时期，埃及有45个这样的定居部落，其中一个，即哈瓦拉（Hawwara）部落，在18世纪对上埃及进行了肆意妄为的控制。许多上埃及的阿拉伯部落成员在14世纪从北非各地进入埃及，并在马穆鲁克统治的最后一个世纪夺取了那里的大片土地。不容忽视的是居住在下埃及的阿拉伯部落成员，虽然他们的势力没有那么强大，但他们居住在人口最稠密的地区之外，紧邻农民。

奥斯曼人是谁？

奥斯曼人是10世纪从中亚迁徙到波斯、亚美尼亚、安纳托利亚、高加索、俄国、巴尔干半岛、伊拉克和叙利亚的突厥游牧族群的一部分。在这些族群中，塞尔柱人起初是最强大的，他们在11世纪占领了阿拔斯王朝在巴格达的政权所在地，并在安纳托利亚短暂建立了一个成功的自治国家，即著名的鲁姆苏丹国。1071年，塞尔柱军队在亚美尼亚高地的曼西喀特战役中击败了拜占庭军队。这对向西迁徙的突厥游牧族群和战士来说是一个重大事件，因为这为他们打开了安纳托利亚的大门。然而，鲁姆苏丹国是虚弱和"短命"的，它对安纳托利亚事务的影响有限。1243年，蒙古人在军事上打败了塞尔柱，塞尔柱的领导人在政治上不再重要。安纳托利亚随后出现了众多继承者，奥斯曼人就是其中之一，但没有人把他们视为有可能在该地区激烈的权力争夺中获胜的一方。当然，他们也不会被视为一个强大而"长寿"的伊斯兰国家的缔造者。

英明的领导、有利的位置和几个关键的决定使奥斯曼人崛起了。早期的奥斯曼战士，特别是王朝的建立者奥斯曼（1281—1324年在位）及其直接继任者奥尔汗（1324—1360年在位），充分利用了他们在安纳托利亚西北角的位置。该地区是基督教拜占庭帝国和穆斯林战士国家之间交战与贸易的边界地带，重要的贸易路线从这里经过，使其获利颇丰。与其他野蛮和动荡的边疆一样，英勇的军事领导和流行的宗教形式（包括跨越基督教和伊斯兰教边界的宗教借用），以及对宗教神秘表达的赞美，都在这一地区得到了有力展示。在这里，拜占庭、十字军和穆斯林军队也互相竞争，以扩大他们的疆域。基督教和伊斯兰教思想自由流通。宗教实验时有发生，混合的宗教信仰盛行。

奥斯曼于1301年在巴菲翁（Baphaeon）取得了看似微不足道的军事胜利，击败了基本无心恋战的拜占庭军队，这对奥斯曼帝国早期的政治合法性至关重要。这次胜利提升了奥斯曼的声望，并使他的国家能够吸引其他战士团体和定居者，他们期待奥斯曼带领他们取得新的军事胜利。而随着战争中获得的战利品越来越多，他们对奥斯曼的忠诚也在不断加强。第二个关键时刻出现在14世纪，奥斯曼人越过达达尼尔海峡并将伊斯兰的旗帜插在了巴尔干半岛上。这次军事行动为他们开辟了一个广阔的军事犒赏空间，其中最重要的就是从征服的人口中招募新的士兵。

历史上经常出现游牧战士国家，他们袭击已定居的社区，甚至在这些社区建立自己的权威。在奥斯曼人之前，最成功和最长久的游牧战士国家是蒙古帝国。但蒙古帝国与其前身和大多数后继者一样，都因内部争斗和无法建立稳定的官僚政府而解体。奥尔汗的两位继任者穆拉德一世（1360—1389年在位）和巴耶塞特一世（1389—1402年在位）在行政与军事方面进行了创新，这对于奥斯曼帝国的酋长们摒弃游牧民族的传统至关重要。为了防止游牧帝国在建立稳定的官僚政权之前经常发生的内讧，穆拉德和巴耶塞特建立了一支奴隶军队与一支行政人员队伍，他们对统治者忠心耿耿。穆拉德和巴耶塞特通过将征服的男子纳入他们的军队与行政体系来实现这一点。巴耶塞特更进一步，为招募和培训国家所需的军事与行政骨干进行了周密的安排。这一制度后来被称为"德米舍梅"，需要从巴尔干半岛被征服的基督教社区中挑选体力好和聪明的年轻男子，让他们进入由国家管理的学校，在那里让他们接受伊斯兰教育，并学习战争和管理的艺术。最优秀和最聪明的人进入帝国首都的精英学校，并奉命担任奥斯曼帝国最高的军事职务和行政职务。当然，这种制度在伊斯兰世界并不新鲜。马穆鲁克在这个时期已经在埃及完善了它，奥斯曼帝国在安纳托利亚的前身塞尔柱王朝也曾使用过它。

1453年，被称为"征服者"的穆罕默德二世征服了君士坦丁堡，这不仅是一个改变世界的事件，而且表明安纳托利亚的这个小国已经成为世界强国，现在的它拥有了一个稳定而有效的官僚机构。穆罕默德二世实现了穆斯林统治者从阿拉伯半岛以外的第一次战役就萌生的雄心壮志：打败拜占庭帝国，占领拜占庭的主要城市君士坦丁堡。在凯旋时，穆罕默德宣布他是罗马皇帝的继承人，并表示他的国家将继承罗马帝国的荣耀。在占领君士坦丁堡并宣布这座城市为他的帝国首都后,穆罕默德宣称"世界帝国必须是一个统一体,有统一的信仰和主权。为了建立这种统一,没有比君士坦丁堡更合适的地方了"。他还相信,通过他个人以及苏丹之位,他将罗马、伊斯兰和突厥的政治与军事传统结合在了一起。

奥斯曼帝国在埃及统治的三个阶段

奥斯曼总督统治时期(1517—1609)

在整个奥斯曼帝国时期,伊斯坦布尔的苏丹们对埃及和埃及人有一系列明确的要求。首先也是最重要的,他们要求埃及人民承认奥斯曼帝国是伊斯兰教唯一合法的政府。为此,他们希望埃及以黄金(来自苏丹和非洲其他地区)的形式每年向伊斯坦布尔纳贡,还要向伊斯坦布尔输送粮食,用以供应帝国的其他地区。奥斯曼人还要求允许他们在埃及驻扎重兵。这些军队由埃及人支付费用,负责维持埃及的秩序,但也可用于在帝国其他地方执行任务。其总人数大约在1万到1.5万之间。

奥斯曼帝国统治的第一个阶段持续了将近一个世纪,大约在1609年结束。当时发生了一系列士兵叛乱,虽然最终被一位强有力的总督镇压下去,但这削弱了伊斯坦布尔的合法性,为马穆鲁克家族的崛起铺平了道路。在这一时期,埃及是奥斯曼帝国中一个秩序井然、相对和平繁荣的省份,由苏丹任命的总督管理,并能够在不造成太多负担的情况下每年上贡。

在埃及,与奥斯曼帝国的其他省份一样,统治者将人口分为两类：统治者和臣民。统治阶层被称为"阿斯凯里"（askeri，意思是"军事的"），包括文官、高级乌里玛、军人。这些人都不纳税。其余的人被称为"雷亚"（reaya），即臣民，他们的税款用于支付国家代理人以及许多重要职能部门所需的费用。在奥斯曼帝国统治的第一阶段，埃及的行政官员领取薪水，这与在巴尔干半岛和帝国的其他地区实行的包税制度不同。在那些地方，地方行政官员通过他们所收集的税收自给自足，只将剩余的税款上缴伊斯坦布尔。

贝伊集团时期（1609—1730）

马穆鲁克的势力未能长期受到遏制，并在 17 世纪初重新抬头。马穆鲁克不仅被允许组建自己的军事部队，而且还继续从巴尔干半岛地区，特别是格鲁吉亚和切尔克斯，进口年轻奴隶，像全盛时期一样对奴隶进行训练，并利用他们来扩大自己的势力和家族规模。贝伊集团这一术语经常被用来描述这个时代，特指 17 世纪奥斯曼帝国对埃及的控制减弱后，马穆鲁克官员的崛起，他们中许多人拥有贝伊的官衔。在埃及，贝伊不像奥斯曼帝国的其他地区那样治理省份，而是接受政府津贴，津贴由埃及金库支付。在埃及，担任桑贾克·贝伊职位的官员并不像在奥斯曼帝国其他地方那样是一个行政区的统治者，而是为奥斯曼帝国服务的官员。在 16 世纪末以及随后的 17 世纪和 18 世纪，在埃及越来越多持有贝伊和桑贾克贝伊头衔的人来自马穆鲁克社区。

在 17 世纪和 18 世纪的埃及，真正的权力来源于家族，而非高

---

* 意为"旗"或"州"，省以下一级的行政单位。——编者注

级军衔或重要的行政职务。到了17世纪，埃及存在三类家族，彼此之间竞争。首先是围绕奥斯曼帝国的埃及总督形成的家族。在16世纪，这类家族是埃及的主导力量。总督家族以伊斯坦布尔的苏丹家庭和首都的主要行政官员家族为模式。除总督家族外，还有奥斯曼帝国领导层的行政官员和军人的家族，这些人包括埃及政府的财务官、朝觐官、驻扎在埃及的七个军事单位的首脑，以及埃及各区的行政官员。第三类家族是马穆鲁克贵族家族，随着他们从高加索地区引入越来越多的年轻奴隶，以及奥斯曼帝国势力的衰退，他们的权力不断增长。到了18世纪，家族不再仅限于这三类群体，而是包括了任何有影响力、有财富且能够吸引追随者的人。因此，商人、地主精英和乌里玛开始创建自己的家族，并参与争夺政治影响力的竞争。

各家各户通常团结在一个领袖周围，但也有几个强者结盟的情况。领袖通常是开罗驻军的首领之一或是一个有权势的地区行政长官。当领导者拉拢马穆鲁克，吸引家臣和贝都因人，并找到资源招募和购买自由出生的奥斯曼雇佣兵时，家族的规模就会扩大。争夺财务官和朝觐官这些有利可图的职位的竞争很激烈，因为拥有这些职位的资金可以为家族提供资源，吸引更多追随者。

在1640年至1730年间，两个马穆鲁克家族，即法卡里（Faqari）家族和卡西米（Qasimi）家族，在争夺统治权的过程中分化了整个埃及，几乎迫使社会的每个成员都必须选择站队。贝都因人、商人、工匠、乌里玛和富裕的农民被卷入纷争中，以至于埃及在1711年陷入了一场真正的内战，整整一年的时间都被交战派系之间的争端和对抗所占据。卡西米家族一度占了上风，但是在1730

年，法卡里家族重新崛起，消灭了他们的敌人，并为奥斯曼帝国在埃及历史的第三个时期，即卡兹达格利（Qazdaghli）家族的统治，铺平了道路。

随着家族势力的崛起，一种新的对人口征税的方式，即收入承包（iltizam）制度应运而生，这也是奥斯曼帝国势力衰退的一个因素。收入承包是一种包税制度，这种做法在奥斯曼帝国其他地区广泛使用，但在征服埃及时尚未引入。然而，到了17世纪，包税制已在埃及占据一席之地。政府急于更快、更省力地获得资金，而不是让拿薪水的官员收税，因此选择在公开拍卖中将埃及的农田、政治职位和应纳税企业分包给出价最高的人。那些赢得拍卖的人，被称为穆尔塔津（multazim），他们承担了地方行政的全部负担，包括维护法律和秩序。是他们而不是拿薪水的官员负责收取税款，上缴国家所需的金额，余下的则自行保留。与奥斯曼帝国拿薪水的行政官员相比，埃及新的包税人对农民的剥削更为残酷，而且对其农场的长期生产力漠不关心。他们的兴趣在于尽可能全面、迅速、凶猛地从其可征税区域中攫取财富。这对农民的经济影响是可以预见的，也是毁灭性的。起初，包税人是奥斯曼帝国和马穆鲁克官员，但随着中央政府的财政需求增加，以及通过拍卖土地和职位筹集越来越多资金的欲望加剧，国家干脆将承包权出售给有钱人。到了18世纪，商人、富有的工匠、乌里玛，甚至女性都开始参与竞拍，并成了穆尔塔津。

包税制度的另一个可预见的负面影响是，作为慈善捐赠或宗教捐赠（被称为瓦克夫）的农业用地比例增加。瓦克夫会向作为管理者的捐赠者（在这种情况下是以前的穆尔塔津及其继承人）支付津贴。由于对这些土地只征收很少的税或根本不征税，设立瓦克夫使国家失去了急需的收入。非马穆鲁克和奥斯曼的穆尔塔津特别青睐瓦克夫，他们担心国家为了弥补预算赤字，会重新控制他们的财产。随着收入减少，政府发现管理国家的任务越来越艰巨。到18世纪末，埃及五分之一的农业用地都属于瓦克夫。

卡兹达格利时期（1730—1798）

卡兹达格利家族主导了1798年法国入侵前奥斯曼帝国统治下的埃及历史的最后时期。该家族的创始人，穆斯塔法·卡兹达格利，于17世纪从安纳托利亚来到埃及，加入了声名赫赫的耶尼切里，并最终于1704年去世前升至卡特胡达，即副指挥官的职位。最初，卡兹达格利家族在法卡里家族内部工作，该家族于1730年摧毁了它的宿敌卡西米家族。但到了18世纪40年代，卡兹达格利家族成了埃及的主导力量。除了控制埃及大部分重要的行政职位外，卡兹达格利家族还从埃及繁荣的咖啡贸易中获得了财富。

这一时期令人印象最深刻的卡兹达格利领袖是一个残酷无情但充满活力的人，他就是阿里·贝伊·凯比尔（Ali Bey al-Kabir），他从1760年至1772年统治埃及。他使埃及几乎完全脱离了伊斯坦布尔的控制。阿里·贝伊不仅废黜了苏丹派往埃及的两位总督，还让人们在周五聚礼中紧接苏丹之后念诵他的名字，代替帝国任命的人。他还以自己的名字铸币。他出身于奥斯曼帝国在埃及的非马穆鲁克部队之一——耶尼切里军团。但实际上，他和他的继任者穆罕默德·贝伊·阿布·达哈卜（Muhammad Bey Abu al-Dhahab，1772—1775年在位）的执政时期，更像是以前的马穆鲁克时期而非奥斯曼治下埃及历史上的任何其他时期。这两位统治者被称为新马穆鲁克，他们试图将埃及变成一个独立的国家，使其脱离奥斯曼帝国的宗主权。阿里·贝伊违反伊斯坦布尔上级的意愿，入侵叙利亚，并自行与欧洲外交官进行了外交谈判。但这两个叛逆的统治者最终未能成功。奥斯曼人虽于1775年重新确立了对埃及的控制，却在1798年输给了入侵埃及的法国人，随后又输给了阿尔巴尼亚军事冒险家穆罕默德·阿里。穆罕默德·阿里在与奥斯曼帝国总督、马穆鲁克及他的阿尔巴尼亚坚定支持者的斗争中脱颖而出，并在19世纪初成为埃及的统治者。

奥斯曼帝国治下埃及的社会生活与文化生活

在卡兹达格利家族的影响下，加之没有流行病和粮食短缺，埃及在18世纪下半叶迎来了政治稳定和经济繁荣的特别时期。自马穆鲁克政权鼎盛期以来，埃及尚未经历过如此太平盛世。艺术蓬勃发展，开罗变得更加美丽，图书阅读和知识沙龙盛行，苏非派团体也非常活跃。埃及最敏锐的观察家、历史学家贾巴蒂（al-Jabarti）认为，此时的埃及"是和平的，没有纷争和暴力。开罗美不胜收，开罗的卓越显而易见，胜过其竞争对手。穷人安居乐业。无论大人物还是小人物，都过着富足的生活"。

支撑埃及文化繁荣和政治安稳的，是基于咖啡贸易的经济腾飞。一直到16世纪，埃及仍然是亚洲香料和其他高价值商品从亚洲运往欧洲途中的主要中转站。但是，欧洲列强进入印度洋和绕过南非好望角的新贸易路线威胁到了埃及在全球贸易中的重要地位。咖啡成了救星。咖啡最初在埃塞俄比亚种植，后来根茎被运到也门，并在也门生长，这个阿拉伯南部地区成为咖啡的主要种植地，并在 15 世纪成为咖啡的唯一出口地，这种情况一直持续到进入 16 世纪很长一段时间以后。到了 17 世纪和 18 世纪，咖啡已经获得了与 19 世纪的茶、20 世纪上半叶的烟草和酒精类似的地位，在全球各地都有需求。咖啡馆如雨后春笋般涌现，富豪和权贵们聚集于此，讨论最新的商业和金融新闻，谋划自己的政治命运。更多有宗教信仰的人涌向咖啡馆，饮用这种能让他们精力充沛、延长宗教冥想时间的饮料。它们甚至为穷人和受压迫者提供了慰藉，这些人聚集在店铺中发牢骚，想象一个颠倒的世界。开罗对咖啡的痴迷甚至远远超过了欧洲最富裕的地区。伦敦的第一家咖啡馆于 1652 年开业，而当时开罗已有 643 家咖啡馆。到 1800 年，开罗的咖啡机构数量翻倍，城市六分之一的商旅客栈储存着咖啡豆。

只要也门是唯一种植咖啡的地区（而且也门人顽固地守住他们的特权地位，不允许任何咖啡插条离开那里），埃及的商业优势就能得到保证。整个通往欧洲的咖啡贸易都要经过埃及。因此，不出所料，即使到了 18 世纪，埃及最富有和最有影响力的商人仍然是咖啡贸易商。根据贾巴蒂的描述，夏拉伊比（Sharaybi）家族拥有巨额财富，是 17 世纪和 18 世纪埃及咖啡业的主要商人。他们居住在开罗最时髦的爱兹拜耶（Azbakiyya）区，他们华丽的庄园就建在该区迷人的湖边。他们的宫殿般的住宅拥有 12 个大型会客室，是开罗社交圈内人士的热门聚会地点。马穆鲁克贝伊们不仅来这里消遣娱乐，还留下来讨论当时的政治和商业事务。夏拉伊比家族在红海沿岸和整个埃及都设有商业代理。他们利用自己的财富为公众服务。他们组织沙龙，学术阶层在此交流见解。他们还创立图书馆，向任何有兴趣的人提供大量藏书。家族创始人穆罕默德·达巴的葬礼揭示了家族的财富和公众对这位热心公益人士的尊重。开罗的精英都参加了葬礼，葬礼队伍从家族宅邸一直延伸到清真寺。

物质的繁荣促进了精神的虔诚。苏非派在奥斯曼帝国统治下的埃及蓬勃发展。这无疑得益于奥斯曼帝国的统治阶级一直与安纳托利亚苏非派保持着密切的关系，以及统治家族对神秘和流行的伊斯兰崇拜形式的拥护。在从马穆鲁克政权过渡到奥斯曼帝国统治期间，埃及苏非派的领军人物是阿布德·瓦哈卜·沙拉尼（Abd al-Wahhab al-Sharani，1493—1565），他的学识和虔诚的生活赢得了众多追随者。他的一个弟子为他建立了一座札维亚（一种宗教建筑），它包括一所学校和一座小清真寺。随着时间的推移，随着沙拉尼的名声逐渐传播，他的札维亚也随之扩大，高峰时容纳了200名常驻的苏非派信徒，并为500人提供食物和住所，而这些人并非必须是苏非派信徒。沙拉尼是出生于西班牙的苏非派神秘主义者伊本·阿拉比（1165—1240）的崇拜者和忠诚的门徒。沙拉尼鼓励自己的追随者效仿阿拉比对伊斯兰教的全面教导，以及他的虔诚和冥想实践，沙拉尼认为这有助于与真主的神秘结合。

在埃及同样有影响力的还有哈尔瓦提（Khalwati）苏非派团体。这个名字来自阿拉伯语单词哈尔瓦（khalwa），意思是退隐。该团体试图避开日常生活中的琐事，以进行冥想和参与神秘体验。该教团于14世纪末起源于高加索、安纳托利亚和阿塞拜疆，但15世纪在埃及的蓬勃发展使其影响力扩散到北非和撒哈拉沙漠。在埃及最受尊敬的哈尔瓦提谢赫是达米尔达什·穆罕默迪（Damirdash al-Muhammadi，逝于 1523 年）。他以关注穷人而闻名，建立了一个果园，将果树的果实分发给有需要的人。他的追随者也为他建立了一座札维亚，据说有 50 个哈尔瓦（私人房间），苏非派信徒在那里脱离世俗，静心冥想。

或许奥斯曼时代最经久不衰的文化成就就是这三个世纪左右的时间里在开罗建造的建筑。人们通常认为马穆鲁克是伊斯兰化开罗最具创造力的建筑师和美化者。但是事实上，从中世纪到现代早期的大部分重要建筑都是在奥斯曼帝国时期建造的。

在奥斯曼帝国征服时期，开罗由三个主要城区组成。第一个是老城区开罗，即古代法蒂玛王朝的都城，与之相连通的是"城堡"。这两者都被城墙所围绕。大多数奥斯曼贵族在征服开罗后，要么接管了开罗最好的房屋，要么在那里为自己建造了更加宽敞的新住所。第二个城区是旧开罗，那里居住着大量科普特人，位于老城区开罗的西南方。那是一个"相当衰败的城镇"，许多居民生活贫困。老城区开罗向西 1 千米的地方是第三个城区，即布拉克，它是城市的港口。到了 17 世纪下半叶，随着开罗人口持续增长，从马穆鲁克时代末期的 10 万到 1800 年法国人到达时的接近 25 万，居民们填满了这三个城区之间的空地。在新的地点中，爱兹拜耶被认为是最理想的。它围绕着一个池塘而建，拥有开罗最大、最优雅的住宅区。

在美化开罗方面，贡献最大的政治人物是卡兹达格利家族的统治精英阿布德·拉赫曼·卡特胡达，他从 1714 年活到 1776 年。在卡兹达格利家族的权贵成员中，他的人生经历独一无二。虽然出身、家族财富和继承的高级职位有利于他在政治上崭露头角，但他对政治斗争兴趣不大。作为卡兹达格利家族的首领和享有盛誉的强大耶尼切里军团的领袖，他本来承载的期望是身边围绕着政治上的幕僚和家臣，这样他就能像他的前任一样无情地统治国家。但政治野心并未驱使他这样做。他对政治不感兴趣，甚至有一种难以理解的天真，这最终被证明是他的致命伤。他试图通过协商寻找共识的方式来统治，并且热衷于提拔有才能的人，最终却助长了阿里·贝伊·凯比尔的崛起，导致自己政治生涯和自我的毁灭。阿里·贝伊·凯比尔的政治野心不加掩饰且毫无约束。在1765年，阿里·贝伊终结了阿布德·拉赫曼·卡特胡达的庇护者生涯，将他流放到汉志。阿布德·拉赫曼·卡特胡达的前任易卜拉欣·卡特胡达是一位卓有成效的卡兹达格利统治者。与他的前任易卜拉欣以及继任者阿里·贝伊不同，建筑之美和城市繁华才是阿布德·拉赫曼·卡特胡达的兴奋点。为了让开罗变得更加宜居和更具精神上的满足感，他不惜花费巨资。

阿布德·拉赫曼·卡特胡达之所以不符合卡兹达格利政治首领的模式，原因之一也许是他更像埃及人，而非奥斯曼人或马穆鲁克。他的母亲是一个自由身份的埃及女性，他在埃及的习俗和机构中接受教育，掌握了精湛的阿拉伯语知识。然而，在他的职业生涯的大部分时间里，他活在前任易卜拉欣的阴影下。易卜拉欣是一个天生的统治者，他的政治野心使其在1747年到1754年统治了埃及。易卜拉欣在1754年去世后，阿布德·拉赫曼被推到了庇护者的位置上。他倾向于达成共识，这使他无法像他的前任那样消灭对手。尽管包括贾巴蒂在内的批评者，对卡兹达格利家族没有太多好话，对阿布德·拉赫曼的政治行为表示难以置信，但他们对他的宗教奉献精神、慈善事业，尤其是他对开罗的整修感到惊叹。贾巴蒂认为阿布德·拉赫曼最伟大的建筑成就是对爱资哈尔清真大寺的增建。这位埃及史家评论说："即使他没有其他成就，仅仅是他对爱资哈尔清真大寺所增建的建筑，就是其他君主所无法比拟的，这就已足够。"然而，他所做的远不止这些，而且他的建筑极具个人风格，与其他奥斯曼帝国统治者不同，那些人倾向于模仿他们的前辈马穆鲁克。阿布德·拉赫曼的建筑是奥斯曼时代独特的贡献，闪亮而耀眼。

奥斯曼帝国时期最吸引人的建筑是萨比尔-昆它布（sabil-kuttab）。一般而言，这种建筑的二楼是儿童的宗教学校，一楼是供路人解渴的饮水池。其中令人印象最深刻的萨比尔-昆它布，被许多人认为是开罗最精美的奥斯曼建筑，是阿布德·拉赫曼在法蒂玛都城的主街（穆仪兹街）上建造的。它于1744年完工，至今仍可见。它彰显了其赞助人的宗教热情和无与伦比的建筑才华。它三面开放，最引人注目的是一个宏伟的大格栅窗户，人们通过它向行人分发水。二楼设有一间教室，年轻学生在那里读书写字。

然而，在许多方面，开罗最引人注目的奥斯曼建筑根本不是奥斯曼时期建造的。埃及的阿尔巴尼亚总督穆罕默德·阿里在穆盖塔姆山脊上的"城堡"处建造的清真寺是19世纪的作品。这座清真寺被称为穆罕默德·阿里清真寺，雄踞开罗的天际线，是迎接游客的第一座宗教建筑。这座清真寺具有奥斯曼宗教建筑的所有特征——中央礼拜场所的穹顶、高大而纤细的宣礼塔——将伊斯兰教的力量高高地投射到空中，这座清真寺的宣礼塔高达82米，完全让人联想起伊斯坦布尔的苏莱曼清真大寺和其他著名的清真寺。然而，穆罕默德·阿里清真寺并非纯粹的奥斯曼建筑。它受到了欧洲的影响，包括法国国王路易-菲利普赠送给埃及帕夏并安装在钟楼上的一座时钟。在许多观察家看来，穆罕默德·阿里清真寺内部装饰完全不似伊斯兰教风格，与其说是宗教性的，不如说是亵渎性的。它的批评者不少，他们将其与周围其他精美的宗教建筑相比较，认为这是一座"野蛮的清真寺"，尽管它在高度上超越了其他建筑。

关于奥斯曼帝国统治下埃及的社会生活和文化生活的讨论，无论多么简短，都不可能不涉及广大人口，即埃及农民。没有他们的贡献，埃及就不可能实现经济繁荣、文化活跃和政治稳定。遗憾的是，人们对普通农民的生活所知甚少，只知道对他们中的大多数人来说，中央政府的侵扰繁重又令人反感。那些服务于统治者的官员，即使是生活在他们中间的官员，都被怀疑，并且被理所当然地视为剥削者。在许多方面，乡村生活唯一的慰藉是家庭、朋友和普及于普通百姓生活中的伊斯兰教。

和以前一样，在奥斯曼帝国时期，埃及的村庄是国家的基本行政和财政单位。一个规模不大但效率很高的地方管理者群体，就居住在村庄里。他们作为中央政府的代理人，对其上层当权者（主要是穆尔塔津们）负责，他们征收税款，维护法律和秩序。穆尔塔津们在村里的主要代理人是谢赫，他通常是当地社区中最富有的人之一，也肯定是最受尊敬的成员之一。大村庄可能有多达20位谢赫。相应地，谢赫会得到簿记员和财务官员的协助。这些人通常是科普特人，负责保存税收和土地记录，并协助谢赫征收土地税和其他税款。其他官员包括村庄守卫，他们负责保护村民免遭抢劫。此外，当地还有卡迪，在出现纠纷和需要回答法律问题时，卡迪负责执行宗教法律。可悲的是，对于农民而言，这些官员积极为他们在中央政府的政治主子工作，并不遗余力地提高自己的政治资本和经济福利。但他们很少设法保护农民，使其免受外界侵害。

第九章

拿破仑·波拿巴、穆罕默德·阿里和伊斯迈尔：19世纪的埃及

托马斯·卡莱尔声称，世界的历史不过是伟人传记的集合。卡尔·马克思补充说，伟人创造历史，但他们并不总能随心所欲地创造。从19世纪初——确切地说是1798年——直到1882年，即英国入侵并占领埃及的那一年，埃及的历史围绕着三位伟大人物展开。首先是拿破仑·波拿巴。他在1798年率领法国军队大举入侵埃及，使埃及直面欧洲最激进的民族国家。第二位伟人是穆罕默德·阿里。他从1805年至1848年统治埃及，启动了现代化计划，改变了埃及社会的几乎所有角落。第三位伟人是赫迪夫伊斯迈尔。他于1863年至1879年统治埃及。他的抱负是将埃及打造成欧洲的前哨。每位伟人都对埃及有宏伟的愿景，但每个人的愿景都没有成真。拿破仑仅在埃及停留了一年，就目睹了他的法国军队被迫从这里撤离，当时距离法国入侵埃及仅仅三年。穆罕默德·阿里的军队曾站在伊斯坦布尔的门口，但迫于欧洲的外交压力，他们放弃了他们所征服的大部分领土，也不得不限制埃及军队的规模和使国家强盛的经济雄心。伊斯迈尔于1869年庆祝苏伊士运河开通，这证明埃及终于

加入了欧洲国家的行列。然而，十年后他的欧洲对手废黜了他。他离开了这个深陷破产泥潭的国家。

法国、拿破仑与埃及（1798—1801）

1798年7月1日，一支由400艘船和近5.4万人组成的庞大法国舰队出现在亚历山大城港口外。船上有3.6万名士兵和1.6万名水手。埃及人从未见过如此规模的入侵军队，尤其是通过海路而来的。上一次埃及面临的大规模外敌入侵还是1517年奥斯曼帝国的陆地入侵，当时参与的士兵较少，而且侵略者是通过西奈半岛的陆地入侵的。法国的入侵部队由将军拿破仑·波拿巴指挥。当时年仅28岁的拿破仑已经是法国大革命中在军政界冉冉升起的一颗新星。当亚历山大城的人民看到法国舰队出现在他们的海岸时，他们的心中充满了恐惧。土耳其的一位亲历者尼古拉斯声称，当居民望向大海时，他们只能看到天空和船只，"被难以想象的恐惧攫住了"。

当法国军队抵达的消息传到首都时，开罗人也感到害怕。许多人将行李打包逃往乡下。只有骄傲的马穆鲁克战士没有表现出多少忧虑。实际上，此前霍雷肖·纳尔逊指挥的一支英国海军中队曾穿越埃及水域，警告埃及人法国海军和陆军部队正在该区域，可能计划攻击埃及，那时马穆鲁克战士们就已经得到了预警。马穆鲁克对英国人的警告不甚在意。他们坚信，即使法国人入侵该国，自己的军队也会取得胜利。"让法兰克人来吧，我们将在我们的马蹄下将他们碾碎。"

法国军队于 5 月中旬离开土伦，除了在中途入侵马耳他并将其置于法国控制之下外，他们已在海上航行了六周。当士兵们登船时，他们中的大多数人并不知道要去往哪里，直到在前往埃及的航程中才得知此行的目的地。直到那时，拿破仑才宣布舰队前往埃及，士兵们肩负的光荣使命是把欧洲启蒙运动和法国大革命的理想带到世界文明的摇篮之一——埃及。拿破仑宣布的信息让士兵们，尤其是让拿破仑挑选的随军前往的 151 位知识分子激动不已，他们被观察这个曾经的文明中心的前景所吸引，而他们也会把自己的文化形式带过去。然而，经过如此长时间的航行，所有人都厌倦了狭小的船舱和波涛汹涌的地中海。事实上，多亏了在天气方面运气好，大部分法国舰队才没有葬身地中海海底。在一个大雾弥漫的日子，法国舰船和纳尔逊的舰队擦肩而过，彼此未曾察觉。

法国军队在亚历山大城附近的阿布基尔湾登陆的过程中几乎未遇到任何困难，他们的舰队也顺利下锚。他们对埃及的第一印象是极其负面的。法国人期待看到亚历山大大帝所建立的城市和反映其悠久历史的古迹，可他们却只看到了一个仅有 6 000 居民的小渔村。他们几乎看不到什么重要的历史遗迹。唯一可见的古迹是一根柱子，千百年以来这根柱子一直被称为庞贝柱，但实际上它是公元前 300 年左右为太阳神塞拉庇斯修建的一座神庙的一部分。一位法国知识分子评论道："我们在寻找托勒密王朝的城市、图书馆和人类知识的中心。但我们发现的却是废墟、野蛮、贫穷和堕落。"

入侵埃及并不完全是拿破仑一个人的主意，尽管他对做出这个决定有很大的影响力。他曾掌管入侵英国的军队。他意识到只要英国控制了海洋，法国的入侵就注定会失败。因此，他选择了打击那些在他及其他法国领导人看来能够影响到大英帝国的重要据点。埃及是通往印度的具有战略意义的生命线之一，是英国的海外基石。法国人确信，入侵埃及将会打击英国的威望和商业实力。此外，几十年来，许多法国顶尖知识分子和政治家一直对埃及有着各种思考。几位法国旅行家已提醒本国民众注意埃及的重要性。这些旅行家中拥有最多读者的是康斯坦丁-弗朗索瓦·德·沃尔涅。他于1787年出版了一部权威的两卷本中东旅行记《叙利亚和埃及游记：1783年、1784年及1785年》。此外，法国与埃及之间的商业联系日益密切，埃及已经成为法国海外贸易的第二大市场，尽管仍远远落后于加勒比海的产糖岛。有四五十名法国商人居住在埃及，法国在亚历山大城、罗塞塔和开罗设立了三个领事馆。最终，当塔列朗在1797年成为法国外交部长时，大局已定。塔列朗毫不含糊地支持远征埃及。他希望法国不仅能在埃及建立殖民地，还能将这片领土作为法国在中东建立大帝国的核心。他的目标是建立一个帝国，这个帝国能与大英帝国在印度和美洲的殖民地相匹敌。

随着法国军队开始沿尼罗河西岸向开罗进发，他们在途中受到贝都因部队的骚扰。拿破仑向埃及民众发表了一份宣言。这份用阿拉伯语写成的文件旨在吸引埃及普通民众的关注。拿破仑将他的士兵描绘成将埃及从马穆鲁克的暴政中拯救出来的解放者。拿破仑援引在欧洲曾为法国军队起过良好宣传作用的法国大革命的主题，表示他和他的士兵是作为埃及人民的朋友与人人平等的信奉者而来的，他们是这个由德才兼备之人掌管的国家的仆从。此外，他还声称他的军队并非伊斯兰教的敌人，实际上，他们是"忠实的穆斯林"。

法国大革命的理念尽管在欧洲大陆赢得了许多支持者，但在埃及却遭到了冷遇。埃及敏锐的历史学者贾巴蒂撰写了不少于三份关于法国入侵的独立报告。他的观察提供了那经常缺失的、被征服者的视角。他对法国的宣言嗤之以鼻。在指出宣言使用的阿拉伯语的众多错误后，他对其意识形态进行了抨击。他写道，法国人几乎不是任何宗教的朋友，他们曾经洗劫罗马教皇的教区。"他们不信奉任何宗教。你看到他们是唯物主义者，否认神的一切属性。"他还以同样的方式继续提醒读者，法国人杀害了自己的君主，而他们基于人人平等的教条是一种谎言："神使一些人优于其他人，正如有些人住在天上，而有些人住在地上所证实的那样。"

尽管如此，当法军以一种令惊慌失措的马穆鲁克感到羞愧的纪律和热情向开罗无情地开进时，这还是给贾巴蒂留下了深刻印象。这使他想起了先知穆罕默德时代的早期穆斯林军队。贾巴蒂对两军间差异的评估也没有错。在开罗郊外，距离金字塔不远的地方（因此拿破仑将这场战役命名为"金字塔战役"），法国军队击溃了马穆鲁克军队，几乎未受任何阻碍就进入了开罗。这场战役的结果几乎毫无悬念。马穆鲁克兵分两路，一路驻扎在尼罗河东岸，这使得驻扎在西岸的那支部队不得不独自对抗由2.8万人组成的全部法军。此外，法军拥有更先进的武器装备和更优的战术。根据贾巴蒂的说法，"法军的步枪就像猛火上沸腾的锅"。关于这场战役，他还补充说："不间断的枪声震耳欲聋。对人们来说，就好像地动山摇，天崩地裂。"然而，法国人对其对手抱有极大的敬意，认为他们尽忠职守，即使他们注定是会失败的。一位法国军官这样描述了与他们对峙的马穆鲁克：他们身着"色彩鲜艳"的服装，他们的武器是"马刀、长矛、钉头锤、投枪、步枪、战斧和匕首，每人还有三把手枪。这种场面给我们的士兵留下了深刻的印象,让他们大开眼界。从那一刻起,士兵们的思绪都放在了战利品上"。马穆鲁克虽然被击溃了,但还没有被征服。他们的两位主要军事领导人,即贝伊易卜拉欣和贝伊穆拉德,一个撤退到叙利亚,另一个撤到上埃及,准备继续战斗。

拿破仑进入开罗后也并未改变他对埃及衰落的判断。尽管开罗人口稳定在25万,城中也有许多很快就被法国将军和知识分子们占据的豪华宫殿,但拿破仑回信给法国的上司时表示:"很难找到一片土地比这里更富饶,也很难找到一群人比这里的人更贫穷、无知、野蛮。"拿破仑占据了位于开罗爱兹拜耶区的贝伊穆罕默德·阿勒菲的荒废宫殿。他指示他的知识分子们在离他的住所和总部不太远的地方寻找合适的住处。经过大范围搜索后,他们在距离拿破仑住所大约两千米的地方占据了一座宫殿及其庭院。

接连发生的三个事件注定了法国远征的失败。第一个事件发生在1798年8月1日,当时纳尔逊率领的英国舰队沿叙利亚海岸搜寻法国舰队归来,发现法国舰队停泊在阿布基尔湾。纳尔逊甚至没有等到第二天,夜深人静时就派出战舰袭击法舰。从罗塞塔的阳台上观看的法国人看到了整夜的爆炸和熊熊火焰,并确信他们正在目睹法国海军一场伟大的胜利。然而,他们错了。到了早晨,许多最强大的法国战舰已经被击沉,其中最重要的是指挥舰"东方号"。拿破仑在这艘指挥舰上为自己布置了一间华丽的将军室,并为自己准备了一张精致的床。当海军战败的消息传到开罗时,拿破仑威胁要把那些散布坏消息的人的舌头割掉。但真相很快就大白于天下。纳尔逊确实击溃了法国舰队,将拿破仑以及他的士兵和学者们困在埃及，无路可逃。实际上，英国已经完全控制了海洋，在埃及的法国人现在已经无法与他们在家乡的战友们取得联系。孤立的处境和压抑的感受笼罩着法国人，而埃及人，无论是强者还是弱者，都抱有希望，认为从始至终这对他们而言都是一场意志的考验，它会以法国的失败告终。

这种可能性在1798年10月中旬进一步变大，当时发生了第二个事件：大量的开罗居民起义反对法国的占领。自从法国士兵进入开罗以来，反法情绪不断高涨。埃及显贵对拿破仑要求他们在衣物上佩戴三色徽章感到不满。他们对法国指挥将领要求最有影响力的人加入委员会（阿拉伯语称为"迪万"）感到不自在。他们还对法国人占领开罗最豪华的住所，以及许多法国士兵粗鲁的、对他们来说不文明的举止表示反感。尽管拿破仑要求法国军队尊重埃及人民和他们的宗教信仰，但并非所有士兵都对被征服的人民表现出文明的行为。贾巴蒂和许多当地人一样，对法国士兵与埃及女性的互动感到不安。最终，由于拿破仑需要财政支持来建立和维系他在埃及的政府，他征收了许多税，这些税在当地人看来是剥削且非法的。

事实证明，反对法国的主要集结点是清真寺。那里的宗教领袖们常常受到拿破仑已死或奥斯曼和英国军队发起了进攻这种谣言的鼓动，开始号召发起对抗法国人的"圣战"。整整两天，暴乱者群起反对法国人，城市管理失控。暴乱者手持木棍、警棍、柴火棒和锤子作战，但他们组织得不好，用贾巴蒂的话说，他们"像野驴一样乱跑，狂热情绪日益增长"。拿破仑的反应既残酷又令人不寒而栗。他发起了无情的反击，不放过任何与叛乱有关的人。他将大炮推向城堡，"用大炮对房屋和街区开火，特别瞄准了爱资哈尔清真大寺，用炮弹向其射击"。法国军队进入了爱资哈尔，毁坏学生宿舍，亵渎清真寺，砸毁书柜。尽管贾巴蒂对暴乱者没有多少同情，但他对法国士兵的行为感到震惊。"法国人穿着鞋子踏进了爱资哈尔清真大寺，手持剑和步枪……他们洗劫了学生宿舍和池塘，砸碎了油灯，破坏了学生……和书记员的书柜……他们将书籍和《古兰经》视为垃圾，将它们扔在地上，赤足或穿着鞋踩在上面。此外，他们在清真寺内随地吐痰和大小便。他们大口喝酒，在中央庭院和其他地方砸碎酒瓶。而且，他们在清真寺里碰巧遇到谁，就剥谁的衣服。"这些报复行为使得之前埃及社会中被法国人所吸引的人明确认识到，法国士兵的行为不是"忠实的穆斯林"的所作所为。拿破仑镇压了一场叛乱，但在这一过程中，他让一群人对法国当局恨之入骨。

第三个事件是在叙利亚发生的一场灾难性军事行动。由于与法国本土失去联系，拿破仑唯一的且显而易见的解决方法就是在埃及建立一个可行的法国殖民地。他的亲穆斯林法令和创建埃及合作委员会的努力就是将埃及变成法国殖民地的尝试的一部分。他对叙利亚的军事入侵也是如此。从法老时代到现在，在埃及所有统治者的心目中，叙利亚在战略上与尼罗河流域有关联。拿破仑集结了一支由1.3万名久经沙场的士兵组成的强大军队进军叙利亚。在叙利亚，一切都出了问题。英国和奥斯曼帝国的舰队骚扰着前进中的法国士兵，而贝都因部落则捕杀落单的士兵。军事上的致命一击发生在阿克战役，强大的奥斯曼军队在阿克击退了法军，法军死亡人数众多。然而，与疾病造成的损失相比，战斗损失还算轻微。瘟疫席卷了法国军队，留下了遍地的死伤。法国人一直认为中东是一个不健康的地方。为了抵御疾病的威胁，他们带来了一大批医生。然而，面对这种流行病，他们却无能为力。他们在处理眼科疾病方面同样无能为力。眼疾虽然并不致命，但几乎没有一个法国士兵能幸免。到拿破仑做出从叙利亚撤军这一令人不快的决定时，他已经损失了不少于2 000名士兵，而他出发时共有1.3万人。

拿破仑只在埃及停留了一年多。由于法国本土及埃及的局势都进展不顺，这位雄心勃勃的将军带着几位亲信秘密离开了开罗。他于1799年8月18日离开，距离他登陆埃及才过去十二个半月。8月22日，他离开亚历山大城，并在避开英国地中海海军中队后回到法国。他自任法国执政府三执政中的第一执政。仅仅五年后的1804年，在他扭转了法国的军事命运之后，他成了拿破仑一世皇帝。尽管他声称自己并未抛弃在埃及的部队，而是离开埃及回法国以响应更崇高使命的召唤，但他的许多部下并不同意这一点。对拿破仑最不满的是被拿破仑留在埃及的负责人，让-巴蒂斯特·克莱贝尔。拿破仑甚至没有告诉克莱贝尔他离开的计划，也没有告诉克莱贝尔他打算让其对驻埃及的法国军队负责的意图。

克莱贝尔非常愤怒。他认为法国在埃及的冒险已经失败了。现在，他认为拿破仑是个懦夫，因为拿破仑抛弃了他忠诚的军队，让他们自生自灭。克莱贝尔唯一的想法是让部队离开埃及，但他失败了。他还没来得及安排撤离或投降的条件，就被一个穆斯林对手暗杀了。投降和返回法国的条件是由克莱贝尔的继任者雅克·阿卜杜拉·梅努和英国地中海舰队的西德尼·史密斯谈判达成的。最终，在1801年7月31日，在他们踏上埃及土地差不多三年零一个月后，法国士兵开始撤离埃及。到了9月，只剩下2万人的整个法国军队撤离完毕。

法国入侵埃及之所以在现代战争中令人震惊，是因为拿破仑带着不少于151名知识分子，这些知识分子都是法国年轻学者中的翘楚，都是法国大革命时期的理想主义者。让拿破仑的军事同僚们感到恼火的是，拿破仑十分喜欢这些知识分子。他几乎每晚都会在指挥舰"东方号"上的指挥中心与他忠诚的知识分子们会面，他们开展各种学术活动，展开有关哲学和科学的热烈讨论。军队抵达埃及后，学者们享有极大的自由，可以四处探索埃及，将他们偶然发现的古物绘制成图，并在他们喜欢的知识领域撰写论文。大多数知识分子都是年轻人，他们是巴黎综合理工学院、巴黎高等矿业学院、巴黎路桥学校刚毕业的学生。他们中有些人甚至尚未完成学业，还在为获得学位而努力。

他们几乎所有人都对拿破仑十分敬畏，并且出于对他的信任而参加了这次远征，尽管他们并不知道目的地在哪里。两位年龄约50岁的资深知识分子，地理学家加斯帕尔·蒙日和化学家克洛德-路易·贝托莱，在招募这些人和监督他们在埃及的活动方面发挥了重要作用。让·巴蒂斯特·约瑟夫·傅里叶也是一位领导者，他学识渊博，备受推崇。尽管当时他才30多岁，但不久他就发明了以自己的名字"傅里叶"命名的数学分析系统。

一开始，这些知识分子仿照法兰西学院建立了埃及学院。在这里，他们举行了对公众开放的学术研讨会。他们欢迎军人和埃及人参加。其中一位受邀并深感震撼的嘉宾是当时埃及的编年史家，贾巴蒂。贾巴蒂记录了学者们使用的所有复杂科学仪器。他对法国人已经翻译了《古兰经》，并拥有若干位在阿拉伯语方面造诣颇深的学者这一事实感到惊叹。

前往埃及的知识分子代表团的任务之一是确定是否可以在苏伊士地峡开凿一条水道，连接地中海、红海及印度洋。工程师雅克-马里·勒·佩尔（Jacques-Marie Le Père）承担了这项任务。由于受到了来自贝都因人的骚扰，他被迫以极快的速度开展工作，这导致他得出了一个错误的结论。他的报告声称这两个水体之间有32.5英尺的落差，因此修建一条运河将需要一套昂贵的水闸。

如果说勒·佩尔的工作被证明是失败的，法国人对上埃及的远征却被证明是科学方面的一次绝对成功，尽管它表面上是为了将那里的马穆鲁克势力置于法国统治之下。虽然法国人没有击溃上埃及的马穆鲁克，但他们带去的学者却汇编了关于古代和现代埃及的大量令人印象深刻的信息，以至于克莱贝尔决定将他们的研究成果整合成一部多卷本的综合著作，其中的重点是介绍法国人关于埃及的所有发现。于是，《埃及描述》（*Description de l'Égypte*）这部22卷本的著作应运而生。它于1809年至1828年间出版。这部作品是19世纪开端对欧洲和北美以外的国家最为详尽的研究。在当时，欧洲开始将其影响力扩散到全球各地。

这22卷本包含了10卷图版，描绘了古代和现代的埃及；9卷文本，包括描述古代和现代埃及的回忆录和学术文章；以及3卷地图和地图集。它对欧洲人影响巨大。它激发了欧洲人对古埃及文明的迷恋。它启发了有文化素养的欧洲人收集埃及古董，并在他们的家居装饰和家具中使用埃及图案。尽管这些知识分子不是训练有素的考古学家，但《埃及描述》为研究埃及的考古学奠定了基础。拿破仑将知识分子带去埃及是为了促进法国对该国的控制；然而，这些人得到了极大的自由，以在他们自己感兴趣的领域追求知识，以至于他们成功地创立了埃及学领域，并在19世纪的欧洲大学享有特权。

对于新兴的埃及学领域而言，整个远征中或许最重要的发现是一支法国考察队在罗塞塔城发现的一块石碑。该石碑上的文本用三种语言文字写成，即学者们当然很了解的希腊语，以及埃及世俗体文字和象形文字。学者们从一开始就很清楚，这一发现将是破译象形文字的关键。幸运的是，法国人制作了石碑的铭文拓片并将其运回法国。当法国人根据投降条款离开埃及时，英国人要求法国人将他们在埃及获得的所有物品，尤其是罗塞塔石碑，都转让给英国。抗议声响彻伦敦和巴黎。辛苦收集古埃及和现代埃及文物与信息的法国知识分子拒绝接受这样的条款，并威胁要烧毁他们收集的每一件埃及文物。其中一位学者说，如果这样做，人类受到的损失将与亚历山大城图书馆被焚毁时世界知识遭受的损失相当。英国人最终让步，同意法国人带走属于他们的财产物品。然而，这不包括罗塞塔石碑。尽管法国指挥将军雅克·梅努声称这块石碑对他个人而言就像他的内衣和刺绣马鞍一样，是他的私人物品。最终条款迫使法国人将罗塞塔石碑和许多其他物品交给英国，这些物件最终被放置在大英博物馆中。

英法两国围绕这块石碑的争夺并未就此停止。学术界将这块石碑视为揭开象形文字之谜、向世界开启古埃及知识的钥匙。两位才华横溢的语言学家——英国人托马斯·杨（1773—1829）和法国人让-弗朗索瓦·商博良（1790—1832），开始热切地尝试破译这块石碑。商博良取得了胜利，尽管他承认欠了竞争对手一个人情。他在1822年发现了破译象形文字的关键时是如此激动，以至于"当天下午他冲进他兄弟在学院的房间喊道'我做到了'，然后昏倒了，一直昏迷了五天"。

法国入侵埃及引发了欧洲对埃及事物的好奇心。但这对埃及人来说又有什么意义呢？法国军队的到来是不是埃及历史上的另一个重大转折点？就像上千年前基督教和伊斯兰教的出现一样？表面上来看，似乎并非如此。尽管法国军队人数众多，但他们仅仅在埃及停留了37个月。他们大部分时间被限制在开罗，只偶尔向开罗以外的地区进军，而且那些进军大部分都是不成功的。当然，开罗人感受到了法国人的影响：法国人占据了他们最好的家园，向他们征收重税，并且用压倒性的残酷武力消除了所有抵抗的迹象。但与今天不同，当时开罗的人口仅占埃及总人口的5%。

然而，从这种视角看待这三年尤其是其后果，过于狭隘了。到奥斯曼帝国和英国军队抵达埃及时，三支军队共计15万名士兵在埃及各地来回行军，彼此交战，并与部分埃及人，特别是贝都因部落的人交战。此外，受人瞩目的马穆鲁克士兵在金字塔战役中失败，这震惊了埃及人民和他们的奥斯曼帝国统治者。不出所料，正如我们将在关于穆罕默德·阿里的一节所观察到的那样，现代战争所带来的教训，以及法国人带给埃及的许多现代性，并没有被新崛起的埃及领导者所忽视，他们在法国人撤离后进行了激烈的权力斗争。

穆罕默德·阿里（1805—1848）

法国人的撤离使埃及陷入了政治动荡。三个群体争夺权力：因败给了拿破仑军队而感到痛心，但又急于重建自己霸权的马穆鲁克；苏丹的主要代理人帕夏胡尔希德领导的奥斯曼人；以及一位阿尔巴尼亚军人和冒险家，穆罕默德·阿里。穆罕默德·阿里带领一支阿尔巴尼亚部队，代表苏丹来到埃及，目的是驱逐法国人，然后在表面上恢复奥斯曼帝国的权力。结果，最不可能胜出的群体——穆罕默德·阿里的阿尔巴尼亚部队在 1805 年夺取了政权。奥斯曼苏丹不情愿地承认穆罕默德·阿里（常被称为帕夏）为埃及新的统治者，尽管伊斯坦布尔坚称埃及仍然是奥斯曼帝国的一个省份，并应继续每年向伊斯坦布尔纳贡。

穆罕默德·阿里于 18 世纪 60 年代末出生在马其顿的小港口城市卡瓦拉。他活到了 1849 年，不过他在 1848 年就被迫退位，将埃及的统治权交给了他的儿子易卜拉欣。穆罕默德·阿里的父亲是一名具有阿尔巴尼亚或库尔德血统的奥斯曼士兵，同时也是一个颇有地位的烟草商。穆罕默德·阿里为父亲的烟草生意工作，但他同时也接受了军事训练。1801 年，他被任命为奥斯曼帝国派往埃及的阿尔巴尼亚部队的副指挥官，该部队的目的是驱逐法国侵略者。这支部队规模很小，仅有 300 人，但它与 1801 年登陆埃及的其他奥斯曼军队联合了起来。

奥斯曼帝国在埃及的军队迅速分成两个阵营——阿尔巴尼亚部队，以及那些来自安纳托利亚本土并完全忠于奥斯曼帝国苏丹的部队。法国人撤走后，这种分裂加剧了，而精明的阿尔巴尼亚领导人尽管不识字，却看到了讨好埃及社会重要人物的价值。毫无疑问，穆罕默德·阿里观察到了法国人如何引起埃及的显贵和学者（乌里玛）的好感。他采取了同样的策略，这使得埃及社会的领军人物认为是他，而不是他的奥斯曼对手帕夏胡尔希德，真正关心埃及人民的利益。到了1805年，穆罕默德·阿里彻底击败了奥斯曼帝国的军队，并迫使那些在与法国进行毁灭性交锋后留下来的马穆鲁克退往上埃及。他们在那里舔舐伤口，等待机会重新夺取政权，就像他们过去经常做的那样。马穆鲁克为什么会接受穆罕默德·阿里在开罗会面的邀请，这有些难以理解。但他们确实接受了。马穆鲁克希望与帕夏谈判，达成一份和平协议，然而等待他们的却是在开罗城堡举行宴会后针对他们的彻底屠杀。这场宴会表面上向马穆鲁克表示敬意，但实际上埃及统治者利用这场宴会来清除反对他们在埃及行使权力的最后力量。马穆鲁克的失败使穆罕默德·阿里在埃及占据了主导地位。与他的主要外部对手奥斯曼帝国的苏丹不同，穆罕默德·阿里对埃及的控制权无人质疑。苏丹只想重新获得对帝国最有价值的省份的完全主权。然而，不同于穆罕默德·阿里，苏丹内部的一些团体，特别是耶尼切里兵团，执着于传统，反对各种现代化改革，而正是这些改革使穆罕默德·阿里在埃及成为强大的统治者和苏丹的有力对手。

　　穆罕默德·阿里意识到自己不过是一个篡权者，他最终得面对伊斯坦布尔对埃及的政治要求。因此，他立即着手升级他的军队。实际上，在穆罕默德·阿里长期统治的时期，埃及历史就是围绕着埃及军队力量的消长展开的。这位统治者所做的一切几乎都是为了增强他军队的实力，使其成为东地中海的主导力量。尽管穆罕默德·阿里来到埃及后不久法国人就离开了，但他已经熟知法军在埃及和欧洲的军事胜利，他意识到拿破仑的军队是世界上最好的军队。他想要那种曾让埃及编年史家贾巴蒂在看到法军行动时感到敬畏的技能和纪律。那还有什么比将法国军事顾问引进到埃及更好的方式呢？因此，不出所料，穆罕默德·阿里最早的行动之一就是欢迎拿破仑军队的前荣誉军团上尉约瑟夫·安泰尔姆·塞夫（Joseph Anthelme Sève）来到埃及，他带来了法国的军事技术。显然，这种做法对双方都是有益的，因为塞夫在埃及过得安逸，他娶了一位埃及女性，皈依伊斯兰教，取了埃及的名字并获得了帕夏苏莱曼的头衔，还帮助埃及军队成为该地区最强大的力量。

然而，在埃及建立一支强大的军事力量并非易事。起初，穆罕默德·阿里试图强征苏丹新兵入伍。此外，许多人在军事突袭中被当作奴隶带走，因为他们的国家被纳入埃及的控制之下。但那些人进行了反抗，其中的很多人在被运往埃及时死亡。在别无选择的情况下，穆罕默德·阿里转向了埃及农民。这些农民常常在拳打脚踢和尖叫辱骂声中被迫服役，埃及军队由此逐渐扩大至13万人，并在埃及本土之外的多次战役中参战。除了建立陆军外，帕夏再次在法国顾问的协助下，创建了一支海军，并在亚历山大城建立海军兵工厂。

最初，穆罕默德·阿里利用他的军队为奥斯曼帝国的苏丹服务。激进的瓦哈比派宗教团体和部落团体破坏了阿拉伯半岛的政治稳定。他们甚至洗劫了麦加和麦地那两座圣城。他们的支持者声称，这两座城市里正在发生各种对虔诚的穆斯林来说大逆不道的行为。奥斯曼帝国的苏丹要求穆罕默德·阿里派遣他的新部队前往阿拉伯半岛，恢复圣城的秩序，并打通那些被瓦哈比派封锁起来的地区，允许人们定期去朝圣。埃及军队于1812年被派往汉志，他们表现出色，将瓦哈比派赶出了圣城，并恢复了每年的朝圣活动。接下来，苏丹要求埃及人帮助镇压试图建立独立希腊国家的希腊民族主义者。帕夏派遣了士兵和舰队，但这次他的努力没有取得成功。

希腊赢得了许多欧洲大国的支持，这些大国派遣舰队前往地中海，在1827年的纳瓦里诺海战中击沉了埃及的舰队。欧洲各国还为希腊的斗争提供了额外的外交和军事支持。1829年，希腊从奥斯曼帝国手中赢得了独立。

穆罕默德·阿里的现代化计划

当一个国家发现自己落后于其他更强大的国家时，如埃及领导人遭遇拿破仑军队时所发现的那样，这个国家该如何迎头赶上呢？穆罕默德·阿里做出了最坚定的努力，尽管以失败告终。他采取了许多国家寻求转型时都采取的措施，而且他的目标非常明确，这使他有别于其他地区的竞争者，也最终使他成为对更强大且更警惕的欧洲列强构成威胁的人。

正如我们所看到的，穆罕默德·阿里的骄傲、快乐及他的主要变革机构都是他的军队。然而，他足够聪明，知道一支现代化的军队必须得到一个现代化社会的支持。此外，他见识到了法国的强大力量，并了解法国在经济和政治方面的成就。政权一稳固，他就立即着手拓展获取现代化力量的渠道。他不仅将欧洲顾问带到埃及，让他们向埃及传授有关欧洲手段的知识，还派遣了教育使团前往欧洲学习其强大背后的秘诀。埃及首次前往意大利的代表团于1809年启程，当时他还没有解决他在埃及的主要对手——马穆鲁克。他于1813年向意大利派出了下一个使团，这表明他认为意大利可以为埃及国内进行的改革计划做出很多贡献。然而，此后，帕夏在选择欧洲目的地时相当愿意考虑其他选项。教育使团去了奥地利和法国，其中前往巴黎的使团人数可能最多。

埃及统治者派出去的使团里的大多数学生是在埃及传统宗教学校接受过教育的年轻人。在这个阶段，帕夏和他的顾问们还没来得及建立西方化的学校（当然，这些学校后来迅速建立），他们在招募使团成员时几乎没有选择余地，因此最初去欧洲的使团人员都来自传统的埃及学校。学生们要在欧洲吸收知识，回到埃及后还要从事新的职业。此外，他们还被要求将教科书、讲义和其他指定的阅读文本翻译成土耳其语与阿拉伯语。甚至有人说帕夏会将回国的学生锁在城堡的房间里，要求他们把相关的欧洲书籍全部翻译成土耳其语和阿拉伯语，翻译完才释放他们，让他们进入政府官僚机构。

埃及人以惊人的精力开展这些翻译工作。帕夏在开罗的布拉克区创办了埃及的第一家出版社，他购买了 600 本法语书，并为他的每所新西化学校配备了一个图书馆，收藏了欧洲语言的现代作品，以及与学校教材相关的阿拉伯语和土耳其语翻译书籍。由于最初的许多译本都存在缺陷且难以阅读，帕夏接受了他最杰出的学生之一拉菲·塔赫塔维（Rafii al-Tahtawi）的建议，建立了一所翻译学校，建立翻译学校的明确目的是培训欧洲语言人才，并使学校成为翻译工作的中心。塔赫塔维曾作为一个教育使团的宗教顾问随团前往巴黎，并在巴黎期间进行了广泛的学习。他担任翻译学校校长长达 16 年之久。在此期间，他助力了许多重要欧洲著作的翻译，那些著作不仅仅局限于与他的统治者的军事偏好密切相关的领域。他的译者们还向埃及读者提供了卢梭、伏尔泰等法国主要启蒙思想家的一些作品。

塔赫塔维是欧洲和埃及之间的理想中介。在巴黎期间，他不仅学习了希腊哲学、历史、神话，阅读了拿破仑传、游记、欧洲有关奥斯曼帝国的论著，而且还学习了数学、工程学、地理学、逻辑学和一般哲学。后来，他就自己在法国的经历撰写了一篇有影响力的专著，详细阐述了他认为埃及如何在吸收欧洲知识的同时保护自己的传统遗产。他还向受过教育的埃及公众介绍了当时由欧洲学者主导的新兴埃及学这一领域，撰写了一部古埃及历史，并敦促年轻埃及人接受这一领域的培训，因为他认为这对于埃及的民族认同至关重要。在早期埃及历史上做出重要贡献的一群埃及人，包括埃及学家艾哈迈德·卡马拉（Ahmad Kamala）和开罗科普特博物馆的创始人马库斯·撒马利亚（Marcus Samaria），都深受这位杰出思想家的影响。

为了将埃及迅速转变成一个建立在欧洲基础上的国家，穆罕默德·阿里还建立了许多高等教育学校。当然，他还创立了一所步兵、骑兵和炮兵学校。该学校推动埃及军队按照法国的模式进行组织，埃及军队甚至演奏法国军乐以激励士兵。他还创建了一所法学院和一所医学院。该医学院是中东地区的第一所医学院，于1835年成立，由法国军医A. B. 克洛（A. B. Clot）担任院长。然而，克洛并非一帆风顺。在学校的一次尸体解剖过程中，一名感觉受到冒犯的埃及学生攻击了克洛，他声称解剖人体违反了伊斯兰教规。在要求学生解剖人类尸体之前，克洛先用狗的尸体，然后用人体的蜡像让学生逐渐习惯。

一支庞大且现代化的军队无法存在于一个贫困的社会中。埃及帕夏认识到了这一现实，并试图刺激埃及经济的各个领域。由于埃及从一开始就是一个农业国,他首先将目光转向了农村部门。在农业这一方面,他倡导引入新的农作物,其中最重要的是长绒棉。几个世纪以来,埃及农民一直种植廉价的短绒和中绒棉,这对外界几乎没有吸引力。然而,长绒棉完全不同,它的纤维结实而有韧性,故特别受英国纺织业主的青睐,被用于制造高级棉布。在穆罕默德·阿里时代,一种名为朱梅尔的长绒棉成为埃及最赚钱的出口产品。这种长绒棉以引入它的法国科学家的名字命名,占据了19世纪30年代末埃及对外贸易近100万英镑的份额。

棉花是一种夏季作物,在尼罗河水位较低的季节种植,需要定时定量供水。如果埃及想成为这种商品的全球主要出口国,且穆罕默德·阿里渴望通过对种植和出口棉花征税来增加国库收入的话,那么埃及就需要在尼罗河低水位季向农村提供可供灌溉的水源。这个项目需要改善现有的运河,挖掘新的运河,并在尼罗河上修建水坝和围堰,所有这些的目的都是提高尼罗河及其运河的水位,以便农民可以从运河中取水灌溉夏季作物。在这一时期进行的最重要的水利工程之一是从尼罗河向亚历山大城开凿一条运河。这条被称为马赫穆迪亚的运河,为亚历山大城提供了充足的水源,进而使其人口在整个19世纪迅速增长。更加宏伟的工程是在开罗北部尼罗河分为两支的位置修建了一座横跨尼罗河的堰坝。尽管这座堰坝直到英国占领埃及后才完全投入使用,但它提供了额外的灌溉水源,使农民可以在尼罗河三角洲种植棉花。

穆罕默德·阿里统治时期进行的水利工程是埃及农业史上的一个转折点。它开始将埃及的耕作从自古以来依赖每年洪水的淹灌,转变为全年均可灌溉的形式,即常年灌溉。这种形式能在农作物需要水的时候灌溉土地。在引入常年灌溉的区域，每年可以种植两季甚至三季作物，而不是传统上几千年来的单季作物。当然，在穆罕默德·阿里的统治下，只完成了从淹灌到常年灌溉转变的最初几步。埃及的大部分地区继续接受洪水灌溉，并采用淹灌，但一个根本性的转变已经开始了。主要以阿斯旺为基地的几项大型灌溉工程还需完成，这样洪水泛滥才会成为过去时，尼罗河也会被驯服，尼罗河水全年可用。当然这只是时间问题。

然而，仅仅进行农业现代化是不够的。埃及统治者需要促进经济发展，这样才能增加政府的税收。在这方面，穆罕默德·阿里借鉴了 18 世纪末马穆鲁克的做法。首先，他废除了奥斯曼帝国采用的旧的农业税制度，取而代之的是国家对埃及大部分农田的控制。接下来，他建立了一套国家垄断制度，几乎垄断了所有农产品的国内外贸易。国家垄断之后，以低价购买小麦、大麦、棉花和蔗糖等农产品，并以高价出售这些商品，无论是向当地埃及消费者出售，还是像棉花一样向外国纺织业主出售。这些手段使国库充盈起来，政府收入大幅增加。这些收入被用于军队扩张、教育任务、水利设施改进以及其他许多方面。

但这还不是全部。帕夏引入了一项工业化计划，从 19 世纪第二个十年的纺织工厂开始，然后发展到军火、蔗糖精炼厂、蓝靛厂、碾米厂和制革厂。工厂所需的机器和工业专家都是从欧洲引进的。在 19 世纪 30 年代的高峰时期，工人人数不少于 4 万。但供给发动机所需的动力是一个问题。大部分动力是由工人自己或牲畜所提供，因为当时埃及只使用了几台蒸汽机。这主要是因为统治者无法为埃及带来足够的技术人员。尽管工业化的努力有限，并存在重大问题，比如在一个仍然贫穷的国家中购买力不足以支持工业发展，以及运行工业设备所需的动力不足，但埃及的棉纺织厂当时使用的棉花约占当地棉花产量的五分之一。

军事上的胜利与外交上的失败

埃及和奥斯曼帝国之间的冲突不可避免。苏丹希望重建对埃及的控制，而穆罕默德·阿里在埃及有扩张的野心。冲突发生在19世纪30年代，埃及帕夏急于获得叙利亚的原材料，以及确保从埃及进入叙利亚的战略军事通道安全无阻。于是他派遣军队进入了叙利亚，并展开了两场旷日持久的战役。在这两场战役中，埃及军队都战胜了现代化程度不足的奥斯曼帝国军队。第一次战役发生在1831年至1833年之间，第二次战役发生在1839年至1841年之间。在第二次战役中，埃及军队越过了托罗斯山脉，行军到了距离伊斯坦布尔仅100英里之处，伊斯坦布尔几乎就在埃及军队的掌握之中。然而，在这两次战役中，由英国外交大臣帕麦斯顿勋爵领导的欧洲大国进行了干预，他们迫使帕夏交出了他所获得的大部分领土。

埃及与奥斯曼帝国间的决定性对抗发生在第二次战役期间。欧洲大国担心奥斯曼帝国解体和埃及作为东地中海地区的强大势力崛起。他们的干预迫使穆罕默德·阿里从安纳托利亚撤军。作为回报，穆罕默德·阿里和他的家族对埃及的统治得到了承认。然而，埃及在形式上仍然是奥斯曼帝国的一个省份。此外，穆罕默德·阿里获得了对叙利亚阿克省的终身控制权。更重要的是，1840年和1841年欧洲大国、奥斯曼苏丹和埃及政府的谈判限制了埃及军队的规模，并迫使帕夏结束了其国内垄断性的买卖行为。从此以后，欧洲的商人可以在埃及所有国内市场上自由买卖。

这些都是对埃及现代化努力的沉重打击。埃及军队承载着穆罕默德·阿里的骄傲和喜悦。在埃及，国家对买卖进行掌控，这增加了政府的收入。一些学者认为，欧洲的干预阻止了埃及成为东地中海地区的经济、政治和军事巨头，阻止了埃及成为欧洲列强的强劲对手。然而，这一论断与许多事实相悖。帕夏的工业化计划存在许多不足之处。他的资源已经开始支撑不住他的野心。到了19世纪30年代，帕夏已经被迫将国有土地分配给私人权贵，埃及富裕的私人地主阶级由此产生。尽管这些土地分配在短期内取得了财政上的成功，因为帕夏当时指望私人来管理埃及的土地并负责征税，但从长远来看，这些举措减少了国家的收入。毫无疑问，欧洲大国阻碍了穆罕默德·阿里以埃及为基地建立一个伟大的东方帝国的野心。如果他的军队开进伊斯坦布尔并从奥斯曼帝国夺取了大片领土，他会怎么做呢？这是一个值得提出却难以回答的历史问题。然而，毫无疑问，《伦敦条约》的苛刻条款，特别是那些缩小埃及军队规模的条款，挫伤了埃及帕夏的锐气，并在19世纪40年代导致了埃及现代化动力的全面下降。

埃及为现代化变革付出了沉重的代价，这个代价是从埃及农民那里勒取的。他们在穆罕默德·阿里的军队中服役，每年还要耕种两季甚至三季庄稼。人们憎恶兵役，许多农民逃离自己的村庄或自残，以免被强征入伍。在帕夏统治的最初几十年里，农民从新的劳动中获得了额外的收入。但后来，随着税收的增加，他们苦不堪言。

帕夏不过是埃及众多外国统治者中的一位，他在某种程度上是新的马穆鲁克，也有些后来的奥斯曼人的影子。然而，他却不得不以之前马穆鲁克和奥斯曼人所没有的方式将埃及的平民纳入国家事务之中。当阿尔巴尼亚人和土耳其人的供应不足时，他需要新兵，甚至军官。他扩大了官僚机构，他的西化学校向土生土长的埃及人敞开大门。埃及的知识分子群体应运而生，他们怀抱着与当时世界各地受过教育的精英一样的愿望。他们渴望权力，被欧洲式的制度所吸引，尤其是议会制度。穆罕默德·阿里晚年还将土地分配给私人，其中许多人，但并非全部，是他的土耳其-切尔克斯同盟。土生土长的埃及重要家族也从帕夏那里获得了土地，逐渐变得富裕起来，并开始成为另一个致力于维护其自身利益的强大势力。尽管穆罕默德·阿里并不愿意，甚至不想要这些变革，但他所做的确实在很大程度上消解了统治者与被统治者之间的界限。现代埃及民族认同感开始形成，随着时间的推移，这种认同感只会越来越强。

赫迪夫伊斯迈尔（1863—1879）

赫迪夫伊斯迈尔是帕夏易卜拉欣之子，穆罕默德·阿里之孙，他于1863年成为埃及的统治者。他有很多优势，因此他一上台就雄心勃勃，要重振穆罕默德·阿里的现代化雄风。他在巴黎接受过两年（1846年至1848年）教育，这使他比他杰出的前任更了解欧洲世界，也激发了他模仿欧洲改造埃及的愿望。此外，他上台时，埃及的棉花作物在国际市场上售价高涨，因为世界上供应极其珍贵的高价长绒棉的最大国家美利坚合众国正处于内战之中。然而，他面临着几个巨大的障碍，这些障碍是他的前任萨义德从 1854 年到 1863 年的统治时期遗留下来的。萨义德无法抵挡向欧洲金融机构借款的诱惑，给他的继任者留下了一笔不小的债务。此外，萨义德还与他的朋友、法国企业家费迪南·德·雷赛布签订了一项协议，计划修建连接地中海和红海的运河。不幸的是，这些事情让伊斯迈尔背上了巨大的财政负担。

埃及棉花出口的繁荣给了伊斯迈尔继续向欧洲金融机构借款的勇气，到了 19 世纪 70 年代末，他的债务已经达到了惊人的 1 亿英镑，是埃及每年财政收入的十倍以上。在棉花繁荣的黄金时期，伊斯迈尔利用注入的资金来美化埃及的主要城市，修复并扩展国家的灌溉渠网，扩建学校，扩大军队规模，以便在苏丹和埃塞俄比亚开展军事行动。但棉花的高价并未持续下去，到了 19 世纪 70 年代，赫迪夫伊斯迈尔开始向欧洲寻求资金来偿还国家债务，而不是增加国家的经济生产力。当这些资金只是使国家陷入更深的债务时，他又采用了短期的财政应急手段，如：将国有土地出售给个人，甚至将富裕省份的税收质押给欧洲债务方。他最孤注一掷的财政举措是 1875 年决定将政府在苏伊士运河公司持有的股份（埃及政府占了该公司足足 44% 的股份）出售给英国政府。当时，该公司尚未开始支付后来的大额股息，因此埃及在苏伊士运河挖掘过程中所付出的大片土地以及大量人力和财力，仅仅换来了 400 万英镑。事实上，1936 年前，埃及没有从苏伊士运河公司那里得到过一分钱。直到 1936 年，该公司为回应埃及民族主义者对其背靠埃及人的这种赚钱方式的抨击,才同意每年向埃及政府捐款。

伊斯迈尔的现代化努力带来了一个不可避免却并非有意为之的后果,即出现了一群土生土长的受过教育的埃及人,他们开始为自己谋求权力。这些人了解欧洲,渴望将埃及的转型扩展到伊斯迈尔所设定的限制之外。欧洲的议会民主制度让他们着迷。他们认为,埃及在效仿欧洲的同时,没有理由不建立代议制机构,以制衡总督的权力。

在伊斯迈尔统治的后期,出现了一些知识分子,其中包括一位泛伊斯兰领袖加马鲁丁·阿富汗尼。在埃及逗留期间,阿富汗尼以自己的主张激励了许多年轻的、西化的、受过教育的埃及人。他声称伊斯兰教正受到欧洲的攻击,伊斯兰国家应该团结起来保护自己不受欧洲野心的侵害。他最忠诚的弟子,一位年轻的爱资哈尔谢赫,穆罕默德·阿卜杜,注定要在埃及从事重要的宗教和神学事业。阿卜杜与阿富汗尼一起试图团结受过教育的埃及民众,反对日益增长的欧洲影响。在英国入侵埃及后,这两人来到巴黎,在那里创办了一份名为《牢不可破的关系》(*al-Urwa al-Wuthqa*)的刊物,宣传泛伊斯兰理想,并警告说欧洲强大的军事、政治和经济实力以及欧洲文化的冲击对伊斯兰教构成了威胁,甚至有可能导致其灭亡。后来,阿卜杜回到埃及,与英国人和解,在埃及担任首席卡迪(法官),并撰写文章探讨伊斯兰教该如何适应西方带来的挑战而又不失去伊斯兰教的特性。

这一时期的另一位重要知识分子是阿里·穆巴拉克。他更加世俗化,与政府也走得更近。他曾在埃及和法国接受教育,在伊斯迈尔统治时期担任公共事务部大臣和教育部大臣。作为政府官员,他改革了埃及的学校系统。他最持久的成就是实现了开罗部分地区的现代化。伊斯迈尔非常重视将开罗打造成一个能够与欧洲现代城市媲美的首都。他认为巴黎是欧洲最美丽、最现代化的城市，他希望他的城市规划师也能够像拿破仑三世统治时期的奥斯曼男爵为巴黎所做的那样，为开罗做同样的事情。那样，开罗将拥有与奥斯曼为巴黎带来的大道、广场和花园相同的景象。伊斯迈尔希望给欧洲游客留下深刻印象。从一件事中可以看出这一点：他让城市工程师在城市特别丑陋和破旧的地区建造建筑物，以使外来者不会看到不愉快的景象。他推动城市现代化的主要代理人是阿里·穆巴拉克。

即使在今天，开罗市中心的许多建筑仍可追溯到伊斯迈尔的时代，其魅力也要归功于这两位男士的远见卓识。与巴黎的法国城市规划师拆除老城的部分区域不同，伊斯迈尔、阿里·穆巴拉克和他们的规划师们选择了开垦新的土地。他们将旧城西侧直至尼罗河岸的区域作为他们新建筑的选址。总督诱使曾设计过布洛涅森林和巴黎战神广场的巴里耶–德尚（Barillet-Deschamps）来开罗进行创作，也请来了法国园艺师德拉舍瓦勒里（Delchevalerie），打造了爱兹拜耶的精美花园。花园内设有欧洲和东方的茶室与餐厅，还有小湖上的脚踏船和小桥，以及中式宝塔、击剑学校和剧院。花园成为居民和游客放松的首选之地。新开罗的中心是今天被称为塔拉特·哈尔卜（Talaat Harb）广场的地方，从广场向外延伸的林荫大道犹如车轮的辐条，令人印象深刻。市中心建筑物的正面都是刻着花纹浮雕的花岗岩，栅栏、石像和屋顶的精美程度不亚于欧洲各国首都最好的城市建筑。在塔拉特·哈尔卜广场附近，城市规划师建造了大歌剧院和国家剧院，所有这些都强调了开罗确实已成为"尼罗河畔的巴黎"。

阿里·穆巴拉克所担任的高级官职揭示了伊斯迈尔时代的另一个重大发展——土生土长的埃及人崛起,他们担任了曾经由土耳其精英垄断的权力职位。这个新的埃及元素挑战了穆罕默德·阿里的土耳其-切尔克斯宠臣在各级政府中享有的特权。军队内部也出现了紧张局势,以帕夏艾哈迈德·阿拉比为首的一群土生土长的下级军官争权夺利,最终引发了一场叛乱,这场叛乱将英国的军事和政治势力引入了埃及。

苏伊士运河的修建

费迪南·德·雷赛布曾经威逼弱小且犹豫不决的埃及统治者萨义德授予他在苏伊士地峡修建运河的权利。第一次特许权于1854年允许雷赛布"组建一家金融公司来开凿地峡",该公司自运河开通起享有99年的经营权,而第二次特许权于1856年授予,要求埃及政府提供运河建设的五分之四的劳动力。雷赛布的公司于1858年成立,埃及政府拥有其44%的股份,而法国投资者,主要是中产阶级和小股东,持有52%的股份。法国人平均仅持有九股;最大的持股群体是土地所有者,其中许多无疑是农民,他们在19世纪已经养成了投资商业公司的习惯。埃及政府之所以不得不斥资救助该公司,是因为英国政府坚决反对该项目。英国人和其他法国以外的投资者不愿购买股份,因为许多人担心这个项目会失败。19世纪中期的英国首相帕麦斯顿勋爵从政治而非经济的角度反对修建苏伊士运河。他认为这将破坏奥斯曼帝国的完整性,而奥斯曼帝国是英国在东地中海政治稳定的堡垒之一,他还认为这可能会导致英法冲突。1851年,他明确表示了英国的立场:"不应该修建,不能修建,也不会修建。如果修建了,英法之间就会为争夺埃及而开战。"他的话被证实有先见之明。

然而,这并没有阻止雷赛布取得成功。尽管从筹划到修建苏伊士运河的时间比他预计的要长(14年而不是6年),而且近2 000万英镑的造价也比预计的高出很多,但它于1869年11月17日开放通航。没有人能否认雷赛布在实现法国许多知名人士(包括拿破仑和科学乌托邦主义者圣西门派)这个梦想的过程中所起的关键作用。此外,法国农民通过购买公司股份为项目提供了重要的资金支持。但是,如果没有埃及的决定性支持,运河将永远无法成为现实。埃及政府不仅购买了177 642股——其中许多是雷赛布为外国(主要是英国)投资者准备的——而且提供了强制劳役来挖掘运河,还将尼罗河的淡水引入运河中点的新城伊斯梅利亚。当赫迪夫伊斯迈尔试图终止埃及提供强制劳工的义务(因为他在美国内战导致棉花价格高企的时期需要劳动力来种植棉花)时,埃及被迫向运河公司支付了超过300万英镑的赔偿金,以摆脱这一义务。这笔钱被用于支付运河公司运到埃及的精心制作的疏浚设备。没有这些设备,运河肯定无法完工。

运河公司成为埃及民族主义者怨恨的对象和贪婪的欧洲资本主义的象征,这又有什么奇怪的呢?当纳赛尔在1956年7月将苏伊士运河公司收归国有时,埃及人民所表达的喜悦也不足为奇。

1869年,埃及政府为运河的开通举行了隆重的仪式,旨在表明埃及确实已成为欧洲世界正当而重要的一部分。政府邀请了众多欧洲要人，其中最著名的有：奥地利皇帝、法国皇后欧仁妮、埃米尔·左拉以及亨里克·易卜生。赫迪夫伊斯迈尔曾试图说服欧洲著名作曲家朱塞佩·威尔第为此开通仪式创作一部歌剧。直到后来，威尔第才接受了这一挑战，创作了歌颂古埃及文明的歌剧《阿依达》。《阿依达》于1871年首次在开罗新建的埃及歌剧院首演。威尔第确实参加了为庆祝运河开通而举行的仪式。他同意让埃及政府演出歌剧《弄臣》，还创作了几部新的康塔塔和小作品，以庆祝两海连通。

尽管帕麦斯顿勋爵曾强烈反对修建苏伊士运河，但自从运河开通以来，英国船东和英国吨位就一直主导着运河的交通。在1871年至1895年期间，通过苏伊士运河的英国吨位从未低于70%，直到二战后仍保持在50%以上。正如建造者所理解的那样，运河极大地缩短了从西欧到印度和东亚的重要海上航线。以前，往返于欧洲与亚洲之间的航运需绕道南非好望角，但随着蒸汽轮船出现在海洋上，欧洲与亚洲之间的航远时间和距离大大缩短。从孟买到伦敦的航程曾经需要四个月，现在只需要一个月。正如帕麦斯顿勋爵曾担心的那样，埃及在英国和法国的政治愿望中变得更加重要。法国人认为苏伊士运河是他们的成就，英国人则意识到运河是他们在印度的帝国和在亚洲其他地区的庞大贸易网络中的重要生命线。

阿拉比起义与英国的占领

伊斯迈尔对欧洲事物的狂热也推动他开始了帝国扩张的冒险。

为了超越他的祖父穆罕默德·阿里,成为新领土的征服者,伊斯迈尔发起了不下十次军事行动。他渴望建立一个以苏丹和非洲之角为中心的庞大埃及帝国。尽管他拥有一支9万人的军队与杰出的欧美军事顾问,但1875年至1876年他在埃塞俄比亚的军事行动是灾难性的,激起了人们对他的反感。最终,这些行动导致了军事叛乱,人们要求采用议会政府,英国也占领了埃及。

到了19世纪70年代,伊斯迈尔的合法性开始瓦解。国家巨额债务迫使伊斯迈尔变卖宝贵资产,之后又允许英国和法国顾问掌控重要的财政部与公共工程部。也许他希望,对埃塞俄比亚皇帝发起军事冒险以争夺红海沿岸和非洲之角大片领土的控制权,能够转移人们对国内问题的关注。但纪律涣散、管理混乱的埃及军队在1875年和1876年的军事冲突中遭遇了耻辱性的失败,这两场战役分别发生在贡代特(Gundet)和古拉(Gura)。古拉战役中的损失完全是一边倒的。埃塞俄比亚人只损失了900名士兵,而埃及士兵有4 500人死亡、受伤或被俘。

埃及在埃塞俄比亚遭遇可耻的军事失败,暴露出自伊斯迈尔扩军以来一直困扰着埃及军队的诸多问题。其中最严重的问题之一是埃及出生的军官与自穆罕默德·阿里时代以来就垄断了军队高层职位的土耳其-切尔克斯精英之间的紧张关系。埃及人的不满情绪集中在了艾哈迈德·阿拉比身上。

然而,伊斯迈尔认为,军队中的不满情绪和人们对欧洲影响日益增长的怨恨是他重新掌权的途径。在1879年,埃及的债务、欧洲的控制以及军队的不满因把军队规模从9.3万人减少到3.7万人的提案而具体呈现出来。尽管伊斯迈尔建立广阔非洲帝国的梦想是在埃塞俄比亚战役中破灭的,但以节约开支为由向埃及政府施压,要求削减军队规模的是外国列强。大多数裁军对象是出生在埃及的军官,这些人已经对土耳其-切尔克斯人的特权地位感到不满,因此他们找到阿拉比来表达内心的愤懑。军官们在1879年2月向伊斯迈尔提交了请愿书陈情,作为回应,伊斯迈尔解散了他的内阁,罢黜了包括英国和法国的财政大臣与公共工程大臣在内的一些官员,并任命了一批忠于他的新大臣。欧洲大国拒绝接受这种埃及民族独立的主张。他们采取行动,让奥斯曼帝国的苏丹废黜了伊斯迈尔,由伊斯迈尔的儿子陶菲格取而代之,陶菲格的统治一直持续到1892年。

有几年,埃及恢复了原有的安排。英国和法国继续在很大程度上控制着埃及国内的政治决策。但是埃及人对欧洲影响的不满情绪持续增长。不仅是埃及军官感受强烈,像加马鲁丁·阿富汗尼和穆罕默德·阿卜杜等知识分子以及地主与商人也有同感。他们寻求在政府中获得更高的地位,并支持加强伊斯迈尔于1866年创建的埃及代表会议的权力。在阿拉比夺取政权并建立自己的内阁后,局势紧张到了极点,他威胁要限制欧洲对埃及行使的权力。总督陶菲格逃到亚历山大城,并寻求外国干涉。

进行干涉的是英国人而不是法国人,这也许并不奇怪。尽管埃及欠法国投资者的债比欠英国投资者的更多,但英国人认为苏伊士运河是其帝国的咽喉。由于担心法国可能在这方面抢先一步,格莱斯顿领导的自由党政府派遣了一支庞大的军队前往埃及,并在1882年9月的泰勒凯比尔战役中击溃了埃及军队。格莱斯顿出兵的决定颇具讽刺意味。在不执政时,他曾在《十九世纪》杂志上发表文章，警告不要入侵埃及，并预言对埃及的军事干预将引发对整个非洲大陆的帝国争夺战。他一语成谶。英国对埃及的入侵确实成为欧洲瓜分非洲大陆的催化剂。

为了安抚法国和其他欧洲大国，并平息英格兰本土主义者的反对，格莱斯顿政府承诺这只是一次短暂的占领。大臣们谈到有一年到三年的机会窗口，在此期间，英国将恢复总督的权力，改革埃及的行政管理，惩罚阿拉比叛乱分子，稳定财政。实际上，最后一批英国士兵直到1956年才离开埃及，比承诺的时间晚了差不多75年。他们之所以留下来，是因为他们意识到改革需要的时间比预期的长，而且他们越来越认识到埃及对大英帝国具有非凡的战略、政治和经济价值。

如果没有英国人的干预，将会发生什么？这是一个几乎无法回答的历史难题。阿拉比不是一个有效的领导者，但也有其他一些人拥有行政和财务方面的才能。此外，这次叛乱还激起了民族主义情绪，这在当时的非洲其他地区是很少见的。这种情绪可能成为建立一个有生存能力的民族国家的基础。然而，帝国主义时代已经攫取了欧洲人的思想和想象力。埃及这样的战利品抵挡不住帝国主义的野心。

第十章
英国时代，1882—1952 年

克罗默勋爵自 1883 年至 1907 年担任英国驻埃及总领事。在他担任总领事的四分之一世纪里，他是埃及实际上的统治者。尽管他只是众多外派外交官中的一员，但他有一支庞大的英国占领军作为后盾。他期望别人服从他，而人们也确实服从他。他的权力毫不逊色于之前的赫迪夫们。大多数埃及人，特别是受过教育的精英阶层，尽管在许多政策问题上对克罗默勋爵进行了最激烈的批评，但他们都承认克罗默勋爵为埃及带来了政治稳定，并使埃及财政恢复健康。然而，当克罗默勋爵离开埃及时，居住在埃及的外国侨民、当地和海外的外国媒体以及英国公众送上喝彩与欢呼，但他却没有赢得埃及人民的崇拜。埃及人以对外国人好客和慷慨而闻名。他们懂得仪式和传统的重要性。然而，他们却以近乎沉默的方式向克罗默道别。除了三名埃及政治家，几乎所有人都抵制了克罗默于 1907 年 5 月 4 日在开罗歌剧院发表的告别演讲。离开开罗的那一天，他骑马穿过了为避免发生任何意外事件而被清空并布满军队的街道。埃及人忠实于自己的历史传统。就像他们对待令人厌恶的喜克索斯人和波斯人一样，他们表达了对那些高高在上、唾弃埃及方式的外国统治者的不满。

克罗默统治下的埃及（1883—1907）

自拿破仑入侵埃及以来，法国人一直将埃及视为自己势力的特殊领域。英国人为保护苏伊士运河的畅通而入侵了埃及，但他们预计法国人会很愤怒，承诺尽快撤出。但这一承诺并不足以安抚法国人的情绪。法国人认为自己已经被耍了。他们也不相信英国人会撤离。直到 1904 年，当英国和法国解决大部分国际分歧时，法国在埃及给英国制造了麻烦，提醒英国人他们有责任撤离，并质疑了英国处理埃及财政的方式。

英国选择了伊夫林·巴林（1892 年获封克罗默男爵，并在此后被称为克罗默）作为他们在埃及的总领事。克罗默是一位威风凛凛的人物。虽然他没有像英国许多其他高级殖民官员那样上过英国的精英大学，但他是一位出色的行政官员，管理财政的能力是一流的，这对于资不抵债的埃及来说至关重要。他在古典语言和历史方面学识渊博，但大多是自学的。

克罗默在政治和经济事务上是一位格莱斯顿式的自由主义者，因此，他也是格莱斯顿政府的合乎逻辑的选择。格莱斯顿政府承诺迅速对埃及政府进行改革和从埃及撤走英国军队。克罗默对埃及非常了解。他曾在赫迪夫伊斯迈尔统治末期在埃及工作过。他曾担任印度总督里彭勋爵的财政顾问。由于这些经历，他被推荐到了英国本土政府。然而，克罗默很快改变了他对英国在埃及使命的看法。他逐渐意识到埃及财政困境的严峻程度。面对整个非洲都正遭瓜分的局面，克罗默越来越清楚地认识到埃及和苏伊士运河对于不断扩大的英帝国的战略重要性。他坚信只有他和英国顾问们才能在埃及推行迫切需要的改革，因此，他认为英国人必须在埃及多待一段时间。从克罗默自1883年至1907年担任英国驻埃及总领事这一事实可以看出，最终英国国内的统治阶层接受了克罗默的观点。

然而，克罗默认为英国人必须留在埃及的这种想法还是遇到了许多障碍。比英国一再承诺迅速撤离更重要的是法国对英国撤离埃及施加的压力，法国在埃及有着长期的文化利益和金融利益。法国的压力在克罗默面临的一个挑战中达到了顶峰，当时他需要在1887年底之前恢复全额偿还埃及的所有债务，否则英国在埃及的角色将重新成为国际讨论的议题。事实上，克罗默第一次在政治和财政上取得巨大成功，便是1888年在所谓的"对抗埃及破产的竞赛"中获胜，从而避免了国际社会对埃及实施更加严格的管制。然而，他又不得不为此付出沉重的代价。克罗默意识到埃及在苏丹的帝国扩张过度，他试图从苏丹撤回埃及军队。不仅埃及政治精英反对失去宝贵的领土，撤离埃及士兵的方式也被证明是一场灾难。克罗默选择的撤军代理人再糟糕不过了。查尔斯·戈登将军并不是一个懂得"撤退"这个词的人。他没有领导埃及军队从苏丹撤离，而是躲在首都喀土穆。他等待苏丹叛军的进攻，这些叛军由自封马赫迪的穆罕默德·艾哈迈德领导，后者是埃及在苏丹帝国这片领土上影响力的死敌。愚蠢的是，查尔斯·戈登以为英国会派遣军队来保护他。在这一战略上，他犯了一个严重的错误，这让他付出了生命的代价，也让埃及在苏丹失去了行政势力和军事势力，这个结果是克罗默一直想要的。

克罗默是印度大起义后英国殖民统治时期培养出来的一名官员。他不相信"东方和非洲的种族"能够完全接受英国的方式或达到英国和其他欧洲人所享有的文明水平。他认为埃及人被"宗教偏见"和"古老而近乎野蛮的习俗"所拖累，英国能为埃及人做的就是照顾普通民众，即埃及农民的物质利益，并尽可能少地干涉宗教和社会事务。由于埃及人是穆斯林，而英国人是基督徒，英国的统治不能无限期延续，尽管克罗默认为英国的监护时期将持续很多年，甚至可能持续几个世纪。秉持这一观点，克罗默强调降低税率，升级灌溉系统，改善法律和秩序。让埃及精英们大失所望的是，教育和社会改革在他的关注点中排在更靠后的位置。在克罗默看来，西式教育可能会培养出不伦不类的毕业生，这些人不适合殖民地的经济和政体，他们可能会转向民族主义，煽动人心，引发埃及人对英国的不满，就像印度受过教育的人那样。

还有一个因素使克罗默的任务变得困难重重。埃及并不是一个完全属于英国的殖民地。由于英国的占领被认为是暂时的，埃及在形式上仍然是奥斯曼帝国的一部分。克罗默也没有像英国控制的非洲领土上的官员那样成为殖民地总督。克罗默的头衔只是英国驻埃及总领事。被派往埃及运营政府的大多数英国官员并未被任命为埃及政府的大臣。相反，他们是顾问，在正式的埃及大臣身后发挥作用。当然，他们的建议是有望被采纳的，但紧张关系不断升级，导致两个团体间发生恐怖的争端。正如一位英国官员（阿尔弗雷德·米尔纳勋爵）所写的那样，英国统治埃及的方式是将其作为一种"隐蔽的保护国"。然而,英国人坚持认为他们的代表将完全掌控他们认为最重要的两个埃及部门,即财政部和公共工程部。正是在这两个领域,英国在克罗默时代对埃及产生了最有决定性的影响。

克罗默在埃及执政近 25 年,他取得了许多成就,但也遭遇了一些失败。尽管他只是一名总领事,但很少有埃及人试图违抗他的命令。一支通常由 5 000 名士兵组成的英国占领军为这个资深执政官的要求得到满足提供了支持。大部分军队驻扎在开罗市的中心地带,在重要的庆典场合和穿越三角洲的游行中展示了其实力。今天,尼罗河希尔顿酒店就坐落在当年英国军队驻扎的地方。克罗默还得到了埃及军队的支持,该军队有一名由英国任命的总司令和其他从英国军队借调来的英国军官。在殖民地时代的大部分时间里,埃及的英国占领军是整个非洲大陆唯一的一支英国驻军,而在战争时期,这支军队壮大到了 1 万人。

克罗默认为,英国应对埃及问题的唯一途径是提高埃及人民的物质生活水平,而如他所预期的那样,他的成就主要体现在财政和公共工程领域。在 1888 年赢得了避免破产的竞赛后,克罗默继续增加国家的收入,并降低政府收入中用于偿还债务的比例。在他于 1907 年离开埃及时,他已经大幅削减了国家预算中用于偿还债务的比例。

埃及灌溉网络的改善对增加收入至关重要。从一开始,英国人就引入了在印度大河上获得了重要知识和经验的水利工程师。借助其在印度接受的筑坝和灌溉方面的培训,他们开始重新设计埃及对尼罗河水的控制。从小规模开始,他们改善了开罗北部的水坝和围堰,这些设施在赫迪夫伊斯迈尔统治的后期已经破旧不堪。在这些年里，最重要的工程是整修了控制尼罗河三角洲南部省份灌溉水源的拦河坝。在这里，棉花种植面积显著扩大。随着国家财政状况的改善，英国开始在阿斯旺兴建大坝。这项工程于 1898 年至 1902 年间进行，后来在 20 世纪两次进行了加高。多年来，阿斯旺大坝是世界上最大的大坝，为上埃及和下埃及提供了额外的灌溉水源。

水利改革彻底改变了埃及农民的生活方式，他们的生活方式在千年间几乎没有变化。在埃及的许多地方，尤其是三角洲地区，每年的尼罗河洪水不再出现。取而代之的是，对一些农民而言，水可以随时随地获得。这一变化意味着农民可以每年种植两次甚至三次庄稼。其中对埃及经济最重要的庄稼是棉花，这是一种夏季尼罗河水域低时的作物，它在整个生长季节都需要定期浇水。至少在克罗默统治的早期，这些变化实现了他的预期目标，为普通农民带来了额外的收入。但随着大型私人庄园拥有的土地数量急剧增加，就像在穆罕默德·阿里和伊斯迈尔统治时期一样，增加的农业收入流入大地主的手中。农民发现自己被迫全年工作，生活水平却几乎没有提高，而且越来越容易在水中被传染上致命的血吸虫病。

最终的成就给英国人带来的利益远比给埃及人带来的多。重新征服苏丹使英国在东非的庞大帝国更加完整。1896 年，克罗默制订了夺回苏丹的计划。自从 1885 年马赫迪去世，由阿卜杜拉·伊本·穆罕默德接任后，苏丹一直处于困境中。在英国军官的指挥下，由赫伯特·基钦纳领导的埃及军队征服了苏丹，之后苏丹处于埃及和英国的双重控制之下。不幸的是，对于埃及人来说，这种不寻常的英埃共管在很大程度上对英国更有利。英国保留了在苏丹的最高行政职务，并迫使埃及不得不弥补苏丹政府的巨大财政赤字。直到第一次世界大战爆发，这些赤字都是由埃及财政预算负担。战后，由于埃及人在苏丹袭击英国军官，英国进一步限制了埃及对苏丹这个国家的影响，而苏丹实则在19世纪时就被埃及人占领，大多数埃及人都将苏丹视为自己国家不可分割的一部分。

克罗默时期的缺点与其优点一样明显。在许多方面，优缺点如同一枚硬币的两面。首先，克罗默是一个彻头彻尾的独裁者。他不容忍任何异议，无论提出异议的是英国下属官员还是埃及人。早年，在他成为克罗默勋爵前，他的下属经常称他"飞扬跋扈"。他主导了英国领事馆的想法，那是权力的神经中枢。用一位批评者的话说，他坚持让领事馆的官员们"向右看齐，向左看齐"。他的这些独裁主义倾向引起了许多人的反感，特别是埃及官员，他们在听到英国承诺迅速撤离之时，就试图争取一些自治权。这种做法被视为对克罗默权威的挑战，因此总是受到严厉打击。任何表现出过多独立性的埃及官员最终都会被赶下台。克罗默最终找到了他理想中的埃及首相：穆斯塔法·法赫米。法赫米在1895年至1908年担任首相职务，他是克罗默的完美合作者。

克罗默时期的第二个问题，也是导致他与受过教育的埃及人产生矛盾的问题，是教育。克罗默对所谓受过教育的"土著"持高度怀疑态度，认为他们是英国统治的潜在批评者。他吸取了印度大起义和印度反对英国统治的教训，不愿花钱改善教育。

尽管公共工程得到了大量国家财政收入的支持，但教育部却资金匮乏。在克罗默于1903年公布的一份报告中，他透露国家只将不到1%的收入用于教育。甚至直到1913年，公共教育部仍仅获得埃及财政预算的3%，与之相比，公共工程部获得了16%，而向奥斯曼帝国进贡和偿还债务则占了26%的预算。此外，克罗默任命了严肃的苏格兰人道格拉斯·邓洛普，担任教育部顾问。邓洛普对埃及人，尤其是受过教育的埃及人，持蔑视态度，认为他们是坏脾气的暴发户。他与埃及官员在教育政策上的冲突是出了名的。

当一群出类拔萃的埃及知识分子在1906年向克罗默提出建立埃及大学的计划时，他们遭到了冷遇。在克罗默看来，埃及还远未准备好进行大学培训。他最多只愿意为中小学教育提供一些额外的资金。然而，这些人丝毫不为克罗默的逻辑所动，他们继续推进计划，并于1908年在开罗开设了一所私立的西式大学。随着时间的推移，这所机构成了开罗大学，是中东地区顶尖的高等教育机构。

至少在许多埃及人看来，克罗默的最后一个缺点是不愿意推动实现选举和议会制政府。虽然克罗默认为英国的议会制度是英国人民的最高成就之一，也是英国政治和经济成功的重要因素，但他坚持认为埃及尚未达到可以靠议会治理的阶段。事实上，我们有理由怀疑克罗默认为埃及人无法掌握民主制度中的种种复杂之处。他认为伊斯兰教与科学和理性是对立的，并认为改革伊斯兰教的努力注定会失败。即便在最好的情况下，埃及人民也必须经过漫长的政治培训阶段，才可能创建可行的民主制度。与此同时，英国将以完全专制的方式统治这里。

民族主义者的不满

阿拉比的起义体现了受过教育的、富裕的埃及人中强烈的民族主义情感。对许多人来说,"埃及归埃及人"的口号激发了他们对未来的希望。然而,英国占领军的存在以及阿拉比起义中一些主要人物遭到流放打破了这些希望。随后,政治上出现了十年的相对平静期,直到19世纪90年代初年轻、暴躁的赫迪夫阿巴斯二世即位,打破了这一局面。阿巴斯对克罗默的独裁深恶痛绝。当这位赫迪夫在未经克罗默同意的情况下任命了一位新的首相时,总领事训斥了这位年轻的新贵,并坚持要安排自己的首相。两年后,当这位赫迪夫批评埃及军队及其总司令赫伯特·基钦纳的行为和训练时,他又受到了英国官方的公开谴责。当然,阿巴斯二世后来明白,以公开方式挑战英国的主导地位是愚蠢的,但对于许多精英来说,他成了反对英国在埃及日益加强的统治的象征。不久之后,这位赫迪夫资助了一个政党和一份定期批评英国政策的报纸。

尽管阿巴斯二世是英国统治者的眼中钉、肉中刺,但最严厉的批评者这个角色属于一位受过教育的法学院毕业生穆斯塔法·卡米勒。他曾在埃及法学院接受培训,该学院实际上是从塔赫塔维的翻译学校延续下来的。卡米勒创建了一个政党,即国家党,并创办了一份报纸,名为《旗帜报》,该报拥护埃及完全独立的政策。为了赢得国际组织的认可,卡米勒向法国和奥斯曼帝国寻求支持。许多法国知识分子非常乐意把穆斯塔法·卡米勒当作一种工具来重申法国长期以来在埃及的利益,而奥斯曼帝国的苏丹也很高兴看到卡米勒是他泛伊斯兰主义宣传的倡导者。

在卡米勒看来,毫无疑问,埃及理应成为一个独立的国家。他夸耀说,埃及的民族主义示威源远流长,从1798年埃及反对法国入侵开始,在阿拉比起义中达到高潮。他沉浸在埃及的历史中,陶醉于埃及古老的辉煌,强调了埃及深厚的民族认同感可追溯到最早的法老时期。事实上,他对埃及的看法与克罗默和其他英国官员截然不同。对他来说,埃及在非洲和中东国家中几乎是独一无二的,因为它的人口在种族、语言和宗教上都是同质的。欧洲人声称的建立民族国家的必要条件,它全都具备。在一次讲话中,他宣称埃及是一个"充满活力的文明国家,希望自治,并有能力自治"。他还谴责英国将不懂,甚至不愿学习埃及语言和传统的官员引入埃及。他断言:"外国人属于自由和繁荣的国家。而我们拥有我们那可怜的埃及。"

克罗默的观点大相径庭。他1908年所著的《现代埃及》广为流传,该书出版于他离开埃及后不久。在书中,他将埃及描绘为一个没有固定身份认同的地方。对他来说,埃及是由各个种族、宗教团体和语言群体组成的集合体。在埃及边界内,有犹太人、科普特基督徒、希腊人、意大利人、法国人、英国人、叙利亚人和亚美尼亚人,如果任这些人自行其是,又缺乏英国官员的总体指导,那他们将产生致命的内部分裂。官方的人口数据支持卡米勒的说法,因为在1917年和1927年的人口普查中,埃及的外国少数民族人数仅略高于20万,不到总人口的2%。即便加上科普特基督徒和犹太人,也不到总人口的10%。然而,对于克罗默来说,绝大多数埃及人是相对贫困、未受教育且不识字的农民,因此不能将权力交给埃及人。如果真正的统治权掌握在一小撮来自不同背景的个体手中,他们是无法实现政治统一的。

在克罗默治理埃及的最后几年,埃及国内公开反对英国统治的局面越发紧张。到了世纪之交,民族主义报刊不遗余力地抨击英国的政策。《旗帜报》列出了参与埃及方方面面治理的英国官员越来越长的名单。它抱怨重新夺回苏丹妨碍了这两块领土的统一。温和的民族主义者曾经频繁称赞英国人恢复埃及的秩序并带来财政方面的行为准则，而即便是他们，现在也集中攻击克罗默的教育政策，他们称英国人试图让埃及人保持没受过教育的文盲状态，以延长他们的统治。

到了1906年，这种日益增长的不满情绪逐渐白热化。在埃及三角洲，一小群外出狩猎的英国士兵与丁沙瓦伊村的农民发生冲突，其中一名士兵射杀了农民家养的鸽子，农民被激怒了。双方发生争执，一名英国士兵在争执中丧生。一些英国高级官员感到震惊，他们认为民族主义的信息已经渗透到农村，导致了政治不稳定和对他们权威的公开反对。英国领事馆内负责决策的精英中的重要成员决定，他们必须向当地人表明挑战英国权威是不可接受的。在一次仓促的审判中，所谓的幕后主使被判犯有煽动暴力和谋杀罪。被认定有罪的人受到的惩罚超出了任何人的意料，六名男子被绞死，另外六名男子被公开鞭打，整个村庄的村民被迫集体观看判决的执行。民众的反响与当局所期望的完全相反。在英国，议会、新闻界和公民感到震惊：这个国家以给受压迫的人带来优越的文明为由，为其在埃及的存在辩护，竟然会以如此不负责任和专横的方式行事。在埃及，民族主义者支持村民，谴责英国的行为是犯罪。

面对声势日盛的民族主义抗议，克罗默试图向他的埃及批评者做出让步，同时展示英国当局的铁腕。他任命年轻的温和民族主义者萨阿德·柴鲁尔（1857—1927）为公共教育大臣，让其加入内阁。埃及人希望富有活力且备受尊重的柴鲁尔能在大臣会议的讨论中让教育相关议题更加得到重视。克罗默还重建了自阿拉比起义以来一直处于废弃状态中的埃及国民议会。尽管议会只具有咨询权,选举权也有限,但埃及人有理由相信,这些变革是创造议会制度和与英国共享权力的第一步。但克罗默对这些改革并不热衷。他在埃及的任期即将结束。无论是否发生丁沙瓦伊事件,他都将离开,因为在埃及的最后几年里,他变得疲惫不堪,身体也越来越差。然而,他离开时并不光鲜。当他穿过开罗的街道离开时,许多人走出来,但整条路上都布满了军队,以防止发生任何骚乱。寂静笼罩着开罗的街头,这与喧嚣繁忙的开罗格格不入,也反映出民众对这位总领事的普遍谴责。

尽管英国议会通过了一项决议,感谢克罗默长期为大英帝国服务,并授予他几乎前所未有的奖励——5万英镑,以示对他工作的敬意,但事实上,英国下议院的辩论很激烈。在英国国内,人们已经被南非布尔战争(1899—1902)的暴力所震撼,反帝国主义浪潮日益高涨。以此为契机,很多人反思了英国距离其帝国目标还有多远。

第一次世界大战和1919年革命

第一次世界大战给埃及人民造成的苦难,使埃及人民对英国的不满情绪从受过教育的精英阶层扩散到了普通民众。战争压力给农民带来了沉重的打击,直接导致了1919年一场大规模的起义,这让英国措手不及。

战争爆发时，埃及赫迪夫阿巴斯二世正在伊斯坦布尔访问。英国人担心阿巴斯反对他们的统治，于是迅速废黜了他，并代之以侯赛因·卡米勒。他们还实行了军事管制，宣布埃及进入紧急状态。当时负责埃及军事的英国军官约翰·马克斯韦尔将军并不担心埃及人不能接受这些巨大的变化。到1914年11月，他在埃及已拥有一支8.2万人的军队。"我在这里有一支强大的军队，如果几个不满者试图采取任何愚蠢的行动，那岂止是愚蠢。"就在宣布戒严之前，他派遣军队穿过开罗街头，并宣称这次演习"非常成功，令人印象深刻"。同样，在宣布侯赛因·卡米勒将成为埃及新苏丹后，马克斯韦尔下令再次宣示武力。这一次，他"率领8 000名骑兵穿过开罗的大街小巷。我想当地居民以为他们永远不会停下来。他们花了两个半小时才经过检阅点。开罗真是一大奇观，到处都是大块头的士兵"。这就是英国人展示他们力量的技巧。埃及在战争期间保持平静。他们将所有的不满情绪积累到了战后。

这场战争使英、法、俄三国与德国、奥匈帝国和奥斯曼帝国对峙。由于担心埃及人可能会支持用泛伊斯兰情结来赢得盟友的奥斯曼人，英国人切断了埃及与奥斯曼帝国的正式联系，然后将埃及作为英国的"保护国"对待。为了平息埃及人的不满情绪，他们宣布由英国独自承担战争的所有负担。但几乎从一开始他们就违背了这一承诺。英军命令埃及军队前往苏伊士运河，以反击奥斯曼帝国跨越西奈半岛的入侵。

到了1916年，埃及已全面卷入战争中。英国在埃及驻扎的军队不少于三支，总兵力达40万人，他们与埃及人民的互动导致了许多暴力事件，而他们对当地产品的需求导致了物价飞涨，这伤害

第十章　英国时代，1882—1952年

了较贫困的埃及阶层，却让少数商人发了财。对当地居民，特别是对生活在农村的居民来说，更令人痛苦的是，在由埃德蒙·艾伦比将军指挥的英军将奥斯曼人赶出巴勒斯坦和叙利亚的战役中，需要招募埃及工人，并在劳工和骆驼军团中使用埃及骆驼作为支援。这对农民提出了大量苛刻的要求，并以高压手段实施。在研究英占期埃及的经典著作《现代埃及》中，克罗默曾夸口说他已使埃及摆脱了苦役、鞭打（用河马皮鞭）和腐败的弊病。然而，这些问题在1916年、1917年和1918年卷土重来。当地官员需要为劳工队和骆驼队招募人员，征用牲畜，于是又使出了老招数。而这些要求对埃及人民来说是不公平的。正如一位英国军事观察员所指出的："没有一个农民是出于让国家免遭入侵的愿望而加入劳工队的，也没有受过教育的埃及人在其中服役。"劳工队的伤亡并不大，因为劳工队是在战线后方服役的，尽管他们也会因疾病而遭受损失；但骆驼队的情况却并非如此。他们在前线参战，在战争中伤亡惨重。

战争结束时，埃及全国上下怨声载道。几乎埃及社会的每个阶层都对英国深恶痛绝。物价上涨困扰着城市居民。鉴于棉花在战时和战后的高价，大地主对种植棉花的限制抱怨连天。农民憎恨战争后期的强制劳役。埃及受过教育的一部分人曾在战争爆发前的那段时期发起最明显的反对英国统治的运动。对于他们来说，最重要的发展是1917年美国介入战争以及伍德罗·威尔逊宣布的"十四点"原则。威尔逊的民族自决原则和没有战争阴影的世界中民主政府的优点，在受过教育的埃及人中引发了共鸣。虽然威尔逊的思想针对的是同盟国（德国、奥匈帝国和奥斯曼帝国），希望削弱其君主制政府的合法性，并激励这些国家中小语种语言群体和少数族裔群体挑战统治者，但这些理念迅速传播到了欧洲之外。它们在埃及找到了现成的听众。在战争爆发前的 15 年间崛起的埃及政党领导人抓住了民族自决原则，并坚信此原则应该适用于埃及。毕竟，他们推论道，埃及人难道不像捷克人、波兰人、塞尔维亚人和其他人一样准备好了自己来管理自己吗？

在 1918 年，两个有影响力的团体准备将他们的民族主义抱负带到欧洲。首先，当时掌权的埃及大臣阿德里·亚金和侯赛因·拉什迪坚持认为他们应该领导代表团前往伦敦，与英国内阁进行政治谈判。视野更广阔的萨阿德·柴鲁尔则认为，应该由他率领代表埃及社会更广泛阶层的"华夫脱"（Wafd，阿拉伯语意为"代表团"）直接前往巴黎和会，向与会领导人提出自己的要求。柴鲁尔特别渴望与伍德罗·威尔逊会面。威尔逊是国际政治的新星，也是民族自决和民主新理念的宣扬者。

几乎一夜之间，柴鲁尔成了受过教育和了解政治的人的宠儿。柴鲁尔并不总代表埃及的民族主义。作为地方显要的儿子，他曾在爱资哈尔学习，在英国占领前的那段时期成了穆罕默德·阿卜杜的弟子。在 20 世纪的最初十年，他与温和派乌玛党合作，该党由埃及最受尊敬和最温和的知识分子之一艾哈迈德·卢特菲·赛义德（Ahmad Lutfi al-Sayyid）领导。对于乌玛党的成员来说，他们不反对与英国合作，并认为英国人是在为埃及最终实现政治独立做准备。对于乌玛党成员来说，穆斯塔法·卡米勒和穆罕默德·法里德领导的国家党太激进，而赫迪夫阿巴斯二世周围的小集团支持者则与英国过于对立。因此，柴鲁尔同意在 1906 年克罗默内阁重组时担任公共教育大臣，或者在第一次世界大战爆发前几年在埃及立法议会中任职，也就不奇怪了。

英国人拒绝了埃及的要求，称他们自己的大臣已全力参与巴黎和平谈判。他们提出，这些问题可以在凡尔赛会议结束后再处理。当埃及大臣辞职，民众爆发暴力冲突时，英国逮捕了柴鲁尔和他的几名密友，并将他们流放到马耳他。这一行动导致全国范围内爆发了广泛的暴力事件。在城市，学生和政府官员举行游行抗议。在乡村，农民在地方官员的鼓动下拆毁铁路，试图完全与开罗和中央政府的权力隔离开来。首先在明亚省，然后在其他省份，地方官员宣布成立了独立的省级共和国。英国人即使将柴鲁尔从马耳他释放出来，并允许他和他的"华夫脱"前往巴黎提出他们的要求，也未能平息暴力事件。当聚集在凡尔赛的盟国拒绝与埃及代表会面，且威尔逊总统承认埃及为英国的"保护国"时，埃及的暴力事件有增无减。埃及已经失去了控制。英国发现自己只在大城市有一点权威，而在农村几乎毫无威信可言。直到艾伦比勋爵作为特使被派往埃及恢复秩序，他单方面宣布埃及从英国获得政治独立，结束英国以其为"保护国"的统治，英国才对埃及的政治稳定有了信心。在新的政治安排中，埃及的统治者既不像"一战"前那样被称为赫迪夫，也不像战时和战争刚结束那段时期一样被称为苏丹，而是成为国王。当然，艾伦比宣布独立是有严格限制的。英国对埃及独立提出了四项限制：保护外国人，由英国控制苏伊士运河的运营、控制苏丹、控制埃及外交政策。为了监督实施这四项限制，英国在埃及保留了一支军队，其规模甚至超过了第一次世界大战前占领埃及的5 000人军队。

作为恢复国家秩序方案的一部分，艾伦比要求埃及政治领袖起草一部新宪法来治理国家。尽管华夫脱党抵制了1923年制定新宪法的讨论,但他们同意参加1924年的选举。不出所料,华夫脱党赢得了选举,柴鲁尔被任命为埃及的首相。然而,他的执政时间很短暂,因为埃及军队总司令李·斯塔克于1924年在苏丹视察部队时遭到暗杀,这导致英国将柴鲁尔免职,并且让他永远无望重掌政权。

因此,1919年的革命带来了重大的政治变革,其中包括宣布埃及独立,以及产生了新宪法和新选举出的政府。革命还带来了一系列经济和社会方面的重大变革,这些变革在许多方面远比政治领域发生的变革更为激进。早在阿拉比起义时,埃及人就意识到,没有经济实力的政治独立是毫无意义的。在第一次世界大战爆发前,民族主义者的要求中包括工业化,经济不再依赖出口单一商品(无论其在世界上的价格多高),以及成立一家由埃及董事管理并由埃及股东持有的纯粹埃及银行,该银行将削弱在埃及经营的众多外国银行所享有的垄断地位。但埃及经济转型的关键时刻出现在第一次世界大战期间。当时一群主要的埃及商人,其中既有出生在本地的埃及人,也有在埃及长时间居住的外国人,组成一个委员会研究埃及的商业和工业。该委员会于1918年发布了一份报告,为战时和战后埃及经济的发展指明了新的方向。

这个委员会的成员可以说是埃及商界的精英。其中包括塔拉特·哈尔卜,他是战时埃及最杰出的企业家;伊斯梅尔·西德基(Ismail Sidqi),他将成为这个时代一位重要的大臣,还担任过首相一职;亨利·瑙斯(Henri Naus),他是埃及糖业公司的负责人,埃及糖业公司是当时领先的工业组织;以及优素福·阿斯兰·卡塔维(Yussuf Aslan Qattawi),他是一位犹太商人,与工商界、金融界都有广泛的联系。他们的报告传达了一个主要信息：埃及的农业扩张和繁荣注定将结束。可以通过筑坝和改善灌溉来耕种的新土地数量有限。与此同时，埃及的人口正在快速增长。已经出现了一个无地可耕种的群体。经济发展是埃及政治未来的一个重要因素，如果埃及要实现这一点，那么就需要促进本地产业的发展，刺激更加多样化的经济，减少对单一作物出口的依赖。报告宣称，埃及糖业公司已经展示了这一点。它雇用了 1.7 万名工人，每年生产不少于 10 万吨的精炼糖。类似的工业可以在食品加工、香烟、葡萄酒、烈酒、水泥和纺织品等领域建立，而这些领域已经存在于埃及本土市场中。

  战后，有一个人引领着改革的步伐。塔拉特·哈尔卜的雕像为今天埃及开罗的一个主要广场增添了光彩。哈尔卜多年来一直在筹划经济改革。现在，他有机会实现改革了。哈尔卜出生于 1867 年，是铁路部门一名小职员的儿子，曾在埃及法学院接受教育。多年来，他在各个政府部门工作，在财务方面总是表现得游刃有余，因此引起了埃及富有地主的注意。成为他支持者的是地主欧麦尔·苏丹，哈尔卜厘清了这位地主的财务状况，然后欧麦尔·苏丹又让这位年轻的商业奇才接触到了其他大地主。当哈尔卜调查埃及经济时，他得出结论，几乎所有在埃及投资和经营的企业都是外国企业。他还认为，最有影响力的经济机构是埃及的众多外国银行。它们控制着关键的资金，这些资金在棉花种植季节开始时可借给地主阶级，也可用于购买新土地。哈尔卜在战前前往欧洲的旅行让他意识到，拥有大量资本的银行能利用其金融影响力来推动工业化，如德国 19 世纪末的大银行。哈尔卜认为，如果埃及创办一家由埃及人所拥有和经营的银行，那么它可以在促进埃及经济多元化和工业化方面发挥类似的积极作用。

1920年，哈尔卜实现了他创建一家纯粹的埃及银行的梦想。他说服了124位富豪出资8万埃及镑来创办这家新银行，其中许多是欣赏哈尔卜理财能力的大地主。该银行的章程具有鲜明的民族主义色彩，与这个革命时代相吻合。所有股东和董事都必须是埃及人，不允许有外国成分参与其中。此外，这家名为米斯尔银行（或称埃及银行）的机构还要在创建其他埃及公司方面发挥作用，以实现经济多元化。不久之后，一些重要的米斯尔公司创建出来。哈尔卜利用来自米斯尔银行和埃及富人的资本，并大量聘用埃及董事（但不再只选择埃及人），创立了一批重要的纺织厂、一家航空公司、一家航运公司、一家保险公司和许多其他企业。从1920年银行成立到1939年第二次世界大战爆发，米斯尔银行共成立了18家公司，1939年的实收资本略超过200万埃及镑。事实上，塔拉特·哈尔卜实现了他促进工业化和经济多元化的野心。其他富有的埃及人也效仿他，因此到了第二次世界大战爆发时，在埃及运营的大型企业中，埃及人投资的资本略多于一半，而在1914年之前埃及资本只占14%。此外，哈尔卜确立了自己作为埃及最有活力的企业家的声誉。

遗憾的是，塔拉特·哈尔卜的金融壮举并没有迎来好的结局。1939年，战争爆发，米斯尔银行的许多储户纷纷取款时，银行发现自己已经入不敷出。哈尔卜试图从国家银行（在那时，国家银行相当于埃及的中央银行）获得资金，但遭到拒绝，于是他寻求政府的帮助。政府表示只有在哈尔卜辞去董事会职务并退出商界后才会拯救米斯尔银行。哈尔卜以健康状况不佳为由，同意了政府的要求。当时和以后许多人都认为，英国和有影响力的埃及商界人士以及政府官员策划了这次的银行危机。实际情况并非如此。多年来，由于政治原因，该银行经常向有影响力的地主提供大额贷款，其中许多地主在经济萧条时期已经破产，无法偿还贷款。更危险的是银行对米斯尔公司财务的积极支持，这使得银行资金经常短缺，因此无法应对储户的挤兑。1939年，该银行的亏损总额达到了300万埃及镑；为了填补亏损，银行100万埃及镑的全部运营资本、80万埃及镑的储备金以及储户1 700万埃及镑中的100万至200万埃及镑被耗费干净。塔拉特·哈尔卜在1939年学到的一个惨痛教训是，一家拥有随时都可能索要资金的众多储户的普通商业银行，不可能成为一家贷出大笔资金进行长期投资的开发银行。

1919年革命期间还出现了另外两个压力集团。其中一个由埃及地主主导，另一个由把埃及视为家园的外国商人主导。第一个是由大地主和棉花出口精英成立的埃及农业联合会，它成立于1921年，目标是确保埃及人对经济有更大的控制权，并允许埃及种植者获得更多的棉花出口利润。米斯尔银行的成立自然令其成员兴奋不已，因为他们认为外国银行和出口机构在埃及以出口和进口为导向的经济中获益最多。

一年后，埃及工业联合会成立了。尽管创始人大多是居住在埃及的欧洲商人，他们在联合会中寻求获得重要的埃及代表权并在一定程度上实现了这一点，但从一开始欧洲人就主导了这个组织。该联合会代表了埃及资产阶级中的工业派，推动了保护性关税的实施、新兴产业税收减免和制定有利于劳工的法律，以推进创造新产业。该组织发行了一种用法语、英语和阿拉伯语出版的杂志，还出版了一种专门关注社会、政治和经济问题的学术刊物《当代埃及》。该组织的主导力量是一名叫 I. G. 莱维的埃及犹太人,他在推动本地工业化方面发挥了巨大作用。

激进的社会变革也伴随着战时的政治和经济变革。最明显的变化之一是埃及两个主要城市——开罗和亚历山大城的发展。根据 1927 年的人口普查,1800 年时开罗的人口约为 25 万人(占总人口的约 6%),而此时已经增长到超过 100 万。尽管它仍然只占埃及总人口的 7%,但其增长率不断加速,甚至快到令人震惊的程度。农村人口的外流也影响了亚历山大城。根据 1927 年的人口普查,亚历山大城的人口为 50 万,远远超过 1800 年法国占领时仅有 6 000 人居住的渔村。尽管绝大多数亚历山大城居民是埃及人,但他们几乎没有给居住在那里的欧洲权贵们留下什么印象。这些以商人为主的富裕家庭居住在豪华的住宅区,乘坐舒适的有轨电车到市中心通勤。埃及那些人脉广泛的外籍居民在劳伦斯·达雷尔的《亚历山大四重奏》(1957—1960)中形象永存。这几部作品描述了欧洲精英的咖啡馆、餐馆、豪华酒店和精致的私人庄园,却丝毫没有提及亚历山大城大多数居民是土生土长、相当贫穷的埃及人。后来,当埃及知识分子穆罕默德·侯赛因·海卡尔抱怨说,埃及人在自己的国家里过得像外国人时,他大可指出亚历山大城就是这种说法的最好例证。

让我们再次回到从开罗国际机场到市中心的旅程。我们的出租车会经过埃及最不寻常的住宅区之一,赫利奥波利斯。此地反映了埃及在 20 世纪上半叶由欧洲人主导的许多潮流。赫利奥波利斯来自富裕的比利时金融大亨爱德华·昂潘(Édouard Empain)男爵的创意。他热爱埃及并将其作为主要居住地。他意识到开罗的人口正在迅速增长，于是他购买了主城东北部的土地，然后在那里开发了一个住宅区。他出售房产给富人，无论是外国人还是埃及人。他建造了庄园和公寓楼，创建了公用事业公司，开设了一条电车线路。这条电车线路今天仍在运行，是通勤者从郊区到市中心工作地点的主要交通方式。昂潘做任何事都非常大胆。他的建筑是东方巴洛克风格，他建造的结构中最令人惊叹的（或者应该说最古怪的）是他自己的住所，现在已经无人居住，但对于从机场前往市中心的任何人来说，那都是一个地标性建筑。它被设计成类似印度教寺庙，里面有一座旋转塔，可以让人观察太阳的轨迹。

多年来困扰着许多埃及人的一个问题是：在埃及定居并将财富和精力投入埃及的昂潘与其他富有的外国人是否给埃及人民带来了真正的好处？还是说，所有外国人的企业都将埃及人归为迥然不同的二等公民？1952年夺取政权的年轻军官们毫不犹豫：外国人口，尤其是外国富裕阶层，都是寄生虫。他们必须离开，他们被打发走了。然而，具有讽刺意味的是：昂潘最壮观的建筑之一，赫利奥波利斯宫殿酒店，当它首次开业时是非洲最好的酒店；后来它是埃及总统胡斯尼·穆巴拉克的住所。

在20世纪的前30年里，社会变革对女性的影响较小。她们的受教育程度和文化水平明显落后于男性，她们在专业领域和政治领域的能见度也较低。然而，在这个时期，一些人所谓的"女性问题"搅动了埃及的政治和思想。首先，埃及上流社会阶层受过教育的少数女性中有不少人支持了柴鲁尔在1919年的骚乱。那个时期最受尊敬的女性，也是埃及女性新角色的先驱之一，是萨阿德·柴鲁尔的妻子萨菲娅·柴鲁尔，她被许多人称为埃及民族之母。她从来没有像那个时期最引人注目的女权主义者胡达·沙拉维那样激进。胡达·沙拉维不再佩戴面纱，成立了埃及女权联盟，为女性权利而奋斗。相反，萨菲娅试图成为一个温和派，她认为自己的主要职责是支持丈夫，并在丈夫死后保留对他的记忆。

埃及社会中女性地位的问题并不是在1919年女性示威活动中突然出现的。事实上，在第一次世界大战前夕，这个问题已经引起争议。埃及知识分子中一派进步的、西化的、相对世俗化的人士认为，埃及之所以落后于欧洲，并在政治上屈从于英国，原因之一就是埃及对待女性的态度。在这方面，女性改革的主要发声者卡西姆·阿明与克罗默勋爵完全一致。克罗默勋爵在阐述东西方主要差异时认为，欧洲人给予女性自由，而穆斯林将女性置于从属地位。卡西姆·阿明写了很多作品（如1899年的《女性的解放》和1900年的《新女性》），要求对女性教育进行改革，并呼吁不再让女性戴面纱。具有讽刺意味的是，他的主要批评者竟然是埃及最具创新精神的企业家塔拉特·哈尔卜，他发表文章驳斥了卡西姆·阿明两本有关女性权利的书。哈尔卜坚称女性应继续戴面纱，这是穆斯林东方和基督徒西方之间的一个根本区别。

戴面纱的做法当时在阿拉伯语中被称为 al-hijab（希贾布，在当代埃及，这个词有不同的含义，指的是遮盖头发的头巾），而揭面纱的做法则被称为 al-sufur（苏富尔）。最广为人知的揭面纱时刻发生在1923年，当时女权主义者、一位杰出人物的妻子胡达·沙拉维从罗马的女性大会归来，宣布她将不再戴面纱。历史学家认为，这一时刻标志着揭开面纱成为精英女性关注的重要问题。然

第十章　英国时代，1882—1952年

而，事实上，到了1923年，也许只有15%的女性佩戴burqa（布卡），即从眼睛下面遮盖脸的面纱。普通的农村女性从来没有戴过面纱，因为那会妨碍她们在田间劳动。在战前，上流社会女性最常戴的面纱是薄薄的白纱，被称为yismak（伊斯马克），但到战争结束时，这种面纱就不那么流行了。

战间期

在战间期，主要的政治议题是宫廷、英国大使馆和华夫脱党之间为争夺政治权力而进行的三方斗争。尽管柴鲁尔于1927年去世，继任者穆斯塔法·纳哈斯缺乏柴鲁尔的个人魅力，但他仍继承了该党的领导地位，成为埃及独立的捍卫者。在为数不多的相对自由的选举中，华夫脱党始终是胜利者。但华夫脱党执政的时期有限。该党必须应对英国人、国王福阿德及其继任者法鲁克的敌意。英国在埃及保留了一支庞大的占领军，用来恐吓埃及政治家。国王则有权罢免他们不喜欢的政府。因此，尽管华夫脱党是埃及的主要政党，但以伊斯梅尔·西德基等知名政治领袖为核心的其他政党也纷纷成立，等待国王召去组建政府。西德基在世界大萧条（1929年至1933年）早期领导了埃及政府，他试图改变埃及宪法，以削弱华夫脱党的影响。但他在这方面基本上不成功。

一个重要的政治事件标志着战间期的岁月。1936年，欧洲阴云密布，埃及的政治家们担心埃及会像在第一次世界大战期间那样被卷入欧洲的泥沼，新当选的华夫脱党政府最终与英国签署了一份和平协议。该协议确认了 1922 年英国给予的埃及政治独立，但英国继续保留了某些权力。这些权力与以前一样，涉及对外国人的保护、苏伊士运河、苏丹和埃及的外交事务，但埃及获得了在 1922 年强加的和平协议中没有的三项让步。该协议的有效期只有 20 年。英国军队的人数将限制在 1 万以内，并且一旦在苏伊士运河地区建立了合适的基地，英国军队就将被安置在远离埃及主要人口中心的地方。此外，埃及将获得加入国际联盟的资格。尽管如此，这些让步并没有使埃及获得许多民族主义者所要求的完全独立。当华夫脱党同意这些安排时，该党在很大程度上失去了合法性。

实际上，在议会政治领域之外发生了许多事情，威胁到议会政府形式，这让华夫脱党、英国和国王同样感到担忧。1928 年，一位在三角洲长大的具有煽动性的年轻演说家被派驻苏伊士运河地区担任教师，在那里外国特权和财富很明显。他建立了一个新组织，注定会影响整个伊斯兰世界的政治思想。哈桑·班纳创建了穆斯林兄弟会，主张回归到伊斯兰教在早期几个世纪内践行的真正形式，认为这样做将会为现代问题提供全面而充分的答案。他还认为，议会治理是富人和有权势的人强加给穷人的假象，目的是让他们安于现状。兄弟会在埃及国内外广泛传播其信息，并逐渐创建了秘密组织，对反对者使用了暴力。兄弟会并不是唯一反对议会制度并准备使用暴力破坏国家的组织。一群以意大利法西斯主义为灵感的人构成的组织"青年埃及"出现了。他们使用街头暴力来挑战当权者。因此，华夫脱党和其他政党也做出了回应，建立了自己的青年团体，他们使用准军事组织来发展事业，就像穆斯林兄弟会和青年埃及一样蛮横。在 20 世纪 30 年代，大萧条席卷了这个国家，暴力行动、政治暗杀和选举恐吓在埃及此起彼伏。

世俗民族主义和改革后的伊斯兰教似乎在世纪之交时崛起。埃及最受尊敬的伊斯兰学者穆罕默德·阿卜杜大力寻求西方学术和价值观与传统伊斯兰教义之间的契合点。像《文摘》(*al-Muqtataf*)这样的主要期刊和《金字塔报》(*al-Ahram*)等报纸成为科学探究的灯塔,宣扬大力西化的优势。然而,他们也有反对者,他们在战间期逐渐壮大,部分是因为议会治理未能兑现承诺,经济陷入困境。西化派和他们的反对派之间存在许多争议,但没有什么比牵涉到埃及两位最为坚决的西化知识分子阿里·阿布德·拉齐克和塔哈·侯赛因的争议更引人瞩目。在穆斯塔法·凯末尔·阿塔图尔克废除土耳其哈里发制度时,那时还是伊斯兰法律体系中一名默默无闻的法官的阿里·阿布德·拉齐克发表了专著《伊斯兰教和统治的基础》(1925),阿布德·拉齐克在专著中指出,哈里发制度在伊斯兰教经文和法律中没有依据。他补充说,这一制度是通过武力强加给人民的,是"伊斯兰教和穆斯林的祸害,是邪恶和腐化的根源"。在阿布德·拉齐克看来,穆斯林无须受制于千百年来传承下来的政治传统,他们可以创新,甚至建立与西方相似的政治体制。

一年后,才华横溢的年轻学者塔哈·侯赛因写了一本关于阿拉伯半岛伊斯兰教诞生前的时期和早期伊斯兰教的书。他在这部作品中运用历史批评方法来探讨伊斯兰教的出现,他还提出,一些关于早期伊斯兰教历史的故事其实是神话。在此之前,塔哈·侯赛因已经因为自传体作品《日子》在整个阿拉伯语世界享有盛名。他在新书里刻画了一个在传统环境中长大,但在现代环境中能应对自如的青年。

塔哈·侯赛因和阿布德·拉齐克坚定地奉行西方对宗教文本的考证传统。他们都是虔诚的穆斯林，受到了西方世界考证早期基督教的学派的启发，并试图运用相同的方法来研究伊斯兰教。然而，他们的著作引发了强烈的讨论和批评，特别是来自保守派的批评。阿布德·拉齐克失去了在埃及学者团体中的地位，而塔哈·侯赛因不得不撤回原始文本，重新出版了一个经过修改的、更加保守的版本。其他自由派、世俗派和现代派知识分子汲取了这些教训，开始谨慎地避免公开挑战埃及保守派伊斯兰学者深信的宗教信仰。此外，在穆罕默德·阿卜杜去世后，尽管他的自由主义和伊斯兰改革议程继续影响着知识分子，但他在埃及的主要弟子拉希德·里达用《灯塔》(*al-Manar*)杂志来宣扬比阿卜杜的思想保守得多，甚至反西方的计划。

战争年代及其影响

华夫脱党的领导人在1936年与英国人签订了条约，以免埃及再次遭受英国在"一战"期间对该国造成的苦难。然而，当第二次世界大战爆发时，他们深感失望。1942年，随着隆美尔的德国军队越过利比亚与埃及的边界，直奔埃及的人口中心，战争来到了这个国家的门口。埃及再次成为盟军大部队驻扎的中心，尽管埃及军队没有被要求抵挡德军的进攻，但一些年轻军官秘密与德国高层取得联系，希望国家能摆脱可怕的英国军事势力。1942年初，埃及国内的局势非常紧张，英国人非常担心现有政府可能会在他们的背后与德国进行谈判，于是他们用坦克包围了开罗法鲁克国王的王宫，迫使他成立一个亲英国的华夫脱政府。事实上，穆斯塔法·纳哈斯的内阁支持英国，他们的军队在阿拉曼阻止了德军的进攻，但曾经极端民族主义的华夫脱党因与英国合作，受到埃及社会许多方面的谴责。没有任何团体比埃及军队的年轻军官团更受冒犯，他们对国王屈从于英国的要求以及华夫脱党允许自己被占领者利用感到愤怒。这些事件正在为1952年的军事政变创造条件。

政变发生之前，必须再发生许多事情。政治暗杀事件屡见不鲜。其中一个丧生者正是穆斯林兄弟会的创始人哈桑·班纳。议会继续疲软，未能解决一系列社会和经济问题。那时，每个人都意识到财富的分配，尤其是土地的分配，严重失衡。少数地主家庭拥有大量土地，大多数人则在小庄园里或作为无土地劳动者艰难度日。最大的土地持有者是王室，据说拥有不少于18万英亩的土地。推进土地改革立法的努力也失败了，因为提案未能在由大地主阶级主导的议会中获得足够多的选票。摆脱英国在埃及的军事势力是另一个悬而未决的问题。在战争期间，英国在苏伊士运河地区建立了一个巨大的军事基地。根据1936年条约的规定，除战时外，该基地的驻军不得超过1万人。然而，英国人在那里驻扎了大约10万名士兵，用来遏制苏联在中东的野心，以此作为他们对美国主导的冷战的贡献。这庞大的军事势力激怒了埃及人，他们使用游击战术让驻扎在那里的英国士兵的生活难以忍受。

20世纪50年代初，英国军队和埃及民族主义者发生了多次冲突。其中一次发生于1952年1月，英军对运河边的城市伊斯梅利亚的一支埃及警察部队发动了袭击。据报道，有埃及警官在与英国士兵的对抗中丧生，这在开罗引发了民众针对外国机构，特别是那些属于英国人的机构的起义。埃及不得不出动军队以平息这场起义。动乱造成了 10 名英国公民丧生和大量外国财产被焚毁。被摧毁的机构包括著名的谢弗德酒店、巴克莱银行和英国海外航空公司办事处。在约有 10 万名士兵的庞大英国军队坐视不管的情况下，英国公民遭受攻击，英国和其他外国财产被毁，这些事件向所有目击者传达了一个信息。根据 1922 年和 1936 年的条约，英国在埃及驻军的理由之一是保护外国居民及其利益。显然，英国军队允许杀害外国公民和破坏外国财产的事实，让许多人认识到，大英帝国在中东的日子已经屈指可数了。

第十一章

埃及人的埃及，1952—1981年：纳赛尔和萨达特

在1952年7月22日的闷热傍晚，一群一直在策划和规划埃及未来的年轻埃及军官夺取了政权。他们在深夜时分发动了袭击，控制了广播网络和主要军事基地。他们行动匆忙，甚至连他们自己都还没有成功的十足把握时就动手了，因为他们意识到法鲁克国王及其追随者正在收集有关他们的情报，并准备采取行动阻止他们的计划。自由军官组织的成员之一安瓦尔·萨达特通过开罗广播电台宣布政变，并声称军方夺取政权是为了改造埃及社会。这个国家将不再由腐败的政客统治，这些政客以一个不道德和可耻的国王为首，所有这些人都听命于英国。夺取权力的年轻人发誓，他们将为人民而治，而不是为少数特权者的利益而治。

军官们分秒必争地兑现他们的承诺。在夺取权力后的几天内，他们向法鲁克国王挥手告别，国王乘坐游艇离开亚历山大港，前往他在欧洲最喜欢的去处。尽管军官们指定了他年幼的儿子为王位继承人，但这一虚名只持续了很短一段时间。到年底，军人们就废除了君主制，一个可以追溯到激进的现代化人物穆罕默德·阿里的制

度就此终结。但军官们的改革还没就此罢休。到了次年八月，他们通过了一项土地改革法，将个人土地持有数量限制在200英亩，家庭土地持有数量限制在300英亩。这个决定带来了巨大的冲击。一个多世纪以来，埃及一直由少数特别富裕的地主统治着。他们生活奢华，在埃及酷热的夏季，他们到欧洲大陆的高原度假，并凌驾于赤贫的人民之上。当军官们走遍农村，向农民家庭发放新的土地所有权证书时，他们听到了热烈的掌声，受到了热情的欢迎。全国上下涌现出一种自豪感。埃及终于掌握在真正的、从底层崛起的埃及人手中了。军官们还承诺了很多。他们表示，人人都能受教育，随之而来的将是社会的流动性和经济的改善。

这些似乎从默默无闻中崭露头角，领导埃及国家的人是谁？他们大多年轻，许多人处于30多岁的年龄，军衔为少校和中校。他们绝大多数是土生土长的埃及人，而不是老一代土耳其军人的后代。他们中的大多数人在20世纪30年代末就读于埃及军事学校。当时该学校开始招收更多受过良好教育、与富有贵族家庭联系较少的年轻人。这些人通过他们所受的教育以及他们与年长的高级军官间的差异，形成了特殊的群体。他们讨论埃及的问题，其中最重要的问题之一是英国在埃及的长期军事存在。在第二次世界大战初期，当隆美尔的沙漠军团向埃及挺进时，他们中有几人曾与轴心国建立联系。其中最激进的安瓦尔·萨达特认为，德军入侵埃及是发动反英革命的理想时机。走漏风声后，他被关进了监狱。这些年轻军官非常清楚埃及的弱点，很快组建了一个秘密组织，称为"自由军官组织"。这个组织很可能成立于1949年，旨在诊断埃及的弱点，并寻求解决埃及众多问题的方法。1952年政变前夕，该组织的成员有

280人到340人。

由于这些年轻军官在政治上非常敏感，他们与同样关心埃及政治未来的军外团体建立了联系。他们中的一些人被穆斯林兄弟会所吸引，其他人受到了共产主义和社会主义思想以及组织的影响。然而，他们都最讨厌那些老牌政客，特别是华夫脱党。华夫脱党在动荡不安的1942年被迫执政，在1950年的选举中重新掌权，却未能将英国军队赶出埃及。

对许多年轻军官来说，1948年埃及军事行动的失败是一个转折点。这场军事行动发生在以色列建国之初，当时以埃及军队为首的阿拉伯国家对以色列发起了这场军事行动。然而阿拉伯军队在战场上表现不佳，未能阻止在巴勒斯坦建立独立的犹太国家。而当时英国人正准备结束他们在巴勒斯坦的托管统治。在巴勒斯坦争端的最初几年，埃及公众及政治家对其并没什么兴趣。他们几乎没有注意到英国外交大臣贝尔福勋爵在第一次世界大战最激烈的1917年发表的声明。该声明称英国政府将致力于在巴勒斯坦为犹太人建立家园。但随着阿拉伯人和犹太人之间的紧张局势升级，埃及社会被卷入其中。20世纪30年代，犹太人和阿拉伯人团体之间发生了流血冲突。第二次世界大战结束时，埃及民族主义者和泛阿拉伯主义群体已经深深卷入了关于巴勒斯坦未来的博弈中，以至于发表《贝尔福宣言》的周年纪念日，成为抗议犹太复国主义在巴勒斯坦的影响力日益增长的日子。在某些场合，抗议活动演变成暴力行为，大部分敌对行动针对的是犹太富商的财产和他们的商业机构。

1948年中东战争中的军事失败让埃及军官们深感窘迫。他们责怪政客们在几乎毫无准备的情况下，让他们带着有问题的武器上

第十一章　埃及人的埃及，1952—1981年：纳赛尔和萨达特

战场。其中一名怨恨旧秩序、在内盖夫的战斗中受伤的年轻军官，就是将要成为自由军官领袖的贾迈勒·阿布德·纳赛尔。在纳赛尔看来，对手以色列是怀着热忱和让对手必死的决心进行战斗的，而这正是埃及方面所缺乏的。纳赛尔和其他军官一样，都认为开罗的政客们，尤其是腐败的国王，应对他们的失败负责。他们期待着有一天，新统治者，也许就是他们自己，能够扫除旧秩序带来的积弊。

纳赛尔和其他自由军官从20世纪30年代对民主统治的批评中吸取了足够的教训，因此，他们不太愿意将埃及的命运寄托在选举上。夺取政权后不久，他们就废除了旧党派，只允许穆斯林兄弟会继续存在。当兄弟会不配合军人们时，它也被取缔了。尽管纳赛尔从一开始就是指导性人物，但起初他是在幕后操纵。他们认为，民众可能会对由如此年轻、缺乏经验的人来进行统治持怀疑态度，于是他们鼓励了赞同他们想法的高级军官穆罕默德·纳吉布将军成为名义上的领导人。然而，这种安排没有持续下去。纳吉布被自己不断壮大的声望冲昏了头脑，开始渴望获得真正的权力。在1954年的权力博弈中，纳赛尔获胜，成为军政府的最高领袖。尽管军官们继续以"革命指导委员会"的名义会晤，但从1954年开始直到1970年纳赛尔去世，他都是毫无疑问的领袖。

贾迈勒·阿布德·纳赛尔

纳赛尔能鼓舞人心，是当时执行这项任务的正确人选。他当时才30多岁，身经百战，在军官队伍中备受尊敬。尽管他不容忍反对意见，但他避开了权力的陷阱，过着简朴的个人生活。他穿着普通的便装，但对条纹领带情有独钟，拥有250条条纹领带。他并不热衷于炫耀，一天抽三包美国香烟，与妻子和被紧密保护的孩子们住在一幢简朴的房子里。起初他只是一个还算不错的公众演说家，但随着时间的推移，他成了一个出色的演说家。他尤善于使用普通听众更喜欢的埃及口语来表达，而非带有古典色彩的现代标准阿拉伯语。一旦开始演讲，他就能滔滔不绝地讲上几个小时，一遍又一遍地重复他的政治主题：埃及在近一个世纪的时间里受到英国的严重侵害，西方资本主义剥夺了埃及的财富和尊严，在中东建立政权和解决棘手的阿以问题的途径是由埃及领导实现泛阿拉伯统一。最后一个主题使他与阿拉伯世界的许多更加保守和保王派的政治家和权贵产生了对立。他利用开罗广播电台，将他关于埃及的领导地位的信息传遍了整个阿拉伯世界。这为他树立了许多敌人，但也让他赢得了年轻、受过良好教育的阿拉伯进步人士的心。

事实证明，1936年的英埃条约是华夫脱党的致命伤，给了军方夺取政权的机会。且不论自由军官们有没有做别的事情，他们至少有一项庄严的使命，那就是让这个国家摆脱令人憎恨的英国军事占领。谈判漫长而艰难。英国人坚决要保留他们在苏伊士运河地区宏伟而庞大的基地，他们认为这对于遏制苏联向中东扩张很重要。在这件事情上，他们得到了美国的支持。但是没有埃及人能容忍如此大规模的英国军队驻扎在自己的国家，无论驻军的本意是多么好。最后，在1954年，双方达成了一项协议：所有英国军警部队将于1956年初撤离。英国将只保留小部分非军警的工作人员，负责监督基地的维护工作。如果该地区遭到袭击，英国人可以重新占

第十一章　埃及人的埃及，1952—1981年：纳赛尔和萨达特

领该基地。

军方为这项协议涂脂抹粉，庆祝英国军队终于将在经过了74年的驻扎后于1956年撤离。但批评者持不同看法，他们指出，英国的军事观察员将与大量英国国际公司一起继续留在埃及，其任务是使基地保持与以前一样高度战备的状态。一些埃及人是如此愤怒，以至于穆斯林兄弟会一个成员于1954年初在亚历山大城企图刺杀正在露天演讲的纳赛尔总统。纳赛尔未受伤，但他利用这一时机激起听众的情感，称刺客虽能杀死自己，但其他纳赛尔将会站起来，继续他的使命。与此同时，他结束了与穆斯林兄弟会已然恶化的关系，监禁了该组织的许多领导人。

年轻的军官们存在许多弱点，其中最明显的是他们缺乏对经济问题的把握。军官们意识到了自己在经济治理方面的不足，于是将一位传统的主流经济学家任命为他们的首位财政部长。他们只在财政部长提出的第一份预算提案中干预过一次，否决了增加烟草税的提案，理由是吸烟属于普通人负担得起的少数乐趣之一。

然而，他们缺乏经济事务方面的专业知识并不意味着他们没有发展经济的大体日程安排。恰恰相反，这些人成长在一个仰慕苏联经济迅猛发展的时代。苏联通过五年计划，进行了大规模的快速工业化，并在二战中战胜了纳粹德国。军官们相信，将中央规划和创造性的企业活力相结合，可以在一夜之间改变埃及经济。他们还认为，阻碍埃及经济发展的一个主要因素是英国的殖民统治，外国资本扮演的角色也很重要，使埃及只能停留在农产品生产国和出口国的地位上，成了工业上的矮子。因此，他们希望他们的政府积极参与经济领域，设定目标高但可实现的经济增长率，限制外国资本的力量，并积极将超级富豪的财富夺走，重新分配给最需要的人。当然，他们认为他们的土地改革计划已经为这种财富再分配和发展新方向奠定了基础。不仅贫穷的小农场主，甚至一些无地农民也将获得埃及最宝贵的资产之一——土地，有资源的人现在会看到投资于其他领域也能产生财富，如工业化所创造的价值。

军方经历了一系列财政部长的更迭，直到找到最适合实现他们抱负的人。这个人就是阿齐兹·西德基博士，他是哈佛大学培养的经济学家，坚信能通过计划促进经济发展，并确信埃及可以成为中东的工业巨人。西德基和纳赛尔商定的计划将成为埃及新的多元化经济的基石，他们决定在旧的阿斯旺大坝以南修建新的巨坝。这个计划从一开始就被称为"高坝"，涉及资金筹措、建设和阻挡水流，其规模在世界水利工程中尚属首例。它对埃及的好处是显而易见的。首先，对埃及规划者来说至关重要的是，这个项目将在埃及境内完成。与英国水利工程师提出的许多其他最大限度利用尼罗河水灌溉的计划不同，"高坝"计划不涉及沿尼罗河从中非和埃塞俄比亚一直延伸到埃及的一系列水坝。在埃及规划者看来，英国计划的缺陷是，无论那些计划对环境有多好，对整个尼罗河流域的整体经济发展有多么大贡献，它们都将埃及的农业和工业福利交到了非埃及人手中。在阿斯旺修建高坝还有其他明显的优势。一组大型涡轮机可以产生大量低成本电力，这为埃及的新兴产业提供了动力。此外，坝后的大型湖泊，后来被命名为纳赛尔水库，可以拦蓄洪水，确保能在各个季节有规律地分配尼罗河水。埃及的所有地区都可以转变为常年灌溉，上埃及和下埃及以前无法耕种的新地区也能变为可耕种地区。最后，尼罗河水位时高时低对埃及农业造成的破坏性影响也能被消除。

但也存在一些重大的不利因素，其中最重要的是，对埃及人和外国人来说，这项工程需要投入巨大的成本。埃及自己无力承担建设大坝的费用。它需要大量的外国援助。大坝后面会形成大湖，因此需要重新安置该地区的大量努比亚村民。大湖还将淹没该地区许多重要古迹，其中最著名的是阿布辛拜勒的拉美西斯巨型雕像。此外，水利工程师担心大坝底部的淤泥会堆积起来，影响大坝的牢固性。至于对埃及下游地区的不利之处，最明显的是，埃及下游的任何地区都将不再能获得尼罗河在洪水期从埃塞俄比亚高地带来的泥沙。如果土壤要保持高生产力，埃及农民就需要大量昂贵的肥料。血吸虫病已经成为农民的心腹大患。现在，由于水渠要全年保持水流，农民一直在这些水渠中工作，血吸虫病肯定会广泛传播并成为地方性疾病。最后，尼罗河的水将不再流经三角洲。结果将是地中海海水会不断向埃及内陆推进，使下三角洲的土地变得不再肥沃。

尽管如此，水利专家在权衡成本和收益后得出结论，鉴于埃及人口激增，未来在经济上主要就指望这样一座大坝了。既然如此，政府的首要任务就是获得外部资金和技术援助。

埃及人首先求助于西方。在整个20世纪，英国人一直都是主要水利工程师，他们对尼罗河流域拥有最丰富的技术知识。美国人除了在大型水利工程方面拥有丰富的经验（比如美国有田纳西河流域管理局）外，还对世界银行有着绝对的影响力。

然而，这些计划却遭遇重重困难，最终导致埃及和大国陷入国际危机。起初，西方大国怀有同情心。美国担心这个项目可能会对埃及经济造成过大压力，于是派遣了世界银行行长尤金·布莱克与埃及进行谈判，并制定预算限制，以确保埃及不会因尝试其他昂贵的项目而使自己陷入财务危机，从而产生拖欠世界银行款项的风险。布莱克承认高坝是"有史以来要求世界银行考虑的最大项目之一"，并补充说"它属于世界主要发展项目之列"。布莱克可能认为他与纳赛尔的会面能进展顺利，但纳赛尔却有不同的看法。像许多埃及人一样，纳赛尔对自己国家的历史有着深刻的了解，西方大国曾经凌驾于埃及人之上的那些回忆常常萦绕着他。当纳赛尔与布莱克交谈时，他不禁回想起19世纪的一些屈辱时刻，那些时候英国和法国曾强迫埃及接受令人感到羞辱的经济条件。纳赛尔后来评论称，布莱克的脸似乎变成了雷赛布的脸。雷赛布在19世纪中叶为修建苏伊士运河而使势单力薄的埃及统治者不得不单方面让步妥协。尽管纳赛尔没有排除与美国以及世界银行和解的可能性，但他不希望重蹈埃及19世纪的覆辙。他担心世界银行会在埃及最终实现完全独立之时施加新的、殖民主义的条件。

埃及与世界银行的谈判是一个难以讲清的故事，一些详细的外交史著作曾将其阐明。然而，大致情节是简单而令人痛苦的。美国人、英国人和世界银行一直在犹豫不决，尽管随着时间的推移，他们组建了一支强大的、由外国水利和电力公司组成的团队。该团队有兴趣修建高坝并为高坝安装电器设备。1955年9月，事态剧变。当时，埃及政府从苏联集团的东欧国家捷克斯洛伐克处购买了武器。这就不难理解埃及为什么决定向苏联求助。他们从西方获取武器的努力收效甚微。与此同时，埃及和以色列军队在加沙边境发生了一次冲突。冲突导致多名埃及士兵丧生，这使埃及最高指挥部强烈意识到埃及在军事上不如以色列。当时，埃及只有六架可用的飞机和足够支撑一小时战斗的坦克弹药。纳赛尔和其他自由军官深知，军队对军事准备不足的不满情绪会更加迅速地削弱他们政权的合法性。

埃及的这次购买行为使西方大国备感震惊，因为西方国家才是一直给埃及供应武器的源头。埃及的行为是否为苏联进一步向埃及和中东其他地区扩张打开了大门？经过长时间的辩论和犹豫不决后，在冷战中态度强硬的美国国务卿约翰·福斯特·杜勒斯认为，各国在冷战局势下，要么与美国站在一起，要么成为美国的敌人。他认为纳赛尔试图采取积极中立的立场是一种矛盾且可憎的行为。他决定给埃及一次冷战外交教训。1956年年中，面对埃及方面的不断催促，美国、英国和世界银行撤回了对高坝计划的支持。杜勒斯的理由没有明确表达他做出这一决定的真正原因。相反，他声称西方担心高坝项目超出了埃及政府的财政能力，这当然是一个合理的担忧。但实际上，杜勒斯想让纳赛尔和其他观望的人知道，与苏联搅和在一起是要付出昂贵代价的。

随后发生的一系列事件令许多主要参与者大吃一惊、措手不及。1956年7月26日傍晚，当纳赛尔在亚历山大城的一次集会上发表演讲时，埃及技术人员和军人进入苏伊士运河区，并接管了苏伊士运河公司的控制权。行动的信号是纳赛尔在演讲中提到运河的宿敌雷赛布，就在这个时刻埃及国家官员接管了运河公司。在提到雷赛布之后，纳赛尔继续宣布，西方撤回对高坝项目的财政援助和技术援助不会阻止埃及通过自主国有化来实现国家现代化的步伐。作为报复，纳赛尔向欢呼雀跃的观众宣布，埃及将把苏伊士运河公司收归国有，以国有化当天的股价补偿股东，并将利用苏伊士运河的资产来为高坝项目提供资金。

埃及的行动不应该令西方震惊。美国国务院和英国外交部长期以来一直担心埃及可能会将运河公司收归国有。而且不管怎么说，该公司的特许权也只剩下13年了。此外，正如英国外交部的法律官员在一份未发表却被广泛传阅的内部报告中承认的那样，由于运河公司的章程规定公司完全属于埃及，埃及政府将它收归国有是合法的。尽管有人对运河及苏伊士运河公司的国际地位提出异议，但国际法专家有一个共识：用于管理公司和运河交通的各种国际条约并不影响埃及在运河区享有主权。

这些论点对英国、法国和以色列的政治领导人几乎没有产生影响。自运河国有化的那一刻起，他们就密谋反对埃及，尤其是反对纳赛尔。对于这些领导人来说，纳赛尔让他们联想到20世纪30年代挑战国际秩序的法西斯独裁者形象。每个大国都有各自想要打倒纳赛尔的原因。法国对开罗广播电台支持阿尔及利亚民族主义者感到愤怒，因为他们试图结束法国在阿尔及利亚的统治。以色列担心纳赛尔向苏联敞开大门并获得苏联的武器。而当时执政的英国保守党右翼则希望取消前几届政府向殖民地民族主义者所做的让步，并减缓大英帝国的解体速度。英国首相安东尼·艾登一直渴望摆脱前任首相温斯顿·丘吉尔的阴影。艾登在将纳赛尔描绘为英国不可饶恕的敌人方面发挥了最具决定性的作用。艾登的亲密顾问之一、后来成为其批评者的安东尼·纳丁认为："艾登开始表现得像一头被激怒的大象，毫无意义地冲向国际丛林中看不见的假想敌。"艾登告诉纳丁，他想摧毁纳赛尔，而不是孤立纳赛尔或使纳赛尔的影响力失效。当纳丁警告艾登这可能导致埃及政治陷入混乱时，首相回答说:"我才不在乎埃及是否会陷入无政府状态和混乱。"最后,1956年10月21日到24日,在法国塞夫勒举行的一次秘密会议上,法国和以色列主要领导人同意联合入侵埃及。他们还派遣了法国外交部长克里斯蒂安·皮诺与英国沟通,以确保英国参与其中。

纳赛尔的心态与他的对手完全不同。首先,他认为将运河国有化的法令是完全合法的。他也意识到西方将会对这一法令产生愤怒,但他坚信随着时间的推移,西方明智的政治家们将会认识到埃及这个事例的力量。在这方面,他与澳大利亚总理罗伯特·孟席斯的会谈就很能说明问题。孟席斯认为,世界上的大国不能让埃及掌管这条对很多国家都至关重要的水道,因此需要建立某种形式的国际控制。纳赛尔对孟席斯并没有提出疑问。他只是回应说,只要英国将对国际航运更为关键的伦敦港国际化,他就会将苏伊士运河国际化。

纳赛尔相信时间站在他这一边。他估计英国和法国至少需要三个月的时间才能出动海军,对埃及发起全面入侵。事实证明,他的估计是相当正确的。纳赛尔相信,到那时,冷静的头脑会占上风。然而,纳赛尔判断错了一件事:他认为英国永远不会与以色列人密谋,因为这样的联盟会损害英国的利益,并破坏英国在整个中东地区的声誉。纳赛尔真正看错对手的地方在于,以首相安东尼·艾登为首的一小撮保守党政治领导人决心把所有这些问题都抛到一边,继续执行他们入侵埃及的秘密计划。

10月29日,大约有4.5万名以色列士兵涌入西奈,对埃及发起进攻。法国人和英国人称,他们必须进行干预,将交战的双方分开。这个说法是骗人的。事实上,法国和英国早在几个月前就密谋了这些安排。从 11 月 5 日开始，大约 8 万名士兵在塞得港和运河地区附近登陆。然而，从一开始，英国、法国和以色列的军事与政治计划就出了岔子。没有人相信入侵行动是未经事先商定的这种谎言。虽然埃及内阁一些成员建议立即投降，但纳赛尔和其他人决定，无论他们的兵力如何不足，都必须坚持战斗。事实上，埃及的兵力严重不足。算上新兵，埃及军队也不到 9 万人，而且没有对手使用的先进武器。然而，侵略者没有预料到世界舆论的反应和美国政治精英的愤怒。美国总统德怀特·艾森豪威尔没有支持他们的英国、法国和以色列盟友，而是呼吁立即停火，并要求所有外国军队从埃及领土上撤走。苏联也表示，如果欧洲大国不撤军，苏联将向巴黎和伦敦投下炸弹。当美国撤回对英镑的金融支持时，结果就不再有悬念了。英国由于无法承受英镑挤兑，不得不停止入侵，甚至在实现最低目标，也就是控制苏伊士运河地区之前，就撤回了军队。英国人、法国人和以色列人是否能给埃及强加一个新的、更听话的政府？这仍然是一个悬而未决的问题。法国和以色列紧随英国的脚步，迅速撤离了它们的军队。纳赛尔从军事失败的险境中获得了巨大的、国际政治上的胜利。他将苏伊士运河公司国有化，挫败了大规模入侵。他在阿拉伯人民中的声誉飙升。

其他随之而来的后果虽然不那么引人注目，但也同样重要。埃及领导层中有不少人担心自己的生命安全，对在埃及的英国、法国和犹太企业以及外国社区进行了报复。这些人中许多是埃及犹太人，在二战结束时，他们的人数不少于 8 万，他们在埃及有深厚的根基。然而，这些根基并没有起到多大作用。英国、法国和犹太人在埃及的企业被国有化，被纳入了埃及不断扩大的公共部门。英国和法国公民被驱逐出境。有个人其家族与阿拉伯世界的联系可以追溯到18世纪,他还是埃及许多最重要的私营企业的董事会成员,在离开时,他的护照上盖了一个印章——"永远不得再入境"。许多犹太人无法证明自己拥有埃及国籍,因此也不得不离开。总的来说,有重要外国关系的、富裕的犹太人前往西欧或美国。贫穷的犹太人则前往以色列。犹太人逃离埃及的过程持续了数年,到了20世纪70年代,埃及只剩下几百名犹太人。

在许多方面,拥有外国国籍或已经投靠非埃及群体的人给自己招来了被驱逐的命运。他们生活在与普通埃及人隔绝的飞地。他们很少说当地语言。他们聚集在享有特权的体育俱乐部里,直到二战后,这些俱乐部才开始逐渐接纳富裕和人脉广泛的埃及人。年轻、受过教育的埃及人,比如军官们,特别厌恶这群人。他们认为这群外国人使埃及人无法掌握自己国家的主要权力机构。但是在埃及政治和经济独立的这个阶段,埃及精英高估了自己的能力,也低估了他们对外国技术和商业知识的需求。虽然埃及人确实以堪称典范的效率经营着苏伊士运河,证明西方世界的唱衰者完全错误,但他们并没有像预期的那样成功地将在1956年埃及被入侵后,埃及政府接管的大量英国、法国和犹太工业、商业与金融公司纳入公共部门并高效经营。

埃及人如此有效地管理苏伊士运河的原因之一是,原先的苏伊士运河公司严重夸大了船只通过运河的困难,以此作为公司获得巨额利润的理由。实际上,苏伊士运河与巴拿马运河不同,它没有船闸。苏伊士运河内部有几个大型内陆湖泊,在这些湖泊中,同一个方向的船只可以停靠,而另一个方向的船只则可以通过。此外,埃及人决心向世界证明,他们可以像主要由法国人管理的公司那样有效地经营运河。然而,1956年后被埃及收归国有的大多数其他外国公司却并没有得到这种有效的管理。面对那些公司,政府在选择公共部门经理时并没有那么谨慎。许多经验不足,甚至坦率地说很无能的军官占据了这些公司董事会的重要职位。此外,纳赛尔在扩大教育系统的同时所做出的承诺也很致命。他保证埃及大学的所有毕业生都能在政府的众多官僚机构中谋到一个职位。文职官僚机构已经庞大到了不可控制的地步。政府现在开始将许多大学毕业生安排在公共部门的商业公司中,无论那些公司是否需要他们的服务。埃及的工业机构、商业机构和金融机构变得臃肿不堪,雇员数量远远超过了需求。这样做的结果是,这些公司生产的商品和提供的服务要么对普通埃及人来说价格太高,购买不起,要么因为政府弥补了损失,以低于成本的价格销售。到了20世纪60年代末,这些公司拖累了埃及的经济。

纳赛尔及他的顾问们没有预见到这些后果,他们继续以牺牲私人投资为代价,扩大公共部门。到20世纪60年代初,国家已经接管了几乎所有的大型商业公司。曾在战时通过私营领域促进了经济发展的企业精英发现自己无事可做,甚至还要因为埃及经济的失败而被追究责任。纳赛尔及其同僚拥抱了苏联的经济扩张模式。他们制订了雄心勃勃的五年计划,并开设了大量新的、由政府经营的产业,期待这些产业成为经济发展的引擎。在公布第一个五年计划时,纳赛尔乐观地表示,十年内埃及人的生活水平会翻一番,二十年内将达到英国人的生活水平。

然而,他错了。这个国家经济进展甚微。埃及政府致力于国内经济变革，并切断了与西方世界的大部分经济上的联系。埃及政府出现了巨额预算赤字，并发现自己无法为大多数居民提供生活必需品。尽管国家对面包和燃料提供补贴，但这些商品还是出现了大规模短缺。当国家从海外购买需求量大的产品，如奶酪、卫生纸等，并在政府经营的商店提供这些产品时，排队等候的顾客队伍延伸了数个街区。

纳赛尔时代无可争议的经济成就是在阿斯旺修建了高坝。纳赛尔表面上是为了找到资金来资助大坝的建设才将苏伊士运河公司国有化，实际上苏联介入了高坝项目，提供了大部分资金和技术援助。不管批评者说什么，苏联在大坝建设方面表现出色。到了20世纪70年代，当大坝建成并满负荷运转时，它的12台大型发电机的发电量约占埃及总发电量的50%。它还使得新的土地得以开垦。尽管高坝对环境造成了许多负面影响，但如果没有它，埃及为迅速增长的人口提供能源这件事是不可想象的。

纳赛尔在经济领域的表现虽然糟糕，但这并非他最严重的失误。他最大的问题出现在外交政策领域。他一开始在解决苏伊士危机方面表现出色。埃及在苏伊士胜利之后，又在泛阿拉伯政治方面取得了令人瞩目的成就。1958年，叙利亚和埃及联合成立了阿拉伯联合共和国。埃及努力将自己的影响力扩展到阿拉伯半岛，派遣了大量军队支持也门的反王室武装。然而，这两次行动均以失败告终，这也预示着未来埃及外交政策遭遇的挫折。阿拉伯联合共和国在1961年解体，叙利亚人声称埃及人将他们视为二等公民。埃及军队未能在也门取得决定性胜利，而是陷入了旷日持久的战争中。但与1967年阿以冲突再次爆发相比，这些都是较小的失误。纳赛尔在阿以问题上的决策存在严重缺陷,这导致中东地区地缘政治环境发生了翻天覆地的变化。

在入侵苏伊士后,以色列将军队撤回到原来的埃以边界。埃及允许联合国观察员驻留在埃以边境的热点地区。然而,观察员始终在埃及一侧。1967年中期,叙利亚和以色列边境出现紧张局势。有传言称以色列正在往该地区调军。纳赛尔的阿拉伯世界批评者嘲笑埃及总统,称他在埃及军队需要制止以色列人时躲在联合国观察员后面。纳赛尔随后做出了一个致命的决定。纳赛尔与埃及军队指挥官阿卜杜勒·哈基姆·阿慕尔会面时,阿慕尔保证说,埃及军队现在有能力与以色列军队抗衡,甚至将其击败,纳赛尔此后便要求联合国从埃及领土撤走其观察员。三周后,以色列人担心埃及和叙利亚可能发动进攻,于是派飞机对进入西奈半岛的埃及空军和地面部队进行空袭。空袭取得了惊人的成功,摧毁了埃及430架作战飞机中的300架,并为以色列赢得了制空权。在缺乏空中掩护的情况下,驻扎在西奈的埃及军队很容易地就成为以色列陆军和空军进攻的目标。埃及损失了大约2万名士兵,他们中大多数人是在穿越西奈的绝望撤退中丧生的。当叙利亚和约旦加入对以色列的战斗时,以色列已夺取了约旦和叙利亚的大片领土。当停火协议生效时,距离第一声枪响仅仅过去了六天。而在这六天里,以色列已经从约旦手中夺取了耶路撒冷老城和约旦河西岸,从叙利亚夺取了戈兰高地,还控制了西奈。以色列准备在苏伊士运河东岸建立一条军事防线,后来这条防线被称为巴列夫防线,以色列希望这条防线能阻止埃及人渡过运河袭击驻扎在运河东岸的以色列军队。

对于前线的阿拉伯国家来说,这场战争是一场灾难。对于以色列人来说，军事上的胜利确保了他们在该地区的军事优势和政治优势。但骄兵必败，在这里也是如此。以色列军队变得自满和傲慢，他们相信自己的巴列夫防线在面对实力最强劲的军事对手埃及时无懈可击。一些以色列人认为，他们可以用被占领的阿拉伯土地来换取和平条约和阿拉伯各国对以色列国的承认，但耶路撒冷除外，因为没有任何以色列政治家愿意放弃耶路撒冷。但以色列社会的另一部分人对这些土地有不同的看法。在他们看来，以色列占领的土地是可以被以色列的定居者填满的，这些土地不仅可以为国家提供更安全的边界，还能让他们完成夺回以色列人在古代拥有的所有土地这一崇高宗教使命。

在埃及，国家无法掩盖其军事和政治失败。以色列军队占领了西奈半岛，以色列的石油公司迅速开始从埃及人建造和开采的油井中抽取石油。埃及军方曾将1948年的军事溃败归咎于政治家，现在他们只能归咎于自己。纳赛尔提出了辞职，承担失败的全部责任。但埃及人不愿意看到他们传奇般的领袖下台。在有偿支持者的鼓励下，开罗等主要埃及城市的人民大规模走上街头，要求纳赛尔继续担任共和国总统。纳赛尔顺从了他们的意愿，撤回了辞呈。然而，那时他心情低落，幻想破灭，健康状况不佳。1967年6月的六日战争后短短三年多，纳赛尔就因心力衰竭去世。

纳赛尔的去世标志着埃及戏剧性的二十年转型结束。数以万计的人走上街头，向一个恢复了埃及失去的尊严、蔑视大国，通过土地改革和扩大公共教育对财富进行大规模再分配的人致以敬意。对许多人来说，纳赛尔象征着埃及精神的本质。

安瓦尔·萨达特

在纳赛尔去世时，安瓦尔·萨达特已担任埃及副总统。虽然他是早期的自由军官之一，并参与了1952年的军事夺权，但很少有人预料到他会继承纳赛尔的衣钵。他没有纳赛尔的威望。许多人认为，纳赛尔任命萨达特为副总统，是因为他对总统的权力构成不了威胁。但这些批评家大错特错了。经过短暂的权力争夺，萨达特脱颖而出，并证明他是纳赛尔当之无愧的继任者，尽管他与纳赛尔大相径庭。

纳赛尔和萨达特是截然不同的人。纳赛尔是一个安静、保守、看重家庭的人。在革命的早期，他避开了公众视线，他似乎从不适应自己在世界上的显赫地位，也不适应与西方重要的政治家打交道。他穿着简单的西装，不炫耀奢华，日常生活中严谨而朴素。他身上没有丝毫腐败的迹象。萨达特则截然相反。他热爱世界舞台，喜欢与西方重要政治家交谈，并接受知名记者和电视台名人的采访。他炫耀自己做的几乎每一件事。他公开表达自己的宗教信仰，同时穿着精心剪裁的西装和制作精美的西式鞋子。他的妻子洁罕·萨达特和纳赛尔的妻子亦形成了鲜明对比。纳赛尔的妻子看起来更像是传统的穆斯林妻子，洁罕·萨达特则是一个坦率的女权主义者，她在16岁时就成了安瓦尔·萨达特的第二任妻子。和她丈夫一样，洁罕享受公众的关注。她试图利用自己的政治影响力来改善埃及女性的命运。

萨达特和纳赛尔不仅在政治风格与个性上截然不同，他们在国内和国际政策方面也大相径庭。不过纳赛尔在生命的最后几年开始推行的一些政策与萨达特所倡导的政策相似。年轻的萨达特曾燃烧着民族主义的激情。他声称在中学毕业时,"某种感情已经在我心中扎根:对所有侵略者的憎恶以及对任何试图解放土地的人的热爱和钦佩"。这些动力使他在二战期间与德国人接触,并使他在自由军官组织中成为穆斯林兄弟会的联络人。然而,在1970年夺取政权后,他将许多激进的抱负搁置一旁,转而追求更加务实的举措。

萨达特的新方向包括国内和国际两个部分,但都基于一个根本原则。他认为苏联辜负了埃及,主要是因为苏联对帮助埃及解决与以色列的长期冲突没有什么兴趣。1967年战争后,埃及与以色列一直不战不和的局面对苏联有利,却使埃及人民始终背负着准备迎战以色列的沉重包袱。埃及消耗自己与以色列对抗,而与以色列的所有对抗都证明了以色列在军事上更胜一筹。相比之下,美国希望在该地区实现和平,并拥有在阿拉伯国家和以色列之间达成持久和平安排的政治与军事影响力。因此,萨达特的第一步是削减埃及长期以来对苏联的依赖。他在1972年实现了这一目标,当时他要求苏联顾问,包括政治和军事顾问,离开埃及。

萨达特在提出这一要求之后,又采取了更加引人注目、大胆和完全出人意料的行动。在1973年10月(伊斯兰世界的斋月),他发动了一次进攻。埃及军队越过苏伊士运河,向看似安全驻扎在坚不可摧的巴列夫防线后面的以色列军队发动了进攻。几乎每个人,甚至包括埃及的军事指挥官在内,都感到惊讶:这次进攻的效果超出了他们最好的期望。埃及军队在许多地方突破了以色列的防线,击溃了以色列军队,以色列军队狼狈不堪,穿过西奈逃跑,并留下大量的装甲。许多埃及将军敦促萨达特继续进攻,挺进以色列领土。但萨达特担心，如果埃及军队真正威胁到以色列的安全，这可能会引发国际危机，并导致美国人站在以色列一边。相反，他命令军队停止进攻，而在此期间，美国急忙向以色列送去了替换的军事装备。

以色列的反击迅速而凶猛。它重新装备的军队将埃及人从西奈赶了回去。以军包围了苏伊士运河西岸的埃军大部队。此时，萨达特相信美国会进行干预的这种想法得到了回报。美国在苏联的支持下说服以色列接受停火，并允许被击败的埃及军队在没有进一步人员伤亡的情况下撤退。这为埃及与美国的和解以及埃及与以色列关系的改善奠定了基础。

1973年的战争结束后，一系列迅速发生的变革性事件接踵而至。苏联人员离开，美国顾问和技术人员开始迅速进入埃及。1977年，萨达特更进一步表示，他愿意前往以色列，并在以色列议会（Knesset）发表讲话，努力解决埃及、其他阿拉伯国家和以色列之间的争端。以色列对这一提议表示欢迎。萨达特于1977年11月19日飞往耶路撒冷。在以色列议会的演讲中，萨达特提出协商解决埃以问题的和平协议，这一系列的问题造成了以色列人与巴勒斯坦人势不两立。这些巴勒斯坦人是生活在约旦河西岸和加沙地带的以色列占领区，以及约旦和黎巴嫩难民营中的难民。美国总统吉米·卡特抓住了这一机会，在华盛顿特区附近的戴维营举行了艰苦的谈判，萨达特、以色列总理梅纳赫姆·贝京和美国总统卡特敲定了埃及与以色列之间的和平协议条款。作为签署和平协议与承认以色列的回报，埃及将收回整个西奈半岛。协议的其他条款包括双方承诺共同解决让以色列人民和巴勒斯坦人民势同水火的根本问题，并致力于建立一个巴勒斯坦国。

埃及与以色列之间的协议结束了两国之间长达 31 年的敌对关系，这期间出现了四次重大冲突，分别发生在 1948 年、1956 年、1967 年和 1973 年，此外还有许多小规模冲突和暴力事件。因此，埃及成为第一个与以色列达成和解的阿拉伯国家。对萨达特和许多埃及人来说，和平协议至关重要，是为埃及人民创造更加稳定的、繁荣的未来的先决条件。在和平协议之前，参战的前景笼罩着全体埃及人，尤其是年轻的埃及男性，他们被迫服兵役，也不得不搁置婚姻和事业上的规划。

然而，埃及与以色列的和平协议并未在阿拉伯国家中引起热烈反响。所有阿拉伯国家都谴责萨达特背弃了泛阿拉伯世界对巴勒斯坦阿拉伯人的神圣承诺，并将埃及逐出阿拉伯联盟。为了惩罚埃及，沙特阿拉伯政府切断了对埃及的所有财政支持，这一数额几乎每年达到近 50 亿美元。萨达特指望美国来填补财政缺口。而且，该协议尽管结束了"不战不和"的僵局，但在埃及国内也没有得到热烈赞同。许多批评家认为，埃及通过与其强大的敌人签署单边条约，放弃了对巴勒斯坦人的神圣承诺。普通埃及民众也感到受伤，因为他们被视为阿拉伯世界中的另类，而埃及人一直认为自己的国家是阿拉伯世界中文化、思想和政治的领导者。

与以色列和平共处以及与美国和解是萨达特改造埃及的国际愿景。他的另一个愿景是彻底改变埃及的经济规划。萨达特的经济规划涉及削减以政府为主导的计划经济，转而恢复私营部门，并鼓励外国私人资本流入埃及。表面上看，萨达特的经济愿景似乎是为埃及和中东其他地区量身定制的。该规划被称为"英菲塔"（infitah），即"开放",其目的是向外资开放埃及,其中最主要的是吸引石油资源丰富的海湾国家的外资。埃及的假设是,这些国家将在埃及看到由私营部门主导的工业转型所需的全部要素,并提供所需的资本。遗憾的是,事实证明,实施起来比预期的要困难得多。首先,埃及公共部门进行了反击,利用政府官僚机构的繁文缛节来阻碍外资流入埃及。1977年的粮食骚乱迫使政府终止了削减基本食品和其他商品补贴的大部分努力。然而,更为决定性的障碍是埃及与以色列的和解。沙特阿拉伯是阿拉伯国家中最富有的国家,它对埃及的这一背离行为深恶痛绝。阿拉伯半岛较小的石油王国也不太欢迎埃及的这一行为。外资并没有像萨达特希望的那样流入埃及,国家主导的计划经济仍然是埃及经济规划中的一个重要组成部分。

萨达特从未有机会看到他的经济愿景起势。1981年10月6日,即1973年战争的周年纪念日,埃及举行了阅兵式以示庆祝。当萨达特正在阅兵台上检阅部队时,一小撮携带武器的极端分子从阅兵队伍后面的一辆军车上下来,向总统与其他政要就座的阅兵看台开火。刺客头目哈立德·伊斯兰布利上尉走近看台,近距离向萨达特开火。萨达特被紧急送往军医院,但在到达医院时已被宣布死亡。在对哈立德·伊斯兰布利的审判中,伊斯兰布利吹嘘道:"我已经杀死了法老。"

萨达特的葬礼与他的前任完全不同。他的葬礼吸引了来自整个西方世界的政要,包括三位美国总统(吉米·卡特、杰拉尔德·福特和理查德·尼克松),但除了苏丹总统加法尔·尼迈里以外,整个阿拉伯世界都抵制了他的葬礼。送葬队伍经过的首都几乎鸦雀无声。埃及的普通人借此机会表达了他们对这位统治了他们,但没有像纳赛尔那样赢得他们支持的人的不满。

　　刺客们揭示了反对埃及总统的一个因素。埃及政府一直以矛盾而古怪的方式与穆斯林兄弟会打交道。政府想要达到自己的目的时，就把他们关进监狱；政府认为他们会支持自己时，就把他们放出来。萨达特上台时，许多穆斯林兄弟会成员正在监狱里。为了让自己不同于纳赛尔的举措赢得他们的支持，萨达特释放了监狱里的兄弟会成员并争取到了他们的支持。在20世纪70年代的十年间，穆斯林兄弟会的力量不断壮大。但就在萨达特被暗杀的一个月前，萨达特意识到穆斯林中的激进分子正在密谋反对他，于是他下令大规模逮捕异己。大多数激进的穆斯林都被送回了监狱，但至少有一个兄弟会小组幸免于难。该小组由伊斯兰圣战组织的伊斯兰布利领导，没有被发现和逮捕。这个小组为何能够携带武器和弹药参加阅兵仪式？这引发了许多阴谋论。在阅兵仪式上，任何部队都不得携带实弹。所以有许多人认为，萨达特之死与军方高层领导有关。然而，时至今日，除了实际执行杀人的小组外，没有任何人受到指控。

　　暗杀萨达特的事件还提醒了长期观察埃及的人们：埃及以及许多其他伊斯兰国家现在也存在极端激进、好战的穆斯林兄弟会分支。这个组织的灵感主要来自殉道的埃及人赛义德·库特布，他在穆斯林兄弟会创始人哈桑·班纳于1948年去世后成了兄弟会思想上的领袖。二战后的一次美国之行给年轻的赛义德·库特布带来了心灵上的创伤。他发现在美国道德风气如此败坏，两性之间的交往如此密切，以至于他认为西方文明是一株毒草，伊斯兰世界要不惜任何代价避免它的荼毒。他的著作变得越来越反西方和亲穆斯林，但他的人生转折点出现在纳赛尔政府监禁他，并对他施以酷刑之时。库特布从 1954 年到 1964 年一直被关押在监狱中，然后被释放，随后又被重新监禁。1966 年，他被处决。在这些残酷的监狱岁月中，他满怀激情地写道，有必要采取行动来对抗西方影响的传播，如果必要的话，可使用暴力。库特布拥护穆罕默德和早期虔诚信徒所信奉的完整而正确的伊斯兰教。

库特布最重要的著作《里程碑》是他在监狱中创作的，虽然该书曾一度被禁止，但它仍被广泛秘密传播。一位研究库特布著作的专家称《里程碑》是"库特布一生工作的印记，是文学巨著创作的巅峰，其中许多内容与伊斯兰布道无关"。《里程碑》所传达的主要信息是，资本主义、集体主义和殖民主义的意识形态已经破产，是无神的，而"穆斯林社会的转折已经到来，穆斯林社会已经是时候为人类实现真主赋予人类的使命了"。但伊斯兰教的胜利需要一批信徒作为先锋，他们愿意与统治世界以及使世界陷入黑暗状态的元素做斗争。当代穆斯林需要回顾先知和早期信徒的时代，重新发现纯正的伊斯兰教义，这些教义完全依据真主赐予这一代信徒的起始原则，它未掺杂来自希腊、罗马和波斯的知识。

第十二章
穆巴拉克领导下的埃及

上午八点是马阿迪地铁站的高峰时刻。尽管马阿迪是开罗最富裕的住宅区之一，也是外国人与富裕的埃及人混居的地方，但在过去的几十年里，这里也经历了巨大的扩张。站台上挤满了急于准时到达市中心工作地点的通勤者。任何熟悉从海尔万到鲁克门的老列车路线的人都知道这条线上人很多，挤上车的希望渺茫。现在的地铁就是在这条线路上运行的。但新系统有明显向好的方面发展的迥异之处。乘客无须排着长队、推推搡搡，挤到队伍的最前面买票。乘客可以根据自己未来几周的需要购买相应数量的金属编码票证，然后使用这些票证，通过车站入口处的旋转闸机进出车站。在这方面以及其他方面，1989年开通的开罗新地铁系统类似于巴黎地铁。巴黎地铁工程师设计了开罗的地铁网络。几乎每一列流线型的、由九节车厢组成的列车都在前一列列车离开后的两分半钟准时到达。中间的两节车厢专供女性乘客使用。任何进入这两节车厢的男性都会被撵走，即使这意味着这名男性必须等待下一趟列车。最初，列车的前两节车厢是专为女性乘客保留的。但有一次，在列车抵达终点时发生了一起列车相撞的惨剧，导致许多坐在第一节车厢里的女性死亡，因此交通当局决定将女性车厢移到车厢中部更安全的位置。

车厢里挤满了人，即使是最后一节车厢也是如此。乘客必须步行较长的距离才能抵达最后一节车厢，因此最后一节车厢里通常是年轻的乘客。但开罗地铁这种拥挤的状况与巴黎、伦敦、东京和纽约每天高峰时段的拥挤情况是否有所不同呢？也许有一点。但是，开罗人习惯了生活在狭小的空间中。与地铁开通前的行程相比，现在乘坐地铁让人感觉更加舒适和文明。以前，乘客相互推搡。勇士们探出身子，如果列车在众多的十字道口中的某处撞上汽车，那么，这些勇士可能就没命了。事故发生的频率比任何人愿意承认的还要高。女性因遭受猥亵而受到严重伤害。通勤者喜欢地铁开通后的变化。他们为跻身第一世界深感自豪。

从海尔万到鲁克门的老列车完全是在地面上运行的。新的地铁系统在老开罗站以后进入地下，使列车可以在市中心的各个车站停靠。这些车站的名字都是为了向埃及的现代英雄致敬：阿拉比、纳赛尔、萨达特、柴鲁尔和穆巴拉克。地铁驶入开罗东北部后，又升至地面，然后在距离起点30英里的马格结束旅程。全程有3英里是地下的。第二条较短的地铁线在开罗市中心地下与海尔万至马格的主线交会。这条线路由东至西，在尼罗河下方穿行，连接了工人阶级居住的舒卜拉区与开罗大学。开罗的地铁堪称当代的奇迹。它的运行效率是20年前在开罗任何地方都不曾存在的。列车很少晚点，它们每天运送乘客超过200万人次。

地铁可能还带来了另一个结果，这也许是个意想不到的结果。

它极大地帮助解决了常在开罗市发生的骚乱。开罗骚乱的主要原因之一是过度使用交通系统，而开罗的交通系统一度完全无法负荷。骚乱一直是现代开罗的一个周期性特征。引发城市暴力的最快导火索是食品和汽油价格的突然上涨，其次就是交通问题。

我曾无意中卷入了开罗的一场示威活动中，并亲身经历了示威活动所带来的悲惨后果。1975 年 1 月 1 日，我需要穿过开罗市去赴约，乘坐从马阿迪到鲁克门的老列车线。在乘车穿越城市之前，我先去了一趟解放广场附近的政府大楼。中央广场似乎发生了骚乱，但在政府大楼与我交谈的官员向我保证说一切安全。我出去后步行，登上了围绕解放广场的人行道，通常走路要花 15 分钟时间。令我惊讶的是，在我脚下的主街上，几辆出租车和公共汽车正在熊熊燃烧。抗议者已经聚集在那里。那么，我曾咨询过的政府官员是否知道外面到底发生了什么？我很快就发现，他不知道。俯瞰开罗繁忙的主街沙里亚·卡斯尔·埃尼（它连接着解放广场与卡斯尔·埃尼医院），我目睹了令人震惊的一幕。在那里，距离我不到100 码的地方，戴着透明面罩，一手持警棍，一手持木盾的一队人数众多、令人生畏的防暴警察正在奔跑。我及时逃走了。当我走向附近的海滨大道时，防暴警察已经出现在解放广场的抗议者面前，他们殴打和逮捕了那些逃脱不够快的抗议者。

由于共同的原因，抗议者聚集在一起。他们都是海尔万钢铁厂的工人。每天，他们必须通过老的列车路线抵达工作地点。如果他们迟到了，雇主会扣除他们的工资。而由于列车经常延误，这种情况常常发生。新的地铁线彻底改变了开罗的交通网络。它准时将工人送到工作地点。它减轻了地面交通——公共汽车、合作社的出租

第十二章 穆巴拉克领导下的埃及

车和私人出租车——的压力,所以现在人们可以制订计划,在规定的时间到达某地。开罗发生了许多令人兴奋的、不同寻常的变化。

萨达特总统引领了许多变革。如今在开罗、亚历山大城、埃及的其他主要城市,甚至乡村都可见到改变。但大多数创新之举都是在胡斯尼·穆巴拉克长期担任总统期间实现的。胡斯尼·穆巴拉克在萨达特遇刺后接任了总统职务。除了埃及君主制创始人、1805—1848年统治了埃及43年的穆罕默德·阿里外,穆巴拉克的执政时间比当代任何埃及统治者都要长。

胡斯尼·穆巴拉克

萨达特遇刺时的副总统是胡斯尼·穆巴拉克。许多人认为,他和他的前任一样,之所以被选中担任这个职务,是因为他的平庸不会对总统构成威胁。在官方内部圈子之外,穆巴拉克鲜为人知,但人们普遍认为他是一位充满善意的官员,尽管他并不特别精明。尽管有了越来越多的反证,但人们对他不是一位精明政治家的印象还是持续了一段时间。开罗人享受嘲笑他们领导人的乐趣,其中一个常见的笑话是穆巴拉克的面容和行为与埃及最流行的包装奶酪上的微笑奶牛相似。事实上,穆巴拉克开始证明批评者是错的。不久之后,通过狡猾的、主要藏于幕后的行动,他证明自己确实是一个足智多谋的政治领袖,能够智胜竞争对手并能牢牢掌控权力。他在位30年,赢得了5次总统公投。

穆巴拉克并非自由军官。政变发生时,他只有23岁,但他已经在军队中备受尊敬。他是一名轰炸机飞行员，随着时间的推移，他逐渐在埃及空军中积攒了一份杰出的履历。他迅速晋升，于1967年成为空军学院院长，并于1969年担任空军参谋长。由于在1973年的战争中表现出色，他被提升为空军元帅。因此，他让强大的军事机构无须再担忧萨达特的继任者不会是自己人。此外，他还以不那么张扬和咄咄逼人的方式，加强了萨达特的新举措，同时安抚了那些对萨达特的激进观点感到不安的人。他增进了埃及与美国的关系，后者在1979年埃及与以色列签署和平协议后，成为埃及经济和军事的主要支持者并提供了大量的援助。作为一位新的、看似从善如流的领导人，穆巴拉克还修复了埃及与其他阿拉伯国家的关系，并恢复了埃及在阿拉伯联盟的成员国资格。约旦、叙利亚和最后包括巴勒斯坦在内的其他几个阿拉伯国家都与以色列进行了外交谈判，但这显然并没有损害埃及的地位。不管怎么说，到2008年，只有约旦与以色列签署了和平协议。

在萨达特总统任期的最后几年，他开始放开党禁，允许几个新政党参加议会选举。他还让媒体的自由程度达到前所未有的高度。然而，对他的暗杀暂时打断了这些自由化举措。穆巴拉克在担任总统后宣布进入紧急状态（实际上一直持续了下去），逮捕了在萨达特时期躲过警察网络的穆斯林兄弟会成员，彻底禁止了穆斯林兄弟会成员外出，并加强了对新闻媒体的控制。然而，这位埃及总统也放松了政府对权力的控制，这在很大程度上得益于受过教育且日益富裕的中产阶级所带来的压力。新的政治党派应运而生，其中许多党派公开批评政府。人民议会选举受到严格控制，但许多反对派候选人还是取得了胜利，虽然这些反对派获胜者的数量从未足以威胁

第十二章 穆巴拉克领导下的埃及

执政的民族民主党占多数席位的稳固地位。最强大的反对派组织仍然是穆斯林兄弟会，尽管对该组织的禁令仍在继续。在 2005 年的人民议会选举中，政府以绝对多数当选，但在总共 444 个议会席位中，仍有 84 名穆斯林兄弟会成员入选。当然，这些人不能公开声称自己是被禁组织的成员。

穆巴拉克不像他的两位前任那样善于引起公众的注意。他面对人群感到不太自在。毫无疑问，在萨达特被枪杀时，他也在阅兵台上，并受伤了，这让他比他的前任们对威胁他生命的因素更加警觉。一些报道宣称，他至少经历过六次暗杀。因此，当他冒险外出时，他不会像纳赛尔和萨达特一样坐在敞篷车里，接受民众的赞美。他出行时总伴随着压倒一切的安保力量。人们很容易知道穆巴拉克或重要外国外交官何时穿越城市。因为他或那些外交官员的车辆将要经过的街道都有安保警察守卫。事实上，这些警察背对着街道，扫视人群并在高处俯瞰街道两旁的建筑物，以免发生意外情况。穆巴拉克时刻都有保镖陪伴，居住在赫利奥波利斯的总统官邸，受到严密的保护。

穆巴拉克保留了萨达特外交政策的基本要素。埃及与以色列的关系仍然牢固而和平，尽管在一些紧张的场合似乎岌岌可危。每当以色列镇压加沙和约旦河西岸的巴勒斯坦反对派时，埃以关系就会变糟。1982 年以色列进攻黎巴嫩时，埃及领导人深感窘迫。以色列军队在黎巴嫩南部占领了近 20 年后，埃及领导人更加窘迫。但是，即使在埃及民众强烈抗议的情况下，和平协议仍然继续存在。

与埃以关系类似，埃及政府一直是美国的主要阿拉伯盟友。1991 年，埃及派遣约 3.5 万名士兵支持乔治·H. W. 布什总统领导的国际部队击退伊拉克对科威特的入侵。然而，在2003年乔治·W.布什总统领导的入侵伊拉克的行动中，埃及政府仅提供了有限的支持。尽管埃及政府允许美国军队经由埃及前往伊拉克，但穆巴拉克明确表示反对这场战争，并警告如果美国继续在中东实行侵略政策，那么"我们将会面对一百个本·拉登，而不是一个本·拉登"。

埃及与美国保持友好关系的一个重要原因是，美国向埃及提供了大量的财政、技术和军事援助。到2004年，美国已向埃及经济投资255亿美元。然而，这种支持力度最近已经开始迅速下降。1979年，也就是埃及和以色列签署和平协议的那一年，美国向埃及提供了11亿美元的经济援助和近乎其两倍的军事援助。根据2000年达成的协议，美国表示每年对埃及的经济援助将减少4 000万美元，直到2009年将援助金额稳定在略高于4亿美元的水平。下面的说法就可以看出下降的幅度有多大。如果美国继续以1979年的11亿美元的数额每年向埃及提供经济支持，那么到2004年，美国每年给埃及政府的资助金额会达到45亿美元。

萨达特与以色列签署了一项和平条约，并启动了他的"开放"经济政策，他希望这些政策能够刺激经济，并带来持续的、令人印象深刻的经济发展。穆巴拉克延续了这些政策，但经济快速发展的目标仍然遥不可及。2006年，埃及人均国内生产总值为5 000美元，人均收入为1 260美元。根据世界银行的数据，埃及是世界上的低收入国家之一，人均收入高于巴基斯坦和孟加拉国，与东欧和中欧的原苏联卫星国以及一些较富裕的非洲国家相当。可悲的是，在阿拉伯国家中，埃及排名倒数第二，仅高于苏丹。农业曾在埃及国内生产总值中占比最高，但现在已经缩小到14%。制造业占埃及国内生产总值的19%，如果把采矿（包括石油）考虑在内，这个数字将增至38%。埃及越来越多地将自己转变为一个以服务业为导向的经济体，服务业目前占据了近一半的埃及国内生产总值。

如果对穆巴拉克时期埃及的经济表现进行公正分析，那么它可以说是及格，但并不出色。20世纪80年代是经济增长缓慢且不稳定的十年。新政通常难以实施，同样如此的还有新的经济安排，它们引起了公共部门官僚的反对，且未立即赢得外国投资者的支持。此外，石油资源丰富的阿拉伯国家在这十年的前半段撤回了对埃及的财政支持，而在埃及与以色列签署和平协议之前，它们曾是埃及经济的主要财政支持者。唯一填补这一缺口的是来自美国的财政援助。

然而，随着时间的推移，新的经济政策开始生效。1977年，政府曾尝试提高面包价格。面包是所有埃及食品中最重要的，政府的这一做法引发了自军方掌权以来埃及规模最大的骚乱。政府最终决定保持面包价格不变，但将出售标准面包的尺寸缩小了。类似的渐进性调整也在其他受政府补贴的商品价格上进行，尤其是石油产品的价格。因此到了世纪之交，政府的补贴支出不再占据国家预算的大部分。最后，在2003年，政府推出了埃及镑浮动汇率，使其与自由市场的价格接轨，并削弱了一度猖獗的黑市。

在1990年至2005年间，埃及年经济增长率达到了令人印象深刻的4.2%。在随后的两个财政年（2006年和2007年），这一比率上升至6%。这一增长在一定程度上表明，国际货币基金组织长期建议的"合理定价"政策，终于奏效。然而，不幸的是，2008年的全球经济危机带来了一系列的经济上从未遇到过的困境。

开放、自由化的经济政策未能解决埃及最紧迫的问题之一。这些政策未能根除或大幅减少贫困问题。与 1980 年和 1990 年一样，2005 年，近 20% 的埃及人口生活在贫困线以下，他们无法满足自己在食品、医疗保健、住房和教育方面的基本需求。尽管埃及国内生产总值有所增加，但在 1990 年至 2005 年间，埃及就业增长率令人失望，每年仅为 2.6%，几乎无法吸纳每年涌入就业市场的高中生和大学毕业生。

萨达特和穆巴拉克承诺政治体制自由化与言论自由，同时经济也将自由化。实际发生的变化虽然不如人们所希望的那样大，但已经比纳赛尔时代有了显著进步。在纳赛尔执政期间，人们害怕反对政府，即使在家中也不敢言。他们担心他们的谈话被报告给秘密警察，或被在住宅区巡逻、配备了电子窃听设备的警车监听到。穆巴拉克在首次担任总统时试图赢得埃及广大民众的青睐。他释放了被监禁的穆斯林兄弟会成员，并在盛大的官方招待会上款待了他们中的许多人。他允许穆斯林兄弟会的候选人以独立人士的身份竞选人民议会议席。他正式承认了长期的反对政党。

穆巴拉克与穆斯林兄弟会的关系在 20 世纪 90 年代开始降温。兄弟会拒绝支持他 1995 年第四次竞选总统，也不愿谴责伊斯兰的激进团体针对外国人发动的越来越频繁的暴力袭击。

在萨达特和穆巴拉克的执政时期，新闻界比在纳赛尔时期享有更多的自由。包括穆斯林兄弟会在内的反对派政党组织出版了攻击政府的报纸和杂志。但是，与政府所控制的报纸、广播和电视得到的国家资助相比，这些团体的资源显得微不足道。在任何一场向民众传播政治和文化信息的角逐中，政府都压倒了反对派团体所做的努力。

在一个更加开放和私营部门导向的经济体系下，受过教育的中产阶级蓬勃发展。尽管极端分子试图恐吓外国人不要来埃及，但埃及旅游业仍欣欣向荣。一些袭击事件令人触目惊心，尤其是 1997 年，当时反对埃及政权的激进分子在上埃及的女王哈特舍普苏神庙杀害了 60 名游客，2005 年激进分子则在红海度假胜地沙姆沙伊赫摧毁了一家游客经常光顾的酒店。在政府的扶持下，埃及的工业化过程突飞猛进，埃及成为高级纺织品、药品和加工食品的生产中心，所有这些行业早些时候都曾在埃及取得过成功。尽管以开罗和亚历山大城为首的大城市的发展超出了所有人的预料，但埃及政府还是努力跟上城市居民人数的增长，修建了高架公路、一条从东北郊区通往开罗市中心的行车隧道，以及一流的地铁系统。

在穆巴拉克执政期间，埃及的富人除了抱怨言论自由和集会自由受到了限制外，其他的抱怨很少。开罗和亚历山大城等城市的富人区和郊区有丰富的本地产品和进口产品。高级餐厅随处可见，城市居民现在能够点外卖获得高质量食品。开罗和亚历山大城的酒店达到了第一世界国家的标准，红海沿岸的度假胜地以及上埃及的旅游景点也受到了当地居民和外国游客的喜爱。

但穷人的生活水平并没有得以改善。在纳赛尔执政时期，埃及经历了重大的财富再分配，但现在埃及却出现了高度不均衡的财富分配模式。20 世纪 90 年代，世界银行对埃及的收入分配非常担忧，特别指出埃及的收入分配严重失衡，这可能危及该国的政治稳定。生活在开罗等城市的贫困人口在贫民窟中勉强度日，他们几乎没有医疗和教育资源。仍有 40% 以上的埃及人口居住在农村。在农村，埃及穷人的生存发展机会更加渺茫。在农村，学校供不应求，医疗资源也令人不满意。这个国家分裂为一个庞大而不断增长的有产群体，但也有一个相当规模的无产群体。无产的人民求助于反对派组织，如穆斯林兄弟会，以表达他们的不满，并希望这些组织能改善他们的境况。

尽管20世纪动荡不安（或许正是因为如此），尽管埃及经历了与英国人的斗争，与以色列的战争，外交政策的胜利和失败，以及渴望变得富裕和现代化却相对贫穷的困境，但埃及在整个阿拉伯世界仍保持着文化上的崇高地位。埃及的电影和电视连续剧（主要是肥皂剧），拥有广泛的泛阿拉伯观众。埃及的作家、诗人、散文家和知识分子为阿拉伯世界的文化生活奠定了基调。埃及创作了第一部用阿拉伯语写作的小说。在战争时期，埃及最著名和最受欢迎的小说家是塔哈·侯赛因和陶菲格·哈基姆。塔哈·侯赛因的小说《日子》（童年时代）是自传体故事，讲述了他在埃及村庄长大的经历。哈基姆在《灵魂归来》中对1919年埃及革命进行了描绘，这本书成了任何希望了解现代埃及和学习现代阿拉伯语的人的核心读物。

在众多继承塔哈·侯赛因和陶菲格·哈基姆文学衣钵的人中，没有人比纳吉布·马哈福兹更加突出，他是1988年诺贝尔文学奖的获得者。马哈福兹受到了陶菲格·哈基姆的影响，因为他也对1919年英国军队对埃及抗议者的暴行感到恼怒。马哈福兹试图延续哈基姆作品中的众多主题。没有比马哈福兹更多产的作家了。马哈福兹写了30多部小说，350多个短篇故事，无数的戏剧和电影剧本。马哈福兹最知名的作品是他在20世纪50年代创作的"开罗三部曲"，这三部曲描写了开罗一些贫困街区虽发生了重大社会变革，但家庭纽带却历久弥新。尽管马哈福兹开始他的文学生涯时立

第十二章 穆巴拉克领导下的埃及

志要通过历史小说来描绘埃及丰富而错综复杂的历史，但他放弃了这项事业，转而探索普通埃及人的日常生活。

马哈福兹的名声给他招致了相当多的批评者，其中一些人公开表达了对他的敌意。马哈福兹为萨达特向以色列提出的和平倡议辩护，这导致他的书在许多阿拉伯国家一度被禁。他对纳赛尔主义和激进主义的批评使他上了激进组织的死亡名单。在1994年，一名激进组织成员袭击了他，导致他受伤严重。尽管遭遇了种种磨难，马哈福兹仍保持着深厚的人文情怀和对埃及社会各阶层的亲和力。他的一个习惯是每周抽出一个晚上在开罗的一家时髦咖啡馆聚会，与朋友以及任何想参与进来的人讨论政治和文学。

在总结长时期内的变化和延续性时，有时候冷冰冰的统计数据并不如个人观察那样更能说明问题。自从1960年第一次去埃及停留六个月以后，我曾多次进出埃及，特别是开罗。事实上，我在第一次访问埃及后的近15年里，都没有再去过埃及。1973年至1974年，我在马阿迪住了12个月，专门从事研究工作。埃及的一个明显变化令我瞠目结舌：埃及人民比15年前更高大、更健康、更强壮，身体上的损伤和缺陷也比以前少了。在1960年，我看到过埃及军队的一支精锐作战部队。与当时其他的人相比，这些年轻人在体型和力量上都像超人一样。到了1973年，大多数埃及人看起来都像1960年的士兵。这种变化部分归功于纳赛尔及其财富再分配和教育扩张计划。然而，讽刺的是，最大的功劳属于美国人，尽管这些年是美埃政治和军事关系紧张的阶段。即便纳赛尔拒绝在外交事务上采取中立立场，美国还是根据一项被称为PL-480的政府法令向埃及提供了大量粮食。

美国政府不仅向埃及运送了粮食，而且还允许埃及用被冻结的埃及镑偿还债务。有一段时间，似乎埃及人永远还不清这笔债务。在此期间，美国的研究人员获得了丰厚的利益。美国的图书馆能够购买几乎埃及出版的每一本书（而且很多美国图书馆都有这个能力），美国的研究人员能够涌向埃及，研究埃及历史、政治、经济和文化的各个方面。他们的奖学金，就像美国图书馆收藏的阿拉伯书籍一样，都是用那些被冻结的埃及资金支付的。我个人也受益匪浅，在20世纪70年代获得了两次美国埃及研究中心的奖学金，普林斯顿大学燧石图书馆声名远扬的海量阿拉伯馆藏也触手可及。遗憾的是，这些资金已经枯竭。今天，埃及用硬通货支付进口食品的费用，而美国的研究人员和图书馆也必须找到硬通货，用以购买书籍和发放奖学金。

在20世纪70年代，看到埃及人民如此健康，让人非常高兴。但另一方面，经济停滞不前的状况却令人沮丧。即使是富裕的外国人也觉得生活压力很大。几乎没有进口产品可供购买。街道空无一人。家庭没有私家车，当然这方便了行人，因为他们可以随意地在主干道上横穿马路。我过去经常去位于开罗市中心拉美西斯大街上的"埃及当代图书馆"，现在该图书馆位于一条交通繁忙的主干道上。但在20世纪70年代，当我在大街上漫步，无论何时何地，都能横穿马路。

然而，自2000年以来，"开放"政策的影响已经显现出来，它改变了开罗的面貌。街道上车水马龙。行人小心地移动，在车流的缝隙中穿行，躲避着飞驰而过的汽车。人行道在白天和黑夜都被用作紧急停车区。富人公然炫耀他们的财富。奔驰车的比例高得惊

第十二章　穆巴拉克领导下的埃及

人。如果合法购买一辆奔驰车，埃及当地居民至少得花费5万美元，这笔费用几乎比世界上任何其他城市都多。在20世纪70年代，建于20世纪60年代的尼罗河希尔顿酒店和位于金字塔旁的米娜宫是开罗市仅有的两家五星级酒店。在开罗几乎找不到一家一流的餐厅。我和妻子过去经常带我们的两个小孩去开罗市中心的瑞士餐厅吃圣代，因为那家餐厅的厨师长会从瑞士空运来冰激凌。

到了千禧年，开罗在高端消费上焕然一新。开罗拥有五星级酒店和餐厅、快餐店、网吧、水疗中心和精品专卖店，汇集了欧美最新的进口商品。这里的商家迎合富裕阶层的需求。然而，在巨大的财富面前，贫困问题依然明显，穷人继续受苦。但他们现在已不大显眼了，特别是对于居住在宰马利克、马阿迪、花园城和穆汉迪辛等高档区域的居民来说，与三四十年前相比，他们现在更容易避开穷人。而富人很少涉足像舒卜拉和因巴拜这样的贫民区。这些地区属于国家当局管辖的范围之外，由其自己的社区进行管理。这些地方的人公开敌对国家，并对如今如此明显的财富差距感到愤怒。

穆巴拉克统治下的埃及和之后的埃及

现代埃及似乎一直处于十字路口。拿破仑的军队入侵埃及时是如此，而穆罕默德·阿里及其继任者试图将埃及引入现代世界，不屈服于欧洲帝国主义野心时也是如此。1952年军事政变的领导人承诺会带领埃及走向现代化。虽然他们实现了许多目标，但在许多其他方面却失败了，这使后来的政府面临一系列困境：伊斯兰教在埃及的未来中扮演什么角色？埃及人口众多，是否有希望实现经济繁荣？民主还有机会吗？穆巴拉克离任后埃及将会发生什么？*问题层出不穷，答案难以找到。

伊斯兰教是解决之道吗？

伊斯兰教是当代埃及一股强大力量，其要旨是伊斯兰教才是解决埃及众多问题的方案，这一要旨吸引了许多信徒和善良的人。伊斯兰教对世俗现代性的批评在埃及的穆斯林和非穆斯林中都引发了共鸣。与伊斯兰教一样，许多当代埃及人也反对西方资本主义思想，认为其太过于物质主义、个人主义，且剥削穷人。他们也拒绝了共产主义，认为这个方案行不通。穆斯林在争取广泛支持时尚未拿定主意的是伊斯兰教统治下埃及的社会性质。穆斯林团体间存在一个脆弱的共识，即伊斯兰化的埃及将从先知穆罕默德和早期信仰者身上汲取灵感，埃及的法律体系将借鉴伊斯兰教法，埃及将寻求与其他伊斯兰国家结盟而不是与美国结盟。但在具体实施和细节方面，不仅不同的穆斯林团体存在分歧，而且这还引起了世俗主义者的警惕。

在埃及重新崛起的伊斯兰教内部的分裂在很大程度上源于人们普遍反对武装分子令人发指的暴行。这些武装分子中的许多人希望削弱穆巴拉克政权。他们于20世纪90年代袭击和杀害了数百名警察、士兵、平民和游客。也许没有什么事件能比激进分子1997年在上埃及杀害参观女王哈特舍普苏神庙的数十名游客更加引起人们的反感，也更能激起人们对激进分子议题的反对。负责上埃及大屠杀以

---

* 本书原作出版于穆巴拉克离任之前。——编者注

第十二章 穆巴拉克领导下的埃及

及许多其他袭击的组织名为"伊斯兰组织"（al-Gamaa al-Islamiyya），在20世纪70年代穆斯林兄弟会拒绝使用暴力后，"伊斯兰组织"接过了激进的旗帜。该组织的最知名的倡导者是谢赫奥马尔·阿布德·拉赫曼，一位盲人教职人员，他是14世纪伊斯兰纯粹主义者伊本·泰米叶和埃及激进分子赛义德·库特布的追随者。在被驱逐出埃及并在阿富汗与基地组织领导人接触后，谢赫奥马尔进入了美国。美国当局认为他参与策划了1993年世界贸易中心爆炸事件。随后因密谋炸毁纽约市地标，谢赫奥马尔被判终身监禁。在埃及，穆巴拉克是许多激进分子的目标，他对伊斯兰激进分子发起的挑战做出了有力回应。他监禁了"伊斯兰组织"的许多成员。此后，该组织放弃使用暴力，政府也从监狱中释放了该组织的许多追随者。

如果今天举行自由公正的选举，大多数观察家认为穆斯林兄弟会将获胜。兄弟会之所以如此受欢迎，是因为它狂热地反对政府，并为有需要的人提供社会服务。这一点在危急时刻尤其明显，例如，1992年的一场地震给开罗多个地区造成了严重破坏，导致520人死亡，4 000人受伤。地震发生时，穆斯林兄弟会的救援人员和医务人员比政府官员更快地赶到了现场。此外，穆斯林兄弟会在大学生和大多数专业组织中形成了庞大而强大的集团。他们中的许多传教者直言不讳地批评政府，指责政府腐败和反宗教。这些教职人员中最著名人物的录音带广为流传。似乎没有人比盲人爱资哈尔伊玛目阿卜杜勒·哈米德·基什克更受欢迎，他是如此受欢迎，以至于即便他发表了反政府的煽动性言论，政府还是对他网开一面。

伊斯兰教的力量表现在越来越多的人重新以满怀虔诚的态度对待宗教，而且往往是非常公开地表达自己的立场。人们在乘坐地铁时会咏诵《古兰经》的经文。参加周五聚礼的人多了。虔诚的穆斯林男子以自己额头上形成的黑点（阿拉伯语中称为"zabib"，意为"葡萄干"）为荣。黑点是因为他们反复俯伏祈祷而形成的。现在也有越来越多的女性戴着头巾，即"希贾布"。

  头巾的广泛使用代表了女性着装的惊人转变，或许还不止于着装。在20世纪二三十年代，受过教育的富裕女性开始摒弃面纱，并开始憧憬新埃及女性的形象。这个新女性形象也许并不完全西化，但肯定会穿着欧洲风格的服装，以前所未有的自由走出家门，进入公共场所。但从20世纪六七十年代开始，社会中的这部分女性开始佩戴头巾，在某些情况下，她们还开始强调自己的宗教信仰以及她们与西方女性的不同之处。促成这种变化的部分原因来自重新建立独立的埃及身份的愿望；部分来自对西方所承诺的更美好生活方式的幻想破灭，因为西方似乎不再能够提供更好的生活。但埃及女性在佩戴头巾时并没有放弃她们的独立性，也没有顺从男性的愿望。她们使用头巾和其他服装来展示自己的个性。她们摒弃了以前女性所穿的传统黑色服装，在服饰颜色的多样性上与其他女性比美。此外，许多女性开始戴头巾，以展示她们不同于男性的独立身份，以及对现代性的失望，因为现代性并没有带来其所承诺的平等。此外，她们也通过戴头巾展示自己充满压力的沉重生活。她们常常将自己的困境归咎于丈夫和父亲。

  不同伊斯兰团体，无论是激进的还是温和的，它们的崛起产生了另一个巨大的历史影响，那就是削弱了苏非兄弟会的影响力。自12世纪和13世纪以来，苏非兄弟会一直是大众信仰和进行宗教实践的主要机构（参见第七章和第八章）。这些传统的兄弟会是社会和宗教活动以及社区团结的源头,但穆斯林兄弟会取代了苏非兄弟会,成为埃及大多数人的主要聚会场所和社交网络。此外,长期以来一直对苏非派组织持怀疑态度的乌里玛,也利用苏非主义的影响力下降这一契机,加强了他们对苏非组织的打击力度。

然而,伊斯兰教强硬派的立场疏远了埃及的世俗主义者和许多温和的穆斯林。那些响应赛义德·库特布的号召参与暴力行动的激进分子,攻击温和派埃及人和外国人,其结果却是在伊斯兰教内部制造了深深的裂痕。他们代表了穆斯林中的一小部分,转移了国际社会对温和派的注意力,为政府镇压兄弟会提供了便捷的理由。

伊斯兰主义右翼分子的不包容性导致了他们与温和派及世俗派之间令人不快的争端。其中最臭名昭著的对决与开罗大学伊斯兰研究的教授纳斯尔·哈米德·阿布·扎伊德有关。保守派伊斯兰主义者指责扎伊德诽谤了伊斯兰教、《古兰经》和先知穆罕默德,还攻击扎伊德的主要著作,指出他主张将《古兰经》视为具有神话元素的文学作品。争议最终进入埃及法院,法院的裁定对扎伊德不利。法院宣布他是一个叛教者,因此他不再属于穆斯林社区。法院甚至更进一步,裁定由于他是一个叛教者,他的婚姻不被伊斯兰法律所承认,被宣告无效。他和妻子一起逃离了埃及,定居在荷兰。

埃及还发生过其他一些由极端教徒发起的恐吓和审查事件。狂热分子杀害了埃及自由派知识分子法拉杰·富达,并伤害了诺贝尔文学奖得主纳吉布·马哈福兹。目前,学术机构的教授们担心他们布置的阅读任务是否会激怒保守派穆斯林,是否会给院长和其他管理者带来麻烦。在开罗美国大学所发生的两起事件很能说明问题。第一个事件源于一位保守派穆斯林知识分子在埃及主要日报《金字塔报》上发表的一篇文章,在文中作者要求埃及禁止流传和阅读法国阿拉伯学者马克西姆·罗丹松有关穆罕默德的传记。这部传记最初于1971年出版,在伊斯兰世界被广泛传阅。人们普遍认为这部传记表达了对先知的同情。批评家萨拉赫·蒙塔塞尔声称这本传记诋毁了伊斯兰教,贬低了先知的生平。当时,这部传记是开罗美国大学一门课程的必读书。在极大的舆论压力下,开罗美国大学管理部门禁止该传记在大学图书馆流传。不久之后,开罗美国大学的一位阿拉伯文学方向的终身教授在指定学生阅读一位年轻摩洛哥作家的自传作品时,也遭遇了类似的反对意见。一些家长给大学的管理部门写信抗议。他们声称这本书内容淫秽,不适合年轻人阅读。当教授拒绝管理部门责令她修改阅读清单的要求时,这件事成为埃及主要报纸的头条新闻。

保守派对学者和文学界人士产生了令人不寒而栗的影响。这些学者和文学家在发表任何可能引起保守派反感的文章之前,必须三思而后行。一位著名的作家兼出版商曾说:"我会反复阅读我写的每个故事。鉴于可能性很多而我又无法确定会发生哪种情况,我已经求助于一位法律顾问。他是一位年轻的律师,也是我的邻居。他阅读我写的每个故事和我出版的每本书,尤其是由新手作家写的书。一旦图书下印,我的痛苦之旅就开始了。"

埃及人与基督徒的关系也因为穆斯林对科普特社区日益不容忍的态度而受到影响。在战时以及纳赛尔、萨达特和穆巴拉克担任总统期间,至少要有一位科普特部长,他通常负责重要职务,这种做法已成惯例,甚至是必不可少的。有影响力的科普特部长包括马克拉姆·欧贝杜,他曾是柴鲁尔领导的华夫脱党的坚定支持者,在失去了华夫脱党的青睐后,欧贝杜创建了自己的政党。二战后,科普特家族中最有影响力和富有的子弟之一布特罗斯·布特罗斯·加利曾担任高级政治职务,一度担任埃及外交部长,后来成为联合国秘书长。然而,这些对科普特合法性的尊重并没有阻止宗教激进主义者对他们发泄自己的愤怒。在上埃及的部分地区居住着大量的科普特人,穆斯林团体对那里的科普特人发动袭击,并阻碍这个社区为整修教堂和庆祝圣日做出的努力。

尼罗河能否变得更加富饶?

埃及人一直依赖尼罗河来创造财富。直到今天仍是如此。目前埃及的人口接近 8 000 万[*],预计到 2030 年将上升至 1 亿,之后也不会稳定下来,直到 2065 年达到 1.15 亿左右。因此,对新土地和资源的需求迫在眉睫。在扩大埃及居住空间和可耕种空间的许多计划中,没有一个比托西卡(Toshka)工程更令人叹为观止。该计划于 1992 年提出,打算将阿斯旺高坝后的纳赛尔水库中的水引流到埃及西部沙漠的广阔土地上。目前,这个地区属于新河谷省,占埃及总面积的 38%,却是埃及人口最少的省份。

在对托西卡的最乐观预测中,该工程几乎可以被称为奇迹。据说该工程能够创造第二个尼罗河流域,计划在 2020 年完成[**],耗资 700 亿美元。其目标无非是要将埃及的可耕种土地翻一番,创造 200 万个新工作岗位,并吸引超过 160 万人进入这片曾经世界上最干旱

---

[*] 此为原作出版时的数据,最新数据约为 1.15 亿。后文中的数据也均为当时的。——编者注

[**] 该工程曾中断一段时间,2014 年重启,目前仍在建设。——编者注

和不适宜居住的地区之一。2005年，耗资55亿美元的主泵站建成，以穆巴拉克总统的名字命名。穆巴拉克将自己的声誉押在了这个工程上。这座泵站最终将抽取的水输送到了一条主要的灌溉运河，即谢赫扎伊德运河中。该运河将向西延伸30英里，为4条支渠供水。

一个新创建的政府机构，即南部区域发展局，负责开发这个地区的土地，用于农耕和城市发展。该发展局计划将大片可耕种土地分配给私人开发公司，这些公司又会将土地划分为供大型农业企业使用的大块土地和供个人家庭使用的小块土地。

但这个梦想会实现吗？许多批评家认为不会。他们将其称为穆巴拉克的金字塔（又一次提醒人们过去如何渗透至现在）。他们提醒人们，在修建阿斯旺高坝后，曾经也有类似的承诺，但农业用地并未扩大。他们还断言，即使该工程取得一些成功，利润也会被外国投资者捞取，因为外国投资者已被纳入了该计划大部分融资者的名单中。

然而，更令人不安的是，在不久的将来，肯定会有人要求重新分配尼罗河水资源。埃及和苏丹1959年谈判达成的最后一份尼罗河水域协议中为埃及预留的分配水域已不可能增加。当时，每年流经阿斯旺的尼罗河水约840亿立方米。其中埃及获得了560亿立方米，苏丹获得180亿立方米，剩下的预计约100亿立方米的尼罗河水保存在纳赛尔水库中。埃及水利工程师提议将这100亿立方米的水引导到西部沙漠中。但是在尼罗河沿岸国家，特别是埃塞俄比亚、乌干达和苏丹都对尼罗河的水有着日益增长的需求时，埃及是否能继续保持如此大的尼罗河水资源的份额呢？毫无疑问，埃及在尼罗河的控制权方面将面临重重困难，因为中东和北非地区总体上拥有全球6%的人口，但只有2%的可再生水资源。规划者们表示，埃及可以通过减少三角洲地区的灌溉用水，保护甚至增加整个尼罗河流域的水资源供应，以应对尼罗河沿岸国家对尼罗河水资源增加的需求。然而这些目标是否可能实现呢？专家们的共识是，正如埃及修建阿斯旺高坝时的情况那样，考虑到埃及不断增长的人口以及对新土地和新资源的迫切需求，埃及没有可以取代托西卡工程的其他可行方案。

他们将住在哪里？

近三分之一的埃及人居住在开罗（2008年开罗人口达到1 850万）和亚历山大城（2008年亚历山大城人口达到400万）。开罗是世界上最典型的古老城市之一。居住在这里的人们不少于埃及总人口的25%。开罗人口的爆炸性增长使该城市最聪明的城市规划师也无法应对。污水处理项目，新的电力网络，电话网络，更多的水厂和供水系统，尼罗河上的新桥梁以及更宽更快的高速公路，这些项目几乎从竣工时起就被证明是不够和过时的。今天，富裕的开罗居民拒绝使用公共供水，即使客观报告证实公共供水比当地商店出售的所有瓶装水都更安全。毫无疑问，只要公共供水能够安全到达住宅而不受古老生锈的管道系统的影响，公共供水就是安全的，但大多数居民都不愿冒这个险。

1969年，在纳赛尔时代结束时，城市规划师推出了大开罗地区总体规划方案。其主要目标是通过创建新城市来减轻开罗的压力。最初的计划是在开罗周围的沙漠地区建立4个卫星城市。萨达特支持这一新倡议，并要求提出更大胆的设想，即"为埃及绘制新的人口分布图"。在他的指导下，大开罗总体规划扩展到包括14个新的城市中心。修订后的计划设想了三种不同类型的城市：靠近开罗并作为通勤者居住地的卫星城市；更远的独立城市，用以支持多样化的经济并实现自给自足；最后是新定居点，它们位于开罗和其他城市附近，但指定要在经济和政治上独立于附近的城市。该计划设想的新城市初始人口目标为50万，希望能增长到甚至超过100万。该计划最后的决定性部分是在开罗周围修建环城公路，这不仅能缓解进出城的交通拥堵，还能阻止城市过度扩张。

这些城市中的第一个在20世纪70年代诞生。这些城市中的两座（斋月十日城和十月六日城）很成功，第三座（萨达特城）迄今尚未成功，而第四座（新开罗）最初不是总体规划的一部分，是最近才开发的一个城区，其人口和表现很可能超过所有其他城市。

斋月十日城位于开罗-伊斯梅利亚沙漠公路沿线，距离开罗约30英里。它成功吸引了中型企业以及经营新工厂的管理人员和专业人员入驻。然而，到目前为止，该城市还是缺乏定居的劳动力。工厂工人更愿意与他们在开罗的朋友住在一起，并往返于开罗与工作地点。城市规划师对这种发展深感遗憾，因为根据他们的设想，斋月十日城会是一个能自给自足的城市。但这似乎并不影响居住在斋月十日城的居民，他们为自己创造了一个以中上阶层为主的城市天堂，这里拥有高尔夫球场、游泳池、被灌溉的草坪、花园和树木。

在距离开罗不到20英里的十月六日城，也同样如此。十月六日城的居民主要是中上层的专业人士，他们建立了埃及最具吸引力的封闭式社区。十月六日城发挥了几项重要的经济职能。与其他一些新沙漠城市一样，十月六日城已经成为一个重要的批发城市，接管了开罗的鲁德·法拉杰农产品市场曾经承担的许多职能。鲁德·法拉杰市场此前是埃及唯一的农产品批发市场。在新沙漠城市出现之前，所有农产品都会进入开罗舒卜拉区中央的鲁德·法拉杰市场，然后分销到开罗其他地区和全国各地。十月六日城的重要性还在于，这里有七所私立大学，其中包括两所私立医学院。

穆斯塔法·基什克是一位曾经侨居洛杉矶的埃及侨民，但他下定决心返回自己的国家。基什克在开罗定居，这几乎摧毁了他再次生活在埃及的梦想。他发现，即使对于一个洛杉矶人来说，开罗的拥挤、噪声、污染和混乱也是无法容忍的。搬到十月六日城后，他收获了他所渴望的一切："我感觉自己就像身处一个全新的国家。我喜欢这里较高的海拔和清新凉爽的空气。人们涌向这些新城市，因为他们对开罗感到厌倦。我真的想不出能说什么坏的地方。"基什克说得对。十月六日城的土地面积比宰马利克大，但买家较少。住房价格远低于开罗和亚历山大城的价格。居民为他们的住宅区取的名字，例如十月六日城的比佛利山庄，显示了人们相信他们正在沙漠中创造一个现代化的西方世界。

萨达特城，以埃及最积极倡导新城市发展的领袖的名字命名，它本应是具有突破性的城市。但事实证明，它是最明显的失败案例。萨达特城位于开罗到亚历山大城的沙漠公路沿线，距离开罗太远（它在开罗市区西北方向约55英里），距离亚历山大城也太远。沙漠城市的居民仍希望经常去首都或地中海。他们发现这里远离政治和文化中心的生活毫无吸引力。尽管政府不断向萨达特城投入资源，但仍无法吸引大规模稳定的人口前来定居。

另一方面，新开罗已成为一个受欢迎的居住地，尽管它距离开罗市中心较远。预计到 2020 年，新开罗的人口将达到 450 万，主要原因是这里的大学发展势头迅猛，以及它与开罗的距离相对较近。开罗美国大学的新校区坐落在这座城市的中心，造价昂贵，设施豪华。

教育能否再次成为让社会流动的工具？

在过去的两百年里，教育一直是促进社会流动的强大力量。穆罕默德·阿里和他的继任者将土生土长的埃及人，而非阿尔巴尼亚-土耳其统治阶级的成员，送往西方接受教育，并让他们进入埃及的西式学校中。到了 1863 年，当赫迪夫伊斯迈尔即位时，土生土长的埃及精英已经有能力挑战土耳其-切尔克斯人的权威。第二个社会流动速度很快的时代发生在纳赛尔时期。由于公立学校的资金增加了，大学教育显著扩展。与此同时，曾在英国统治时期蓬勃发展的私立学校不再受到青睐。来自贫困农村家庭的、有才华的埃及人得以利用新的教育机会进入专业领域、政府和商业界。

在萨达特和穆巴拉克的统治下，教育已经成为维持现状的工具。它巩固了有钱有势者的地位，为穷人中的有志之士设置了障碍。私立学校如今风靡一时，使公立学校黯然失色。在整个教育体系中，金钱是关键因素。富人将他们的孩子送到不断增多的私立学校，其中大多数的私立学校是外资经营的小学和中学。法国中学、德国学校、英国学校，以及学费最昂贵的、拥有极多捐款的开罗美国学校（美国私立小学和中学），已经成为服务于政府部门和私营部门的培训场所。德国学校因其严格的培训和卓越的语言教育（其中当然包括埃及政府和商业生活中必不可少的英语）而声誉卓著，以至于家长们提前数年排队为自己的子女争取入学的机会，尽管在埃及生活中根本用不上德语。开罗美国学校是一所学费昂贵的美国私立学校。班级规模较小。它的设施，无论是教育设施还是课外活动设施，都无与伦比。学校拥有一个奥运会比赛规模的游泳池，还有一流的田径资源和众多的运动场地。然而，遗憾的是，它的学费如此之高，以至于学校里几乎没有埃及学生。它的大多数学生是美国外交官和商人的子女。该学校还培养了许多中东富裕家庭的子女。

在纳赛尔时代，特别是在1956年英、法、以色列入侵埃及之后，政府没收了许多私立的英国和法国学校。它还削弱了开罗美国大学的合法地位，拒绝该大学的毕业生进入政府部门工作。结果是，这些学校只吸引了那些想要熟练掌握英语并打算在不断萎缩的私营部门，特别是在旅游业从业的年轻人，因为在这些学校，学生被强制学习英语知识。

在穆巴拉克执政期间，社会和经济形势发生了根本性的变化。旅游业占国内生产总值的10%，而在受过教育的人希望生活的开罗，这一比例甚至更高。旅游业需要掌握外语，这方面的知识更多地在私立外国学校中获得。开罗美国大学曾经是一个被嫌弃的机构，对于那些无法让子女进入开罗大学的知名学院（特别是医学院、工程学院和法学院）的精英人士来说，它是最后的选择。然而，它却经历了令人瞩目的复兴。该校的毕业生在政府的高层工作。穆巴拉克的妻子苏珊娜和儿子贾迈勒都是开罗美国大学的毕业生，许多政府高层官员的子女也在开罗美国大学就读或是刚刚从那里毕业。

2008年9月，开罗美国大学在新开罗开设了新校区。它几乎没有其他选择，只能搬离开罗市中心。政府希望它腾出市中心最有价值的一些地产，而大学需要比开罗市中心更多的空间来进行扩张。因此，它搬离了原来的中央校区。原有的中央校区以其优雅的行政大楼而闻名，该大楼最初被称为贾纳克利斯（Gianaclis）大楼。它以一位希腊企业家的名字命名。大学位于解放广场旁，它还有其他两个校区，三个校区一并搬到了一个远离市中心但很宽敞的地方。老校区将得到很好的利用。贾纳克利斯大楼将恢复原貌，并用作综合文化中心，而老校区则将设有咖啡厅、书店和阅读区，它将成为喧嚣城市中的一片绿洲。

与此同时，开罗美国大学董事会和管理层展示了他们对新校区美好未来的憧憬。学校新址将包含三个校区和华丽的建筑。下校区将是大学对外界的展示窗口。它将拥有一个种植沙漠植物的公园和一座用来举办重要公共讲座的露天剧场。中校区将是大学学术生活的核心。它将包含能授予不同学位的学院、行政大楼和图书馆。学生和教师将通过一个穹顶和拱形大门进入中校区，校区的设计参照了科尔多瓦大清真寺。上校区将包含教室以及学生和教职员工的社交设施，以一座多功能校园中心大楼为主。

虽然开罗美国大学是私立外资办学机构中最受尊敬的主要大学，但它并不是唯一的一所。英国、法国、德国和加拿大的团体也表现出了进入高等教育领域的兴趣。一群有埃及血统的富裕加拿大商人，于2004年开办了加拿大国际学院。该学院强调科学和技术，并与新斯科舍省的卡普顿大学建立了联系。除了认为他们的学院可以填补埃及高等科学教育中的空白之外，创始人还想赚钱。该学校成为一家营利性机构，其创始人希望可以从埃及人未被满足的以英语为基础的教育需求中获得经济利益。创始人显然进行了市场研究，因为第一年的入学人数远远超出了所有人的预料。在面对学校的新生时，加拿大董事对交学费的学生来者不拒，董事会指示地方管理层接纳所有符合入学资格的学生。这一决定虽让院长感到心情沉重，但学校的入学人数很惊人，好评如潮。

各级私立学校的蓬勃发展是对公立教育的严厉控诉，而公立教育曾是纳赛尔所珍视的革命目标之一。公立教育在埃及继续发挥着重要作用。在公立学校接受教育的学生数量远远超过在私立学校上学的学生。但即使在公立学校，金钱也起着决定性的作用。无论在哪个教育阶段，课堂上的成功都取决于学生能否获得额外的辅导和阅读材料，而这些都需要花钱。父母为孩子聘请家庭教师，设法从老师那里为自己的孩子弄到特别的讲义，录制讲座磁带或掏钱求得大学教授的授课笔记。这些大学教授通常都是大班授课，并非所有学生都能在不宽敞的教室里给自己找到一个座位。

穆巴拉克之后的埃及将何去何从？

尽管穆巴拉克总统没有打破拉美西斯二世统治 66 年的纪录，但他在位的时间已经很长了。他已经 80 多岁了。每个人都想知道他的继承者是谁，在他之后埃及又会发生什么。与他的前任不同，他没有指定一名副总统。很多证据表明他希望将权力交给自己的儿子贾迈勒。贾迈勒在民族民主党的权力体系中稳步上升。2006 年，贾迈勒·穆巴拉克成为该党的副总书记。尽管他的继任在许多地方引起了反对，但他表现出色，在某些方面是一位进步的领导者。他负责在 2005 年将更年轻、更专精的自由派经济学家引入政府内阁。

尽管军方可能对谁将接替穆巴拉克拥有最终决定权，但在

2005年选举期间出现的民粹主义反对派运动，即所谓的"基法亚"（Kifaya），表明人民的意愿不容易像过去那样被置之不理。基法亚联盟形成于2004年9月22日，当时一群杰出的知识分子对穆巴拉克总统寻求第五次成为总统以及他准备让儿子继任的计划感到震惊，于是召开了一次会议。会议汇集了500名知识分子和非民族民主党的政治领袖，会议领导人发起了一场反对运动，而非建立了一个政党。它的正式名称是"埃及改革运动"，但很快以它的别称"基法亚"而闻名，基法亚在阿拉伯语中意思是"够了"。基法亚运动汇集了众多不同的人，其中包括伊斯兰主义者、新华夫脱党、工会支持者、纳赛尔主义者、由充满个人魅力的富商艾曼·努尔领导的"明日党"（Ghad）以及社会主义党（Tagammu，或称全国进步统一党）。基法亚运动有一个统一且广受欢迎的原则，即反对穆巴拉克及其对埃及政治的持续控制。

尽管基法亚运动的参与者在总统选举中未能获胜，但这场运动确实取得了一些引人注目的成果。首先，它迫使穆巴拉克总统改变了选举总统的程序。以前，选举总统的任务由人民议会负责，而议会由民族民主党成员主导，所以议会总是提名穆巴拉克为总统。在民众的压力下，穆巴拉克允许其他候选人参选并与他竞争。他的主要竞争对手是"明日党"的艾曼·努尔，尽管努尔只获得了8%的选票，但他的表现让穆巴拉克和民族民主党深感不安，因此他们指控努尔在总统竞选请愿书上伪造了一些名字。选举后，努尔被认定有罪，并被判处监禁。

选举显示了国家权力的强大。民族民主党控制着广播电视网络，并拥有全国发行量最大的报纸。然而，基法亚运动表明了民众对当前政府的反对有多么强烈。基法亚运动的支持者利用在埃及广泛使用的新兴电子媒体来减弱民族民主党在传统媒体上的一些优势。基法亚联盟利用手机、电子邮件和互联网，激发了民众对政府的反感，利用一些简单的口号和言辞来强化这些信息。博主告知读者下一次大规模示威活动的时间，并散发基法亚反对民族民主党的海报。当然，政府也采取了其惯常的恐吓手段。一些示威活动规模庞大，而其他一些则参与者稀少，防暴警察人数超过抗议者。每当基法亚运动召集其支持者时，都会出现大规模的警察力量。

穆巴拉克和民族民主党赢得2005年的选举这一事实表明，埃及人民离夺取政权还很遥远。无论如何，基法亚组织内部开始出现分歧，特别是穆斯林和世俗主义者之间。一个造成分歧的问题是头巾，一些世俗主义者希望谴责头巾，而穆斯林则捍卫头巾。但反对现状和反对穆巴拉克统治方式的呼声与日俱增。

未来的埃及领导人面临着众多问题，其中人口增长在很多方面都是最棘手的问题。一位风趣的埃及经济学家曾说，他有一个解决埃及人口困境的方法。埃及应该推行强制性的生育控制，并将生育控制追溯到1910年就开始实行。面对人口增长这一问题，埃及领导人提出了建立新城市、开展托西卡灌溉工程、扩张私立学校、发展工业化以及种植产量更高的新作物和种子等一系列的应对方法。但其中许多提案都存在严重缺陷。

结语
穿越千年的埃及

　　埃及的历史丰富多彩。无论走到哪里，都能看到过去的痕迹。在农村，尽管尼罗河的洪水不再每年泛滥，但古老的"桔槔"和以水牛为动力的水车仍然存在。农妇们像千百年来一样，帮助她们的丈夫和父亲耕种田地。不远处的古埃及和伊斯兰时期的古迹让无数游客惊叹。但对埃及人民来说，那些古迹不过是些习以为常的东西。在离埃及人的定居点较远的地方，有修道院和古老的教堂，那是遥远的基督教时代的见证。希腊和罗马的遗迹遍布城市，而这些城市也反映了过去两个世纪现代化的进程。会员制体育俱乐部创造了休息和娱乐的绿洲。这些俱乐部曾经只有富裕的外国人才能享受，现在对有钱的埃及人也开放了。然而，这些俱乐部距离一些最贫困的街区很近，那里的穷人谋生艰难。一个模仿巴黎地铁的现代化地铁网络，从南部的工业区海尔万蜿蜒而行，到达北部的阿巴西亚和赫利奥波利斯。

　　游客涌向埃及。他们来到这里，回首历史的足迹，被金字塔的宏伟气势，拉美西斯二世显示出自负的巨大纪念碑（这些纪念碑还象征着帝国主义的勃勃野心），以及亚历山大大帝、克娄巴特拉和罗马军团留下的古迹所吸引。他们前往西奈半岛的圣凯瑟琳修道院，在那里登上西奈山，许多人相信上帝在那里向摩西颁布了十诫。他们参观沙漠中的其他修道院，重温早期沙漠修道士的经历。开罗是一座名副其实的中世纪穆斯林生活宝库，到处都是庄严的清真寺、客栈、威严的城墙和将王城与其外围地区隔开的厚重大门。

面对如此丰富的历史资源，当代埃及往往沦为配角。优雅的开罗市中心、亚历山大城海滨大道的美往往被忽视。现代埃及似乎与古代和中世纪时期完全隔绝。激烈的变革改变了现代埃及的历史。即使在历史上最好的时期，这个国家也只有不到 600 万人居住，而现在居住面积只扩大了一点，却有 8 000 万人争夺空间。尽管现今开罗所在的城市居住区自古埃及时代以来一直是埃及的政治中心，但现今开罗的常住人口达到了 1 850 万人。即使迟至 1950 年，也没有人能想象到开罗的人口规模会在日后如此之大。尽管埃及人长期以来都认为埃及民族独立完整，但这个国家实际上是由移民组成的。利比亚人、努比亚人、叙利亚人、波斯人、希腊人、罗马人、阿拉伯人、柏柏尔人、库尔德人、土耳其人、英国人和法国人都在尼罗河流域定居、通婚，并留了下来，最终成为埃及人。埃及的宗教历史与其人口一样丰富多彩。古埃及的宇宙观被希腊和罗马的诸神所取代，接着是基督教上帝，紧随其后的是伊斯兰教的神祇。有一段时间，耶稣基督曾一度被奉为上帝之子，但在埃及被强大的伊斯兰帝国吞并后，耶稣的信徒成为少数派。伴随伊斯兰教而来的是阿拉伯语。古埃及语、希腊语、拉丁语和科普特语逐渐消失，埃及与其遥远过去的大部分联系也随之消亡。

不仅不同的宗教信仰在不同时期盛行，不同的人种进入埃及，而且埃及现今的经济活动与 19 世纪初以前相比变化也很大。尼罗河不再每年泛滥并冲刷埃及的农田，农民也不再根据尼罗河发洪水的规律安排日常生活。比埃及古代建筑师的大型水利工程更加壮观的现代水利建设工程，使尼罗河全年的水涨和水落均可控制。高坝、中间拦河坝和小型堰塞湖使尼罗河的水流每年不再泛滥，冬夏两季之间的水流均匀，这使得农民能够每年种植三季作物。埃及曾经是东地中海和西南亚地区的粮仓，但它在 19 世纪末成为世界领先的高级棉花出口国。尽管埃及棉花出口仍然重要，但棉花对埃及经济的重要性已被工业产品和特色水果、蔬菜和花卉所取代，所有这些产品都销往欧洲和美洲的高收入国家。

尽管变革巨大，但埃及数千年的历史仍然存在相当大的延续性。这些延续性是这最后一章的主题。

地理是命运

很少有国家像埃及那样深受地理影响。大自然首先使埃及得以免受外界影响，赐予埃及建立深刻而持久的埃及身份感的机会，然后人类的智慧移除了大自然的屏障。埃及西部和东部都被沙漠包围，南部有瀑布，北部有地中海，这使得埃及人在尼罗河沿岸开始了自己的历史。埃及依赖于每年的洪水，却完全免受外国人的侵扰。古埃及王国的法老们将他们的权力和意识形态烙在了埃及人民心中。法老们、文官、武官以及祭司阶层锻造了埃及人持久的性格，这种性格遍布在尼罗河流域的居民身上。但技术上的突破又使埃及与外界的接触更加紧密，这迫使埃及人在其他民族面前捍卫自己的独特性。埃及人征服了一些民族，也被一些民族所征服。被驯化的马匹和骆驼使战士与商人能够长途跋涉，甚至穿越沙漠。公元前17世纪，西南亚的喜克索斯人的马匹和战车结束了埃及中王国时期。喜克索斯部落的人成为埃及的第一批征服者。反过来，埃及法老掌握了骑马和战车技术，并将埃及的势力向东扩展至叙利亚、巴勒斯坦等地，向南扩展至努比亚。接着，当希腊人和罗马人了解了海洋洋流的奥秘并改进了航海技术后，埃及又面对着强大的海上民族。在那时，埃及在战略上和地缘政治方面的重要性已然凸现。它处于亚洲、非洲和欧洲这三个大陆势力的交界处。渴望征服世界的人，其中包括波斯王公、希腊军阀和罗马军团，都认识到埃及地缘政治的中心地位。无论是早期的几个世纪，还是在后来的几个世纪，这种渴望征服世界的人一直很多。阿拉伯的穆斯林战士跟随这些早期帝国建设者的脚步，并将埃及纳入了他们的广阔领土中。在法蒂玛王朝时代，埃及自己也寻求世界的主导地位。后来，在13世纪，埃及的马穆鲁克士兵阻挡住了蒙古征服世界的计划。奥斯曼土耳其人在1453年最终将基督徒赶出君士坦丁堡，这是世界历史上的一个决定性时刻。随后奥斯曼人将注意力从东欧和中欧转向南方。他们将埃及并入帝国。埃及成为他们最重要的讲阿拉伯语的属地。

在近代，强大的欧洲国家争夺埃及的统治权。欧洲的第一批扩张者——西班牙和葡萄牙，出于对奥斯曼帝国实力的尊重，将注意力从中东转向了新大陆。然而，到了19世纪，西班牙人和葡萄牙人渴望称霸世界的梦想破灭，英国人和法国人接过西班牙人和葡萄牙人的接力棒，渴望成为全球霸主。英国和法国将埃及视为其全球斗争的战利品。拿破仑·波拿巴于1798年入侵埃及，但这是第一次失败的入侵。而雷赛布修建的苏伊士运河增加了埃及的战略重要性，特别是对英国人来说，埃及越发重要了。因为英国的船只在运河的航运方面占据了主导地位，一旦殖民地出现问题，他们需要通过运河将军队调动到东方。英国对埃及的入侵和占领几乎是不可避免的。在1882年，英国入侵并占领了埃及。英国对埃及事务的控制一直持续到二战后。

然而，尽管有这些入侵和埃及一再被并入其他帝国的经历，最初根植于法老时代的埃及独特身份感却始终存在。征服者来了又走了，埃及人却留了下来，并捍卫着他们生活方式的完整性。事实上，大量移居埃及的外国人融入了当地人中。那些外国人渴望居住在这片万里无云、人民友好、生活富足的土地上。那些与当地人保持距离，拒绝融入埃及文化的统治者，尤其是古代的喜克索斯人和现代的英国人，最终招致了埃及人民的愤怒。他们及他们的合作者都被埃及人赶走了。

统治者

埃及身份的基本特征难以捉摸，但有几个显著的特点。从公元前3000年到现在，专制统治者一直掌握着埃及的统治权。在古代，诗人和工匠们用诗歌与石碑赞美图特摩斯、埃赫那顿、哈特舍普苏和拉美西斯二世的壮举。亚历山大大帝和克娄巴特拉为埃及的希腊-罗马时代增添了光彩,而法蒂玛王朝的哈里发们创造了开罗的辉煌。拿破仑·波拿巴在埃及留下了他的印记,而克罗默勋爵在大英帝国鼎盛时期在开罗掌权。尽管纳赛尔、萨达特和穆巴拉克声称要将权力归还给人民,但他们像前任一样专制。

为什么"大男主",偶尔也有"大女主",主导了埃及的历史记录呢?这是历史上的一道难题。南北埃及的统一,即三角洲和南部狭长地带的统一,需要极其强大的武力,正如展现一名健壮的战士砍下对手头颅的那尔迈调色板所示的那样。宗教和宇宙观强调了君主的合法性。祭司和文官宣称统治者具有神性,声称只有这些统治者才能确保尼罗河正常、顺畅地运行,维持社会秩序。即使在社会秩序混乱的时期,比如在古王国、中王国和新王国之间的中间期,也有一些重要的当地名士崭露头角,提供社会秩序井井有条的假象。

古埃及是一个以男性为主导的文明。家庭中最年长的男性是家中的主宰,负责维护家族秩序。正如在一个家庭中,最年长的(在大多数情况下还是最受尊敬的)男性拥有无可争议的权力一样,法老作为埃及人民的一家之主,拥有至高权威并享有无可置疑的合法性。

尽管最初对尼罗河水域的控制是地方事务,不属于中央政府日常监管的范围,但随着埃及人对尼罗河涨水和落水有了更多了解与控制,中央政府成为主要行动者。政府官员会测量洪水期间水位上升了多少,判断当年的水位对农民有利还是不利,然后据此来评定税收,并储存下一次收获所需的种子。尽管埃及从来都不是世界上最高度集中管理的水利社会,但是由于埃及的洪水普遍是可预测的,埃及政府在水利事务中起到了至关重要的作用。到了现代,庞大的水利工程项目,如阿斯旺的巨大水坝,将尼罗河洪水置于可控范围内,并使得常年灌溉系统取代传统的淹灌系统变为可能。此时,政府所起到的作用变得更加关键。在过去的两百年里,埃及最有影响力的官员是水利工程师,而不是政治统治者。

伊斯兰教,特别是逊尼派,与法老的专制传统融合得很好。先知穆罕默德不仅是宗教权威人物,还是政治上的权威人物。他的继任者,首先是四位正统哈里发,然后是倭马亚统治者,以及之后的阿拔斯王朝的哈里发,继续推动伊斯兰教的扩张。尽管他们没有教权,因为教职职能是保留给伊斯兰学者乌里玛的,但哈里发要求生活在他们统治下的人民顺从。当然,穆斯林统治者有义务按照伊斯兰教法来进行统治,如果他们偏离这条道路,他们的臣民有权反抗。

伊斯兰世界的中央集权,在哈里发开始将土耳其战士引入他们的军事组织,并让这些战士从军事上支撑自己的权威时,变得更加明显。这一做法在13世纪至16世纪初的埃及马穆鲁克时代达到高潮,而在奥斯曼帝国统治时期,这种做法经过调整后得以保存。当法国侵略者于1801年被驱逐出埃及时,新马穆鲁克统治者穆罕默德·阿里巩固了对埃及的控制。他的统治与之前的马穆鲁克和奥斯曼统治者一样专制,唯一的不同之处在于他试图与西方大国达成协议,并将西方文化引入埃及。他向西方开放的一个意想不到的后果是埃及土生土长、接受西方教育的知识分子群体的崛起。这个群体最终认为埃及是与法国或英国无异的典型民族国家,因此应该由本土出生的埃及人统治,而不是由外国人代理统治,无论这些外国人是穆罕默德·阿里和伊斯迈尔统治时期的土耳其-切尔克斯人,还是英国占领时期的英国人。

在英国统治下,克罗默尽管在理论上说只是英国驻埃及总领事,但他却拥有与他的前任穆罕默德·阿里和伊斯迈尔一样多的权力。尽管克罗默相信英国的议会制度是良好治理方式的巅峰，但他并没有在埃及培养代议制政府。他断言埃及尚未准备好拥有这样先进的政治体制。克罗默认为，英国顾问和官员应该在一段较长的政治监护期内，以专制方式统治埃及。直到两次世界大战之间的时期，埃及从英国人手中获得了一点独立时，埃及人才取得了在民主治理方面的经验。然而，尽管埃及拥有了民主统治的外衣，包括定期选举、政党和议会治理，但原来属于英国和埃及君主的权力仍然掌握在穆罕默德·阿里家族手中，人民的意愿几乎无法通过选举体现出来。

1952年，一群年轻的军官推翻了议会制度，驱逐了国王法鲁克。与非洲、亚洲和拉丁美洲的许多军事政权一样，这些年轻的军官怀疑民主能否实现他们为自己和埃及设定的目标。他们追求的不仅仅是摆脱英国和所有具有约束力的外部联盟，实现完全的政治独立，还有经济迅速发展、收入再分配和社会公正。因此，在半个多世纪的时间里，三位军事领袖决定了这个国家的命运。前两位——纳赛尔和萨达特，都是自由军官，而第三位，即穆巴拉克，是比自由军官晚一代的获得过勋章的军人。每一位领袖都以自己独特的方式维护着埃及总统的权力，并限制了议会和民主治理。

宗教虔诚

埃及人一直都是虔诚的宗教信徒。在埃及的每一个历史时期，宗教都是社会秩序的堡垒或变革的力量。宗教是埃及生活的核心特征，影响了埃及人接触到的所有社群。

　　法老的古代宗教信仰在犹太教和基督教的拥护者那里声誉不佳。希伯来的先知们和《新约圣经》的作者们将基督教与埃及人的宗教进行了对比，赞扬基督教的一神论，嘲笑埃及人信奉众多兽形神。然而，这两个亚伯拉罕宗教和伊斯兰教，都借鉴了古埃及的宇宙观。在其多神教的宗教宇宙中，古埃及宗教倾向于一神论。埃及不同地区的居民相信，他们所在的地区受到一个强大神灵的保护。在中王国和新王国时期，祭司阶层将太阳神拉和阿蒙-拉上升到至高之神的位子。"异教徒国王"埃赫那顿宣称日盘神阿顿是唯一的神。此外，基督教和伊斯兰教都相信来世，而笃信人有来世是古埃及人最基本的信仰。基督教的三位一体（圣父、圣子和圣灵）信仰在埃及叙事中也有相似之处，与之对应的是神母伊西斯、神父奥西里斯和复仇之子荷鲁斯。此外，埃及宗教还描绘了善良的神（通常被视为奥西里斯）与邪恶力量（奥西里斯的兄弟塞特）之间的争斗。在一个流传最广的故事中，塞特杀死了他的兄弟奥西里斯，并肢解了他的尸体，而伊西斯和奥西里斯的儿子荷鲁斯打败了塞特，复活了奥西里斯。荷鲁斯成为天空之神和在位法老的保护神。伊西斯成为生命之神和文明女神，对她的崇拜一直延续到希腊和罗马时期，而奥西里斯则是死亡、复活和生育之神。

　　然而，宗教并不总是支持国家权力和维护现状。在古代，祭司们积累了巨大的权力和财富，他们挑战了法老的权威。埃赫那顿进行宗教革新并将政治首都从底比斯迁至埃赫那顿城的原因之一是要摆脱祭司的特权，实现自主统治。在罗马帝国时代，反对皇帝的政治权力和宗教信仰的基督教崛起。埃及是这一新宗教的堡垒，亚历

结语　穿越千年的埃及

山大城的教理学校是基督教高级神学思想的中心，也是隐修和集体修道院生活的发源地。

伊斯兰教自阿拉伯半岛兴起，成了推翻波斯帝国和驱赶基督教拜占庭帝国的力量。伊斯兰教逐渐成为其疆域内的主要宗教，取代了基督教和拜火教。1453年，奥斯曼士兵占领君士坦丁堡城，结束了拜占庭帝国的统治。作为一种宗教体系，伊斯兰教为国家权力提供了有力支撑。乌里玛团结在穆斯林哈里发和苏丹周围，而人们普遍信仰的苏非主义也倾向于不挑战统治者的政治权威。尽管如此，伊斯兰教内部也存在反对派。在马穆鲁克时代，伊斯兰学者，如伊本·泰米叶，呼吁回归信仰早期的纯正伊斯兰教，他对埃及的统治者毫不妥协。什叶派始终是一股反对力量，特别是在什叶派形成了一个敢于发表意见和心怀不满的少数群体的地方，而他们在奥斯曼帝国许多其他地区也是如此。

20世纪末，激进派别成了伊斯兰世界内最强大的反对派，挑战了美国及其盟友的霸权。正如任何了解埃及知识分子地位的人都可能预料到的那样，埃及穆斯林在这一过程中扮演了领导角色。激进和好战的思想导师赛义德·库特布是个埃及人，他被纳赛尔政府处死。他的许多著作是在监狱中创作和流传的，他呼吁穆斯林回归原始信仰的坚实基础，并采取一切可能的手段，使其领土和整个世界恢复到完全符合先知穆罕默德教诲的状态。许多埃及公民厌恶埃及在极端暴力活动中的经历，但这并没有减弱宗教的吸引力。对于古埃及文明至关重要的虔诚宗教信仰，至今仍然是埃及社会的一股十分重要的力量。

21世纪初，埃及的两个最基本的特征——集权统治和虔诚的宗教信仰——相互对立。一种复兴、务实、灵活的伊斯兰教已经在埃及民众中深深扎根。其支持者希望执政者兑现其早期承诺，赋予埃及人民权力，促进民主统治。但现政府继承了长期集权和高度个人化的传统，不愿将权力让给其他团体。埃及的命运尚不明确，但与过去一样，它将受到来自各方的激烈争夺。

后记
埃及转变了吗？

2011年2月11日，埃及副总统奥马尔·苏莱曼宣布，执政多年的总统霍斯尼·穆巴拉克将卸任。穆巴拉克在位长达30年，他的这一卸任过程并不轻松、体面，也没能避免暴力冲突的发生。卸任消息公布后，埃及举国上下爆发了欢呼的浪潮，并在全球范围内引起了回响。全球对发生在埃及的事件感到震惊，大家都目不转睛地盯着电视屏幕，见证了始于1月25日的抗议运动，该运动最终实现了其推翻备受憎恶的统治者的目标。

尽管很少有人预料到这场起义的爆发，但实际上穆巴拉克长期统治正在步入末路的迹象早已显现。穆巴拉克曾因1979年萨达特签署与以色列的不受欢迎的和平条约后将埃及重新带回阿拉伯世界，并使其在阿拉伯世界中享有崇高地位而备受称誉，但他已逾期掌权多年。为了维持自己及其执政的民族民主党的权力，他越发依赖于公开的高压手段。到2010年，随着埃及人民议会和协商议会这两院及总统选举临近，民众渴望变革的呼声越发高涨。此外，穆巴拉克已不再是1981年接任萨达特（因萨达特被刺杀）时的那位健康、精力充沛的强者。他已年届 82 岁，人们认为他健康状况堪忧。此外，穆巴拉克将权力传给儿子贾迈勒的意图没有得到很好的掩饰，这一行为让本已愤怒的埃及人民更加怒不可遏。

2010 年 2 月，穆罕默德·巴拉迪在欢呼声中抵达埃及，他的到来让人们意识到埃及政治风暴的临近。数千人在开罗国际机场迎接这位杰出的埃及外交家。欢迎的人群不仅向这位曾担任过国际原子能机构总干事、并在 2005 年获得诺贝尔和平奖的人物致敬，而且还将他视为政治上的救星，期待他能在关键的选举年，凭借自己在国际上的地位，拯救埃及摆脱穆巴拉克及其民族民主党的统治。然而，巴拉迪起初的表现令人失望。尽管他对穆巴拉克和民族民主党的批评很有力度，但他表示，除非进行根本性的宪法改革，否则他不会参选总统，也不会组建政党。

背地里，埃及的年轻人正动员反对力量。他们通过脸书（Facebook）和推特（Twitter）与阿拉伯世界其他地区的青年抗议者保持联系。他们得出结论：诉诸暴力只会招致政府更强烈的反击，并可能招致国际社会的谴责。但是，他们依然要求变革。他们中的许多人，尤其是领导者，并不是国家中最受压迫的群体，这些人并非弗朗茨·法农笔下的"地球上的可怜虫"。他们是年轻男女，他们的生活似乎被一个反应迟钝、腐败和压迫性的政府所阻碍。尽管他们有着出色的教育背景和专业资质，却无法结婚成家，无法找到满意的职业发展机会。他们创建了政治团体，思考如何改造埃及，并将穆巴拉克及其亲信视为他们走向更好生活的主要障碍。最活跃的组织是"四月六日青年运动"，该组织成立于 2008 年 4 月 6 日，当时该组织的领导人试图发起一场总罢工。

抗议组织需要具体的议题和戏剧性的个体事件来集中表达他们的不满情绪。穆巴拉克政府给了他们许多这样的机会。首先是政府采取行动打压议会中的反对派。在 2005 年的全国大选中，民族民主党未能赢得 450 个人民议会席位中的约 100 个席位。此外，迫于民众的要求，穆巴拉克允许反对派候选人参与总统竞选。尽管在那次选举中，反对派并未对民族民主党在议会的权力构成真正威胁，但民族民主党领导人决心在接下来的 2010 年和 2011 年大选中彻底消除所有反对派的声音。他们动用了所有可用的权力工具：加塞选票进行舞弊和恐吓选民。到首轮选举结束时，在 2005 年人民议会选举中占据绝大多数反对席位的穆斯林兄弟会成员几乎完全被排除在外。穆斯林兄弟会成员们怒不可遏，他们命令仅剩的几名穆斯林兄弟会候选人退出第二轮选举。然而，民族民主党并不仅仅满足于掌控议会。为了确保在 2011 年的总统大选中民族民主党候选人能胜出，无论这位候选人是穆巴拉克还是其他由穆巴拉克所在的民族民主党推选出来的人，人民议会通过了宪法修正案，这使非民族民主党候选人几乎不可能竞选这一总统职位。在进入议会和竞选总统的道路被封死后，反对派寻求其他途径。

这时，政府的政策为抗议者提供了更多的弹药。最臭名昭著的事件是安全警察逮捕了一名来自亚历山大城的年轻企业家、活跃的互联网用户及博主哈立德·赛义德，并殴打他致死。赛义德案件是精通计算机和互联网的年轻一代抗议者精心选择的个体事件，这次抗议行动的领军人物是年轻的谷歌高管瓦伊尔·高尼姆。高尼姆创建了一个名为"我们都是哈立德·赛义德"的脸书页面，用以号召全国青年对抗政府。

接着是突尼斯年轻人反抗政府的起义，以及统治了该国二十三年的本·阿里的出逃，军队对抗议者表示同情。突尼斯人激励了他们的埃及同伴。毕竟，正如年轻的组织者们在脸书和推特上所说，如果突尼斯人能够赶走他们的铁腕人物，那么埃及人也可以。

在突尼斯统治者逃亡不到两周的时间，埃及组织者宣布将1月25日定为他们对国家发动首轮攻击的日子。这一日期的选择既有象征意义，也不乏讽刺意味。1月25日是埃及民族主义运动中的一个重要日子。1952年的这一天，埃及各大城市爆发了反对英国军事占领的起义。该事件的起因是：在苏伊士运河区有一个不少于十万士兵的、庞大的英国军事基地。该基地中的英军部队与伊斯梅利亚市的埃及警察部队发生冲突。由此引发的暴力事件和流血冲突主要集中在开罗，抗议者烧毁了许多建筑物，其中主要是英属建筑，并杀害了十名英国公民。由于英军未能及时营救被困公民，这给予了埃及军队恢复秩序的机会，同时也标志着英国对埃及的占领结束了。此事件也为六个月后纳赛尔领导的军事政变铺平了道路，反映出年轻军官们对文官政府无法摆脱英国人统治的强烈不满。

2009年，穆巴拉克总统以一种极具讽刺意味的方式（若不是他的愚蠢之举的话）将1月25日定为全国警察日，以纪念警察部队。他似乎没有意识到多年来人民一直对埃及警察深恶痛绝。1月25日涌入开罗主广场的年轻人受到此前抗议运动的启发，但也清楚自身的局限性，他们完全致力于非暴力和包容性抗议。他们并不挑衅反对者。他们在广场入口处设置路障，检查所有想要加入的人，确保这些人没有携带武器，并确保他们的抗议活动是和平的。埃及人紧密团结在一起，这种团结的氛围弥漫着整个广场。穆斯林在广场上围成圈保护祈祷的科普特人，而科普特人也同样保护穆斯林。在抗议的最初几天里，欢欣鼓舞的氛围充满了整个广场。人们相互交谈，分享食物和饮料，高喊"穆巴拉克下台"，挥舞标语牌，为自己的纪律和秩序感到自豪。父母们希望孩子们也能参与到这场创造历史的运动中来，于是将自己的孩子扛在肩上进入广场。

埃及人以讽刺和幽默著称，尤其喜欢将这种讽刺和幽默用来对付不受欢迎的领导人。解放广场上的示威者们设计了许多巧妙的文字游戏，向穆巴拉克表达他们对其和其政权的痛恨。"离开"的现代标准阿拉伯语是"Irhal"，这一词语出现在无数的海报上。抗议者们还使用了埃及口语中的单词"Imshi"。这个单词的意思是"滚开"或"走开"，通常用来对付恼人的小孩。担心穆巴拉克没有接收到信息，一些更加博学的抗议者将"离开"一词音译为象形文字，以讽刺这位埃及新法老。一些更有学问的参与者甚至使用了普通话。最能说明问题的是抗议人群中男女老少对埃及总统名字的发音方式。早在穆巴拉克担任副总统时，人们就取笑他，说他的面容像极了一种非常受欢迎的、由法国进口的小奶酪包装上的那头微笑母牛。广场上的人们自得其乐地念着总统的名字，重点是第一个音节——"穆巴拉克"（Moobarak）。

在最初几天里，被成千上万抗议者占据的广场正如参与者所期望的那样：有序、非暴力、极具震撼力。它吸引了埃及人民乃至全世界的关注。而安全警察常用的高压水枪、橡皮子弹和催泪弹既没能吓退人群，也没有撼动人群对自己正在创造历史的坚定信念。但在第二周伊始，当政府撤回其安全部队（这令抗议者们欣喜不已）时，当权者却又派遣了暴徒混入人群。这些穆巴拉克的支持者骑着马和骆驼，手持鞭子和砍刀，对任何敢于挡道的人进行攻击。这一场面被数以百万计的电视观众目睹，彻底改变了国际舆论对穆巴拉克的态度，并加剧了埃及国内外要求总统辞职的呼声。然而，穆巴拉克依然抗拒下台。他在电视上发表讲话，称自己不会竞选第六个总统任期，并声称自己从未打算继续竞选总统，但他也不会立即下台。他辩解说，自己若下台，国家将陷入混乱。他还决定任命一位副总统——这是他在三十年的任期内始终拒绝做的事情。他的这一决定在起义爆发前可能会奏效，但在新的形势下，他选择的副总统奥马尔·苏莱曼却激怒了反对派。这位74岁的退役将军和令人生畏的情报局局长并没有给人带来信心。正如我们在之前的章节中所看到的，人民起义在埃及有着悠久但并不辉煌的历史。1798年，埃及人民曾奋起反抗拿破仑和他的法国士兵；19世纪80年代初，埃及人民反对外国势力的斗争不断增长；1919年和1952年，埃及人民反对英国的统治；1977年和1986年，埃及人民反对军事专制。尽管这些起义有时推翻了统治者，但最终都被更强大的军事力量镇压：1798年的法国军队，1882年和1919年的英国占领军，以及1952年、1977年和1986年的埃及军队。然而，到目前为止，2011年的局势却迥然不同。埃及军队拒绝动用坦克、步枪和刺刀对付人民。当安全部队未能成功驱散解放广场的抗议人群后，维护秩序的责任一如既往地再次落到军队肩上。但这一次，将军们并没有命令部队进行干预。相反，他们命令军队保持中立。随着抗议运动人数的不断增加和人民热情的不断高涨，高级指挥部做出了一个决定：穆巴拉克必须下台。

今天的埃及军队与1952年镇压上一次大规模起义时的军队截

然不同。事实上，它是一支由埃及公民组成的军队。这支阿拉伯世界规模最大的军事力量由44万名士兵和40万名预备役人员组成，他们来自埃及社会的各个阶层。未获得高中学历者服役三年，高中毕业者则服役两年。如果军官命令士兵向抗议者开火，他们就是在要求这些应征的士兵去杀害自己的兄弟、姐妹和朋友。将军们肯定担心士兵们会拒绝。此外，与埃及社会的许多其他机构不同，埃及军队深受尊敬，甚至受人爱戴，这主要归功于1973年战争中它取得的胜利。

当我撰写这篇文章时（2011年2月底），埃及的权力已完全掌握在最高军事委员会手中。最高军事委员会以前只是一个鲜有人问津的机构，如今却被匆忙调用来应对中央政府的垮台。该机构由高级军官组成，好像是由国防部长穆罕默德·坦塔维元帅和参谋长萨米·阿南将军领导。该机构承诺将迅速有效地将权力过渡到新政府。为此，该机构成立了一个由受人尊敬的法律专家组成的委员会，由塔里克·埃尔-比什里领导，负责立即修改宪法，以便在六个月内举行大选，选出新的议会。而新的议会将更详细地审查埃及的宪法。

一个新的埃及有可能诞生吗？目前显然还无法确定，尽管起义的支持者已经将这次事件称为"革命"。在他们努力建立一个民主且更加平等的社会时，收获的是促成起义的非凡能量、远见、规划、纪律和愿景。他们在重重困难面前坚定不移，并承诺将继续坚持，直到旧政权被彻底扫除，一个新的宪法和议会得以确立。然而，正如谚语所言，"杯到嘴边还会失手"。当前掌权的这些人是否愿意支持激进的变革？毫不奇怪，许多抗议者对此感到担忧。最高军事委员会由穆巴拉克一手提拔起来的老人组成，他们在穆巴拉克执政期间混得风生水起。坦塔维已经74岁，他在美国泄露的电报中被称为穆巴拉克的"哈巴狗"。参谋长阿南将军虽然活力十足，但也已63岁，而最近刚被罢免的总理阿赫迈德·沙菲克将军也已经69岁。这些人比大多数抗议者年长了两代人。此外，将军们虽努力与平民接触，但迄今为止这些接触并没有显著地扩展到青年团体。

最高军事委员会任命的负责宪法修订的法律专家委员会广受尊敬，但其成员也年事已高，尽管他们与穆巴拉克政权的联系并不如军事委员会成员那样紧密。该委员会80岁的主席塔里克·埃尔-比什里长期以来直言不讳地批评穆巴拉克。甚至在萨达特时代，他就认为埃及宪法赋予总统的权力过大，而赋予议会的权力过小。他年轻时曾是左翼人士和世俗主义者，但如今人们都知道他有非常虔诚的宗教信仰，尽管他并非穆斯林兄弟会的成员。比什里也可能令以色列和美国感到不安，因为他经常批评埃及政府纵容以色列对巴勒斯坦及其他邻国的政策。该委员会的另一名成员索比·萨利赫是一位来自亚历山大城的才华横溢的律师，他是穆斯林兄弟会的成员，尽管他也表示自己崇尚自由，支持自由选举。

一个悬而未决的问题是：穆斯林兄弟会将在新埃及扮演什么角色？毫无疑问，如果举行自由选举，穆斯林兄弟会将赢得许多席位。据估计，他们可能获得20%以上的席位，甚至可能成为议会中最大的政党组织。穆斯林兄弟会的发言人表示，他们致力于非暴力，信仰民主并容忍不同的观点。他们还宣布无意在即将举行的总统选举中推出候选人。另一个全世界关注的问题是：自由选举产生的新政府是否会尊重埃以协议？1979年埃及与以色列的和平条约是美国和以色列中东政策的基石。

军事委员会和宪法修订委员会面临的任务十分艰巨。宪法委员会只被给予了几周时间来修订旧宪法，以便为年内举行的选举做准备。军事委员会表示，它将监督过渡过程，并在新政府选出后退居二线。目前这一过程的负责人（至今为止他们都是男性），年纪大多在六七十岁，他们被要求回应那些推翻穆巴拉克政权的年轻人的诉求。他们被期望成为推动埃及变革的促进者。然而，抗议者们依然心存疑虑，并约定将定期聚集在解放广场，向这些执政长老表明，恢复过去的治理方式是不可接受的。

参考文献

'Abd al-Rahman, 'Abd al-Rahim. *Al-Rif al-Misri fi-l-qarn al-Thamin Ashr.* Cairo, 1974.
Abd al-Rahman, Abd al-Rahim, and Wataru Miki. *The Village in Ottoman Egypt and Tokugawa Japan: A Comparative History.* Tokyo, 1977.
Abdel-Fadil, Mahmoud. *Development, Income Distribution, and Social Change in Rural Egypt (1952-1970): A Study in the Political Economy of Agrarian Transition.* Cambridge, 1975.
Abdel-Malek, Anouar. *Égypte: Société militaire.* Paris, 1962.
———. *Idéologie et renaissance nationale: L'Égypte moderne.* Paris, 1969.
Abdo, Genieve. *No God but God: Egypt and the Triumph of Islam.* Oxford, 2000.
Abduh, Muhammad. *Rissalat al-Tawhid.* Translated by Michel el Razik. Paris, 1925.
Abu-Lughod, Ibrahim. *Arab Rediscovery of Europe.* Princeton, 1963.
Aburish, Said K. *Nasser: The Last Arab.* New York, 2004.
Adams, Charles C. *Islam and Modernism in Egypt.* London, 1933.
Ades, Henry. *A Traveller's History of Egypt.* Northhampton, MA, 2007.
Aldred, Cyril. *Akhenaten: King of Egypt.* London, 1998.
Allen, James P. *The Ancient Egyptian Pyramid Texts.* Atlanta, 2005.
———. *Middle Egyptian: An Introduction to the Language and Culture of Hieroglyphs.* Cambridge, 1999.
Allouche, Adel. *Mamluk Economics: A Study and Translation of al-Maqrizi's Ighathah.* Salt Lake City, UT, 1994.
American University in Cairo. *AUC Today.* Cairo, 2008.
Anis, Muhammad. *'Arba'a Febrayar 1942 fi Ta'rikh Misr al-Siyasi.* Beirut, 1972.
———. *Dirasat fi Watha'iq Thawrah 1919.* Cairo, 1963.
———. *Thawra 23 Yulya 1952 wa Usuluha al-Ta'rikhiya.* Cairo, 1969.
'Aqqad, Abbas Mahmud al-. *Sa'd Zaghlul: Sirah wa Tahiyah.* Cairo, n.d.
Arberry, A. J. *The Koran Interpreted.* Oxford, 1980.

Armbrust, Walter. *Mass Culture and Modernism in Egypt*. Cambridge, 1996.
Arnold, Dieter. *Building in Egypt: Pharaonic Stone Masonry*. Oxford, 1991.
Assmann, Jan. *Egyptian Solar Religion in the New Kingdom: Re, Amun and the Crisis of Polytheism*. Translated by Anthony Alcock. London, 1995.
——. *The Mind of Egypt: History and Meaning in the Time of the Pharaohs*. Translated by Andrew Jenkins. New York, 2002.
——. *Of God and Gods: Egypt, Israel, and the Rise of Monotheism*. Madison, WI, 2008.
Atiya, Aziz S. *A History of Eastern Christianity*. London, 1968.
Awadi, Hesham al-. *In Pursuit of Legitimacy: The Muslim Brothers and Mubarak, 1982-2000*. London, 2004.
Ayalon, David. *L'esclavage du Mamelouk*. Jerusalem, 1951.
——. *Gunpowder and Firearms in the Mamluk Kingdom*. London, 1956.
——. *Islam and the Abode of War: Military Slaves and Islamic Adversaries*. Aldershot, England, 1994.
Ayubi, Nazih N. M. *Bureaucracy and Politics in Contemporary Egypt*. London, 1980.
——. *The State and Public Policies in Egypt since Sadat*. Reading, England, 1991.
Badran, Margot. *Feminists, Islam and the Nation: Gender and the Making of Modern Egypt*. Princeton, 1995.
Baedeker, Karl. *Egypt and the Sudan: Handbook for Travellers*. Leipzig, 1929.
Baer, Gabriel. *Studies in the Social History of Modern Egypt*. Chicago, 1969.
Bagnall, Roger S. *Egypt in Late Antiquity*. Princeton, 1993.
——, editor. *Egypt in the Byzantine World, 300-700*. Cambridge, 2007.
——. *Later Roman Egypt: Society, Religion, Economy, and Administration*. Aldershot, England, 2003.
Bagnall, Roger S., and Bruce W. Frier. *The Demography of Roman Egypt*. Cambridge, 1990.
Baines, John, and Jaromir Malek. *Atlas of Ancient Egypt*. New York, 1980.
Baker, Raymond William. *Egypt's Uncertain Revolution under Nasser and Sadat*. Cambridge, 1978.
——. *Islam without Fear: Egypt and the New Islamists*. Cambridge, 2003.
——. *Sadat and After: Struggles for Egypt's Political Soul*. Cambridge, 1990.
Bakker, Egbert J., Irene J. F. deJong, and Hans van Wies, editors. *Brill's Companion to Herodotus*. London, 2002.
Baraka, Magda. *The Egyptian Upper Class between Revolutions, 1919-1952*. Reading, England, 1998.
Barakat, 'Ali Muhammad Muhammad. *Tatawwur al-Milkiya al-Zira'iya fi Misr wa-Atharuhu 'Ali al-Haraka al-Siyasiya, 1846-1914*. Cairo, 1973.

Barnes, Timothy D. *Athanasius and Constantius: Theology and Politics in the Constantinian Empire*. Cambridge, 1993.
Baron, Beth. *Egypt as a Woman: Nationalism, Gender, and Politics*. Berkeley, 2005.
———. *The Women Awakening in Egypt: Culture, Society, and the Press*. New Haven, 1994.
Battles, Matthew. *Library: An Unquiet History*. New York, 2003.
Beattie, Kirk J. *Egypt during the Nasser Years: Ideology, Politics, and Civil Society*. Boulder, CO, 1994.
Beckwith, Christopher I. *Empires of the Silk Road: A History of Central Eurasia from the Bronze Age to the Present*. Princeton, 2009.
Behrens-Abouseif, Doris. *Cairo of the Mamluks: A History of the Architecture and Its Culture*. London, 2007.
———. *Egypt's Adjustment to Ottoman Rule: Institutions, Waqfs, and Architecture in Cairo. 16th and 17th Centuries*. Leiden, 1994.
Beinen, Joel. *Was the Red Flag Flying There? Marxist Politics and the Arab-Israeli Conflict in Egypt and Israel, 1948-1965*. Berkeley, 1990.
Beinin, Joel, and Zachary Lockman. *Workers on the Nile: Nationalism, Communism, Islam, and the Egyptian Working Class, 1882-1954*. Princeton, 1987.
Bell, Barbara. "The Dark Ages in Ancient History, I, The First Dark Age in Egypt." *American Journal of Archaeology*, vol. 75, no. 1 (1971), pp. 1-26.
Berkey, Jonathan P. *The Formation of Islam: Religion and Society in the Near East, 600-1800*. Cambridge, 2003.
Bernal, Martin. *Black Athena: The Afroasiatic Roots of Classical Civilization. Volume 1, The Fabrication of Ancient Greece, 1785-1985*. London, 1987.
Berque, Jacques. *L'Égypte: Impérialisme et révolution*. Paris, 1967.
Bingen, Jean. *Hellenistic Egypt: Monarchy, Society, Economy, Culture*. Edinburgh, 2007.
al-Bishri, Tariq. *Al Dumuqratiya wa Nizam 23 Julya, 1952-70*. Beirut, 1970.
———. *Al-Haraka al-Siyasiya fi Misr, 1945-1952*. Cairo, 1972.
Borsch, Stuart J. *The Black Death in Egypt and England: A Comparative Study*. Austin, TX, 2005.
Bowman, Alan K. *Egypt after the Pharaohs: 332 BC-AD 642: From Alexander to the Arab Conquest*. London, 1986.
Bowman, Alan K., and Greg Woolf, editors. *Literacy and Power in the Ancient World*. Cambridge, 1994.
Bowman, Alan K., and Eugene Rogan, editors. *Agriculture in Egypt: From Pharaonic to Modern Times*. Oxford, 1999.
Brakke, David. *Athanasius and the Politics of Asceticism*. Oxford, 1995.

Breasted, James Henry, editor and translator. *Ancient Records of Egypt: Historical Documents from the Earliest Times to the Persian Conquest.* Chicago, 1906.

———. *The Dawn of Conscience: The Sources of Our Moral Heritage in the Ancient World.* New York, 1933.

———. *A History of Egypt from the Earliest Times to the Persian Conquest.* New York, 1950.

Brett, Michael. *The Rise of the Fatimids: The World of the Mediterranean and the Middle East in the Fourth Century of the Hijra, Tenth Century CE.* Leiden, 2001.

Brewer, Douglas J., Donald B. Redford, and Susan Redford. *Domestic Plants and Animals: The Egyptian Origins.* Warminster, England, 1994.

Brown, Nathan J. *Peasant Politics in Modern Egypt: The Struggle against the State.* New Haven, 1990.

Brown, Peter. *The Making of Late Antiquity.* Cambridge, 1978.

———. *The Rise of Western Christendom: Triumph and Diversity, AD 200-1000.* Oxford, 2003.

———. *The World of Late Antiquity: From Marcus Aurelius to Muhammad.* London, 1971.

Bulliett, Richard W. *The Camel and the Wheel.* Cambridge, 1975.

———. *Conversion to Islam in the Medieval Period: An Essay in Quantitative History.* Cambridge, 1979.

Bunson, Margaret. *A Dictionary of Ancient Egypt.* New York, 1991.

Burckhardt, John Lewis. *Travels in Nubia.* London, 1819.

Burkert, Walter. *The Orientalizing Revolution: Near Eastern Influence on Greek Culture in the Early Archaic Age.* Translated by Margaret E. Pinder and Walter Burkert. Cambridge, 1992.

Burleigh, Nina. *Mirage: Napoleon's Scientists and the Unveiling of Egypt.* New York, 2007.

Burns, William J. *Economic Aid and American Policy Toward Egypt, 1955-1981.* Albany, NY, 1985.

Butler, Alfred J. *The Arab Conquest of Egypt and the Last Thirty Years of the Roman Dominion.* Oxford, 1978.

Butzer, Karl W. *Early Hydraulic Civilization in Egypt: A Study in Cultural Ecology.* Chicago, 1976.

Cabrol, Agnes. *Amenhotep III: Le magnifique.* Paris, 2000.

Cameron, Averil. *The Mediterranean World in Late Antiquity, AD 395-600.* London, 1993.

Capponi, Livia. *Augustan Egypt: The Creation of a Roman Province.* New York, 2005.

Cartledge, Paul. *Alexander the Great: The Hunt for a New Past.* Woodstock, NY, 2004.

Chuvin, Pierre. *A Chronicle of the Last Pagans*. Translated by B. S. Archer. Cambridge, MA, 1990.
Clive, Eric H., and David O'Connor, editors. *Thutmose III: A New Biography*. Ann Arbor, 2006.
Clot Bey, A. B. *Aperçu général sur l'Égypte*. Paris, 1840.
Cole, Juan. *Colonialism and Revolution in the Middle East: Social and Cultural Origins of Egypt under Urabi's Movement*. Princeton, 1992.
———. *Napoleon's Egypt: Invading the Middle East*. New York, 2007.
Colla, Elliott. *Conflicted Antiquities: Egyptology, Egyptomania, Egyptian Modernity*. Durham, NC, 2002.
Collins, Robert O. *The Nile*. New Haven, 2002.
Colombe, Marcel. *L'évolution de l'Égypte, 1924-50*. Paris, 1951.
Cook, Michael. *Early Muslim Dogma: A Source-Critical Study*. Cambridge, 1981.
———. *The Koran: A Very Short Introduction*. Oxford, 2000.
———. *Muhammad*. Oxford, 1983.
———. "Pharaonic History in Medieval Egypt." *Studia Islamica*, no. 57 (1983), pp. 67-103.
Cortese, Deha, and Simonetta Calderini. *Women and the Fatimids in the World of Islam*. Edinburgh, 2006.
Crecelius, Daniel. *The Roots of Modern Egypt: A Study of the Regimes of Ali Bey al-Kabir and Muhammad Bey Abu al-Dahab, 1760-1775*. Chicago, 1981.
Creswell, K. A. *A Short Account of Early Muslim Architecture*. Harmondsworth, England, 1958.
Cromer, Evelyn Baring, Earl of. *Abbas II*. London, 1915.
———. *Ancient and Modern Imperialism*. New York, 1910.
———. *Modern Egypt*. New York, 1908. 2 volumes.
Crone, Patricia. *God's Rule: Government and Islam*. New York, 2004.
Crone, Patricia, and Michael Cook. *Hagarism: The Making of the Islamic World*. Cambridge, 1977.
Crone, Patricia, and Martin Hinds. *God's Caliph: Religious Authority in the First Centuries of Islam*. Cambridge, 1986.
Crouchley, A. E. *The Economic Development of Modern Egypt*. New York, 1938.
———. *The Investment of Foreign Capital in Egyptian Companies and Public Debt*. New York, 1977.
Cuno, Kenneth. *The Pasha's Peasants: Land, Society, and Economy in Lower Egypt, 1740-1855*. Cambridge, 1992.
Daftary, Farhad. *The Ismailis: Their History and Doctrines*. Cambridge, 1990.

──. *A Short History of the Ismailis: Traditions of a Muslim Community.* Princeton, 1998.

Daly, M. W., editor. *The Cambridge History of Egypt.* Volume 2, *Modern Egypt from 1517 to the End of the Twentieth Century.* Cambridge, 1998.

Daly, Okasha El. *Egyptology: The Missing Millennium: Ancient Egypt in the Medieval Arabic Writings.* London, 2005.

Al-Damadurdashi's Chronicle of Egypt, 1688–1755. Translated and annotated by Daniel Crecelius and Abd al-Wahhab Bakr. Leiden, 1991.

Darnell, John Coleman, F. W. Dobbs-Allsopp, Marilyn J. Lundberg, P. Kyle McCarter, and Bruce Zuckerman, with the assistance of Colleen Manassa. "Two Early Alphabetic Inscriptions from Wadi el-Hol: New Evidence for the Origins of the Alphabet from the Western Desert of Egypt." *Annual of the American Schools of Oriental Research,* vol. 59 (2005), pp. 63, 65, 67–71, 73–111, 113.

David, Rosalie. *Ancient Egyptians: Beliefs and Practices.* Brighton, England, 1998.

Davis, Eric. *Challenging Colonialism: Bank Misr and Egyptian Industrialization, 1920–1941.* Princeton, 1983.

Deeb, Marius. *Party Politics in Egypt: The Wafd and Its Rivals, 1919–1939.* London, 1979.

Dennett, Daniel. *Conversion and the Poll Tax in Early Islam.* Cambridge, 1950.

Derda, Tomasz. *Administration of the Fayum under Roman Rule.* Warsaw, 2006.

Derda, Tomasz, Tomasz Markiewicz, and Ewa Wipszycka. *Alexandria: Auditoria of Kom el-Dikka and Late Antique Education.* Warsaw, 2007.

Di-Capua, Yoav. *Gatekeepers of the Arab Past: Historians and History Writing in Twentieth-Century Egypt.* Los Angeles, 2009.

Diop, Cheikh Anta. *The African Origin of Civilization: Myth or Reality.* Edited and translated by Mercer Cook. New York, 1974.

Disuqi, 'Asim Ahmad. *Kibar Milak al-'Aradi al-Zara'iya.* Cairo, 1975.

Dodwell, Henry. *The Founder of Modern Egypt.* Cambridge, 1931.

Dols, Michael. *The Black Death in the Middle East.* Princeton, 1977.

Donaldson, Dwight M. *The Shiite Religion.* London, 1933.

Donner, Fred McGraw. *The Early Islamic Conquests.* Princeton, 1981.

Doxiadis, Euphrosyne. *The Mysterious Fayum Portraits: Faces from Ancient Egypt.* London, 1995.

Dunand, Françoise, and Christiane Zivie-Coche. *Gods and Men in Egypt, 3000 BCE to 395 CE.* Translated by David Lorton. Ithaca, NY, 2002.

Dunn, John P. *Khedive Ismail's Army.* London, 2005.

Economist Intelligence Unit. *Country Report* and *Country Profile.* London, 2008.

Efendi, Huseyn. *Ottoman Egypt in the Age of the French Revolution.* Translated by Stanford J. Shaw. Cambridge, 1964.

Egberts, A., B. P. Muhs, and J. Van Der Vliet, editors. *Perspectives on Panopolis: An Egyptian Town from Alexander the Great to the Arab Conquest.* Leiden, 2002.

Ehrenberg, Margaret. *Women in Prehistory.* London, 1989.

El Shakry, Omnia. *The Great Social Laboratory: Subjects of Knowledge in Colonial and Postcolonial Egypt.* Stanford, 2007.

Elgood, P. G. *Egypt and the Army.* Oxford, 1924.

Erlich, Haggai. *Students and University in Twentieth-Century Egyptian Politics.* London, 1989.

Fahmy, Khaled. *All the Pasha's Men: Mehmed Ali, His Army, and the Making of Modern Egypt.* Cambridge, 1997.

——. *Mehmed Ali: From Ottoman Governor to Ruler of Egypt.* Oxford, 2009.

Farnie, D. A. *East and West of Suez: The Suez Canal in History, 1854–1956.* Oxford, 1969.

Finkel, Caroline. *Osman's Dream: The History of the Ottoman Empire.* New York, 2005.

Fluck, Cecilia, and Gisella Helmeche, editors. *Textile Messages: Inscribed Fabrics from Roman to Abbasid Egypt.* Leiden, 2006.

Frankfort, Henri. *Ancient Egyptian Religion: An Interpretation.* New York, 1948.

Frankfurter, David. *Religion in Roman Egypt: Assimilation and Resistance.* Princeton, 1998.

Freed, Rita E., editor. *Ramses II: The Great Pharaoh and His Time.* Denver, 1987.

Freed, Rita E., Yvonne J. Markowitz, and Sue H. D'Auria. *Pharaohs of the Sun: Akhenaten, Nefertiti, Tutankhamen.* Boston, 1999.

Gaffney, Patrick D. *The Prophet's Pulpit: Islamic Preaching in Contemporary Egypt.* Berkeley, 1994.

Gardiner, Alan. *Egypt of the Pharaohs: An Introduction.* London, 1961.

Gershoni, Israel, and James P. Jankowski. *Egypt, Islam, and the Arabs: The Search for Egyptian Nationhood, 1900–1930.* New York, 1986.

——. *Redefining the Egyptian Nation, 1930–1945.* Cambridge, 1995.

Gibb, Hamilton A. R. *Saladin: Studies in Islamic History.* Edited by Yusuf Ibish. Beirut, 1974.

Gillispie, Charles Coulston, and Michel Dewachter, editors. *Monuments of Egypt: The Napoleonic Edition.* Princeton, 1987.

Gilsenan, Michael. *Saint and Sufi in Modern Egypt: An Essay in the Sociology of Religion.* Oxford, 1973.

Godolphin, Francis R. B., editor. *The Greek Historians: The Complete and Unabridged Works of Herodotus.* Translated by George Rawlinson. New York, 1942.

Goedicke, Hans, editor. *Perspectives on the Battle of Kadesh*. Baltimore, 1985.
Goehring, James E. *Ascetics, Society, and the Desert: Studies in Early Egyptian Monasticism*. Harrisburg, PA, 1999.
Goitein, S. D. *Letters of Medieval Jewish Traders*. Translated by S. D. Goitein. Princeton, 1973.
———. *A Mediterranean Society: An Abridgement in One Volume*. Revised and edited by Jacob Lassner. Berkeley, 1999.
Goldberg, Ellis. *Tinker, Tailor, and Textile Worker: Class and Politics in Egypt, 1930-1952*. Los Angeles, 1986.
———. *Trade, Reputation, and Child Labor in Twentieth-Century Egypt*. New York, 2004.
Goldschmidt, Arthur, Jr. *A Brief History of Egypt*. New York, 2007.
Goldschmidt, Arthur, Jr., Amy J. Johnson, and Barak A. Salmoni, editors. *Re-envisioning Egypt, 1919-1952*. Cairo, 2005.
Goodman, Martin, with the assistance of Jane Sherwood. *The Roman World: 44 BC-AD 180*. London, 1997.
Gordon, Joel. *Nasser's Blessed Movement: Egypt's Free Officers and the July Revolution*. New York, 1992.
———. *Revolutionary Melodrama: Popular Film and Civic Identity in Nasser's Egypt*. Chicago, 2002.
Grajetzki, Wolfram. *The Middle Kingdom of Ancient Egypt*. London, 2006.
Gran, Peter. *Islamic Roots of Capitalism, 1760-1840*. Austin, TX, 1979.
Green, Peter. *Alexander of Macedon, 356-323 BC: A Historical Biography*. Harmondsworth, England, 1974.
———. *Alexander to Actium: The Hellenistic Age*. London, 1990.
Griggs, C. Wilfred. *Early Egyptian Christianity: From Its Origins to 451 CE*. Leiden, 1993.
Grimal, Nicolas. *A History of Ancient Egypt*. Translated by Ian Shaw. Oxford, 1994.
Gritly, A.A.I. El-. "The Structure of Modern Industry in Egypt." *L'Égypte contemporaine*, nos. 241-42. Cairo, 1947.
Haas, Christopher. *Alexandria in Late Antiquity: Topography and Social Conflict*. Baltimore, 1997.
Hahn, Peter L. *The United States, Great Britain, and Egypt, 1945-1956: Strategy and Diplomacy in the Early Cold War*. Chapel Hill, NC, 1991.
Hansen, Bent. *The Political Economy of Poverty, Equity, and Growth: Egypt and Turkey*. Oxford, 1991.
Halm, Heinz. *The Empire of the Mahdi: The Rise of the Fatimids*. Translated by Michael Bonner. Leiden, 1996.
———. *The Fatimids and Their Traditions of Learning*. London, 1997.

Hamdan, Gamal. *Collected Works.* Part 1, *Studies on Egypt.* Edited by Saleh Hamdan. Guizeh, Egypt, 2000.
Hanna, Nelly. *Construction Work in Ottoman Cairo.* Cairo, 1984.
——. *In Praise of Books: A Cultural History of Cairo's Middle Class, Sixteenth to the Eighteenth Century.* Syracuse, NY, 2003.
——. *Making Big Money in 1600: The Life and Times of Ismail Abu Taqiyya, Egyptian Merchant.* Syracuse, NY, 1998.
Hanna, Nelly, and Raouf Abbas, editors. *Society and Economy in Egypt and the Eastern Mediterranean, 1600-1900: Essays in Honor of André Raymond.* Cairo, 2005.
Harik, Iliya F. *Economic Policy Reform in Egypt.* Gainesville, FL, 1997.
Harris, J. R. editor. *The Legacy of Egypt.* Oxford, 1971.
Hartog, François. *The Mirror of Herodotus: The Representation of the Other in the Writing of History.* Berkeley, 1988.
Hathaway, Jane. *The Politics of Households in Ottoman Egypt.* Cambridge, 1997.
——. *A Tale of Two Factions: Myth, Memory, and Identity in Ottoman Egypt and Yemen.* Albany, NY, 2003.
Hathaway, Jane, and Karl K. Barbir. *The Arab Lands under Ottoman Rule, 1516-1800.* London, 2008.
Hawtung, G. R. *The First Dynasty of Islam: The Umayyad Caliphate, AD 661-750.* London, 2000.
Healey, John F. *Reading the Past: The Early Alphabet.* London, 1990.
Heeren, A.H.L. *Reflections on the Politics, Intercourse, and Trade of the Ancient Nations of Africa.* Translated by David A. Talboys. Oxford, 1832.
Heikal, Mohammed. *Autumn of Fury: The Assassination of Sadat.* New York, 1983.
Herold, J. Christopher. *Bonaparte in Egypt.* London, 1963.
Heyworth-Dunne, James. *An Introduction to the History of Education in Modern Egypt.* London, 1968.
Hinnebusch, Raymond A., Jr. *Egyptian Politics under Sadat: The Postpopulist Development of an Authoritarian-Modernizing State.* London, 1988.
Hitti, Philip. *The Arabs: A Short History.* Chicago, 1985.
Hodges, Richard, and David Whitehouse. *Mohammed, Charlemagne, and the Origins of Europe.* Ithaca, NY, 1983.
Hodgson, Marshall G. S. *The Order of the Assassins.* The Hague, 1955.
——. *The Venture of Islam: Conscience and History in a World Civilization.* Chicago, 1974. 3 volumes.
Hoebl, Gunther. *A History of the Ptolemaic Empire.* Translated by Tina Saavedra. London, 2001.

Hoffman, Michael A. *Egypt before the Pharaohs: The Prehistoric Foundations of Egyptian Civilization*. Austin, TX, 1991.
Holt, P. M. *The Age of the Crusades: The Near East from the Eleventh Century to 1517*. London, 1984.
———. *Egypt and the Fertile Crescent, 1516-1922*. London, 1966.
Hopkins, Keith. *A World Full of Gods: The Strange Triumph of Christianity*. New York, 2000.
Hornung, Erik. *Akhenaten and the Religion of Light*. Translated by David Lorton. Ithaca, NY, 1995.
———. *Conceptions of God in Ancient Egypt: The One and the Many*. Translated by John Baines. Leiden, 1982.
Hourani, Albert. *Arabic Thought in the Liberal Age, 1798-1939*. New York, 1962.
———. *A History of the Arab Peoples*. New York, 1991.
Hunter, Archie. *Power and Passion in Egypt: A Life of Sir Eldon Gorst, 1861-1911*. London, 2007.
Hunter, F. Robert. *Egypt under the Khedives: From Household Government to Modern Bureaucracy*. Pittsburgh, 1984.
Hurst, H. E. *The Nile: A General Account of the River and the Utilization of Its Waters*. London, 1952.
Ikram, Khalid. *The Egyptian Economy, 1952-2000: Performance, Policies, and Issues*. London, 2006.
Inalcık, Halil. *The Ottoman Empire: The Classical Age, 1300-1600*. Translated by Norman Itzkowitz and Colin Imber. New York, 1973.
Irwin, Robert. *The Middle East in the Middle Ages: The Early Mamluk Sultanate, 1250-1382*. London, 1986.
Issawi, Charles. *Egypt at Mid-Century*. New York, 1954.
———. *Egypt in Revolution*. New York, 1963.
Ivanow, W. *A Brief Survey of the Evolution of Ismailism*. London, 1952.
———. *The Rise of the Fatimids*. London, 1942.
Jabarti, Abd al Rahman al-. *Al-Jabarti's Chronicle of the First Seven Months of the French Occupation of Egypt (Tarikh Muddat al-Faransis bi Misr)*. Translated and edited by S. Moreh. Leiden, 1975.
———. *History of Egypt*. Edited by Thomas Philipp and Moshe Perlman. Stuttgart, 1994. 5 volumes.
Jankowski, James. *Egypt: A Short History*. Oxford, 2000.
Jiritli, 'Ali al-. *Khamsa wa Ashrun Amman: Dirasu Tahliliya lil-Siyasat al-Iqtisadiya fi Misr, 1952-1977*. Cairo, 1977.
Jong, Frederick de. *Sufi Orders in Ottoman and Post-Ottoman Egypt and the Middle East*. Istanbul, 2000.

──. *Turuq and Turuq-Linked Institutions in Nineteenth Century Egypt: A Historical Study in Organizational Dimensions of Islamic Mysticism.* Leiden, 1978.

Jong, Frederick de, and Bernd Radtke, editors. *Islamic Mysticism Contested: Thirteen Centuries of Controversies and Polemics.* Leiden, 1999.

Joseph, George Cheverghese. *The Crest of the Peacock: Non-European Roots of Mathematics.* London, 1991.

Kamel, Mustafa. *Égyptiens et Anglais.* Paris, 1906.

Karabell, Zachary *Parting the Desert: The Creation of the Suez Canal.* New York, 2003.

Keddie, Nikki R. *Scholars, Saints, and Sufis: Muslim Religious Institutions in the Middle East since 1500.* Berkeley, 1972.

Kedourie, Elie. *The Chatham House Version and Other Middle Eastern Studies.* London, 1970.

Kemp, Barry J. *Ancient Egypt: Anatomy of a Civilization.* London, 1989.

Kennedy, Hugh. *The Armies of the Caliphs: Military and Society in the Early Islamic State.* London, 2001.

──. *The Prophet and the Age of the Caliphates: The Islamic Near East from the Sixth to the Eleventh Century.* London, 2004.

Kepel, Gilles. *Muslim Extremism in Egypt: The Prophet and Pharaoh.* Berkeley, 1984.

Kerr, Malcolm H. *The Arab Cold War: Gamal abdal-Nasr and His Rivals, 1958-1970.* London, 1971.

Kienle, Eberhard. *A Grand Delusion: Democracy and Economic Reform in Egypt.* London, 2001.

Killearn, Miles Lampson, Baron. *Politics and Diplomacy in Egypt: The Diaries of Sir Miles Lampson, 1935-1937.* Edited by M. E. Yapp. Oxford, 1997.

King, Joan Wucher. *Historical Dictionary of Egypt.* London, 1984.

Kitchen, K. A. *Pharaoh Triumphant: The Life and Times of Ramses II.* Cairo, 1990.

Korayem, Karima. "Toshka Potential for Employment and Income Generation." Cairo, 2003. Unpublished paper kindly lent by the author.

Krawiec, Rebecca. *Shenoute and the Women of the White Monastery: Egyptian Monasticism in Late Antiquity.* Oxford, 2002.

Kuhrt, Amélie. *The Ancient Near East, c. 3000-330 BC.* New York, 1995.

Kunz, Diane B. *The Economy Diplomacy of the Suez Crisis.* Chapel Hill, NC, 1991.

Kyle, Keith. *Suez.* London, 1991.

Lacouture, Jean, and Simone Lacouture. *Egypt in Transition.* New York, 1958.

Laissus, Yves. *L'Égypte: Une aventure savante, 1798-1801.* Paris, 1998.

Landau, Jacob M. *Parliaments and Parties in Egypt*. Tel Aviv, 1953.
Lane, Edward W. *The Manners and Customs of the Modern Egyptians*. London, 1842.
Lapidus, Ira M. *A History of Islamic Societies*. Cambridge, 2002.
——, editor. *Middle Eastern Cities: A Symposium on Ancient, Islamic, and Contemporary Urbanism*. Berkeley, 1969.
Lashin, Abd al-Khaliq Muhammad. *Sa'd Zaghlul*. Cairo, 1970.
Laurens, Henry. *L'expédition d'Égypte, 1798-1801*. Paris, 1989.
Lefkowitz, Mary R., and Gary MacLean Rogers, editors. *Black Athena Revisited*. Chapel Hill, NC, 1996.
Lehner, Mark. *The Complete Pyramids*. Cairo, 1997.
Lellouch, Benjamin. *Les Ottomans en Égypte: Historiens et conquérants au XVIe Siècle*. Paris, 2006.
Lerner, Gerda. *The Creation of Patriarchy*. New York, 1986.
Lev, Yaacov. *Saladin in Egypt*. Leiden, 1999.
——. *State and Society in Fatimid Egypt*. Leiden, 1991.
Levanoni, Amalia. *A Turning Point in Mamluk History: The Reign of al-Nasir Muhammad Ibn Qalawun, 1310-1341*. Leiden, 1995.
Lewis, Bernard, compiler. *Islam from the Prophet Muhammad to the Capture of Constantinople*. New York, 1974. 2 volumes.
——. *The Middle East: Two Thousand Years of History from the Rise of Christianity to the Present Day*. London, 1995.
——. *The Origins of Ismailism*. Cambridge, 1940.
Lewis, Naphtali. *Life in Egypt under Roman Rule*. Oxford, 1983.
Lloyd, Alan B. *Herodotus: Book II, Introduction*. Leiden, 1975.
Lloyd, George Ambrose. *Egypt since Cromer*. London, 1933. 2 volumes.
Lloyd, Selwyn. *Suez 1956: A Personal Account*. London, 1978.
Loprieno, Antonio. *Ancient Egyptian: A Linguistic Introduction*. Cambridge, 1995.
Lowry, Heath W. *The Nature of the Early Ottoman State*. Albany, NY, 2003.
Lowry, Joseph E. *Early Islamic Legal Theory: The Risala of Muhammad ibn Idris al-Shafi'i*. Leiden, 2007.
Lyons, Malcolm Cameron, and D.E.P. Jackson. *Saladin: The Politics of the Holy War*. Cambridge, 1982.
Mabro, Robert, and Samir Radwan. *The Industrialization of Egypt, 1939-1973: Policy and Performance*. Oxford, 1976.
MacCoull, Leslie S. B. *Dioscorus of Aphrodito: His Work and his World*. Berkeley, 1988.
Macleod, Arlene Elowe. *Accommodating Protest: Working Women, the New Veiling, and Change in Cairo*. New York, 1991.
Madelung, Wilfred. *The Succession to Muhammad: A Study of the Early Caliphate*. Cambridge, 1997.

Maisels, Charles Keith. *Early Civilization of the Old World: The Formative Histories of Egypt, the Levant, Mesopotamia, India, and China.* London, 1999.
Manning, Joseph G. *Land and Power in Ptolemaic Egypt: The Structure of Land Tenure.* Cambridge, 2003.
Manning, Joseph G., and Ian Morris, editors. *The Ancient Economy: Evidence and Models.* Stanford, 2005.
Mayer, Josephine, and Tom Prideaux. *Never to Die: The Egyptians in Their Own Words.* New York, 1938.
McCarthy, Justin. *The Ottoman Turks: An Introductory History to 1923.* New York, 1997.
Mehrez, Samia. *Egypt's Culture Wars: Politics and Practice.* New York, 2008.
Melchert, Christopher. *The Formation of the Sunni Schools of Law: Ninth and Tenth Centuries, CE.* London, 1997.
Meskell, Lynn. *Archaeologies of Social Life: Age, Sex, Class, et cetera in Ancient Egypt.* Oxford, 1999.
———. *Private Life in New Kingdom Egypt.* Princeton, 2002.
Milner, Alfred, Viscount. *England in Egypt.* London, 1892.
Mitchell, Richard P. *The Society of the Muslim Brothers.* London, 1969.
Mitchell, Timothy. *Colonising Egypt.* Cambridge, 1988.
Montserrat, Dominic. *Sex and Society in Graeco-Roman Egypt.* London, 1996.
Morimoto, Kosei. *The Fiscal Administration of Egypt in the Early Islamic Period.* Dohosha, Japan, 1981.
Mostyn, Trevor. *Egypt's Belle Epoque: Cairo, 1869-1952.* London, 1989.
Myntti, Cynthia. *Paris along the Nile: Architecture from the Belle Epoque.* Cairo, 1999.
The Nag Hammadi Library in English. Translated by members of the Coptic Library Project of the Institute for Antiquity and Christianity. New York, 1977.
Nasser, Gamal Abdel. *Egypt's Liberation.* Washington, DC, 1955.
Nasir, Jamal Abd al-. *Mudakirat 'Abd al-Nasir an Harb Falastin.* Cairo, 1978.
Newby, P. H. *Saladin in His Time.* London, 1983.
Northrup, Linda. *From Slave to Sultan: The Career of al-Mansur Qalawun and the Consolidation of Mamluk Rule in Egypt and Syria (678-689 A.H./1279-1290 A.D.)* Stuttgart, 1998.
Nutting, Anthony. *No End of a Lesson: The Story of Suez.* London, 1967.
O'Connor, David, and Eric H. Cline, editors. *Amenhotep III: Perspectives on His Reign.* Ann Arbor, 2001.
———, editors. *Thutmose III: A New Biography.* Ann Arbor, 2006.

Oren, Michael B. *Six Days of War: June 1967 and the Making of the Modern Middle East*. Oxford, 2002.

Oweidat, Nadia, Cheryl Bernard, Dale Stahl, Walid Kildani, Edward O'Connell, and Audrak Grant. *The Kefaya Movement: A Case Study of a Grassroots Reform Initiative*. Santa Monica, CA, 2008.

Owen, Roger. *Cotton and the Egyptian Economy, 1820-1914*. Oxford, 1969.

———. *Lord Cromer: Victorian Imperialist, Edwardian Proconsul*. Oxford, 2004.

———. *The Middle East in the World Economy, 1800-1914*. London, 1981.

Pagels, Elaine. *Blind Faith: The Secret Gospel of Thomas*. New York, 2003.

———. *The Gnostic Gospels*. New York, 1979.

Parkinson, R. B. *Breaking the Codes: The Rosetta Stone and Decipherment*. London, 1999.

———. *The Tale of Sinuhe and Other Ancient Egyptian Poems, 1940-1640 BC*. Oxford, 1997.

———. *Voices from Ancient Egypt: An Anthology of Middle Kingdom Writings*. London, 1991.

Pearson, Birger A. *Gnosticism and Christianity in Roman Coptic Egypt*. New York, 2004.

Peters, Francis E. *The Harvest of Hellenism: A History of the Near East from Alexander the Great to the Triumph of Christianity*. London, 1972.

———. *Muhammad and the Origins of Islam*. Albany, NY, 1994.

Petry, Carl F., editor. *The Cambridge History of Egypt, 640-1517*. Cambridge, 1998.

———. *The Civilian Elite of Cairo in the Late Middle Ages*. Princeton, 1981.

———. *Protectors or Praetorians? The Last Mamluk Sultans and Egypt's Waning as a Great Power*. Albany, NY, 1994.

———. *Twilight of Majesty: The Rise of the Mamluk Sultans al-Ashraf Qatbay and Qansuh al-Ghawri in Egypt*. Seattle, 1993.

Philipp, Thomas, and Ulrich Haarmann, editors. *The Mamluks in Egyptian Politics and Society*. Cambridge, 1998.

Piquet, Caroline. *La compagnie du canal de Suez: Une concession française en Égypte. 1888-1956*. Paris, 2008.

Poliak, A. N. *Feudalism in Egypt, Syria, Palestine, and Lebanon*. London, 1939.

Pollard, Lisa. *Nurturing the Nation: The Family Politics of Modernizing, Colonizing, and Liberating Egypt, 1805-1923*. Berkeley, 2005.

Pomeroy, Sarah B. *Women in Hellenistic Egypt: From Alexander to Cleopatra*. Detroit, 1990.

Popper, William. *Egypt and Syria under the Circassian Sultans, 1382-1468, Systematic Notes to Ibn Taghri Birdi's Chronicles of Egypt*. Berkeley, 1955-57. 2 volumes.

Potter, David S. *The Roman Empire at Bay, AD 180-395*. London, 2001.
Powell, Eve M. Troutt. *A Different Shade of Colonialism: Egypt, Great Britain, and the Mastery of the Sudan*. London, 2003.
Pritchard, James B., editor. *The Ancient Near East: Anthology of Texts and Pictures*. Princeton, 1973. 2 volumes.
Quirke, Stephen. *The Cult of Ra: Sun Worship in Ancient Egypt*. London, 2001.
Qutb, Sayyid. *Milestones*. New Delhi, 2005.
Raafat, Samir W. *Cairo, the Glory Years: Who Built What, When, and for Whom . . . .* Alexandria, 2003.
Rachida, Besrour. *Études en histoire social Égyptienne sous les Mamelouks*. Tunis, 2006.
Ramadan, Abd al-Azim. *al-Sara al-Ijtimai wa-l Siyasi fi Misr*. Cairo, 1975.
Rathbone, Dominic. *Economic Rationalism and Rural Society in Third Century AD Egypt: The Heroninos Archive and Appianus Estate*. Cambridge, 1991.
Raymond, André. *Artisans et commerçants au Caire au XVIIIe siècle*. Damascus, 1973-74. 2 volumes.
——. *Caire des janissaires: L'apogée de la ville Ottoman sous Abd al-Rahman Katkhuda*. Paris, 1995.
——. *Cairo*. Translated by Willard Wood. Cambridge, 2000.
Redford, Donald B. *Akhenaten: The Heretic King*. Princeton, 1984.
——. *Egypt, Canaan, and Israel in Ancient Times*. Princeton, 1992.
——. *The Oxford Encyclopedia of Ancient Egypt*. Oxford, 2005.
Reid, Donald M. *Whose Pharaohs? Archaeology, Museums, and Egyptian National Identity from Napoleon to World War I*. Berkeley, 2002.
Reeves, Nicholas. *Egypt's False Prophet: Akhenaten*. London, 2001.
Rice, Michael. *Egypt's Legacy: The Archetypes of Western Civilization, 3000-300 BC*. London, 1997.
——. *Egypt's Making: The Origins of Ancient Egypt, 5000-2000 BC*. London, 1990.
Richmond, J.C.B. *Egypt, 1798-1952*. New York, 1977.
Rifaat, Mohammed. *The Awakening of Modern Egypt*. New York, 1947.
Rivlin, Helen Anne B. *The Agricultural Policy of Muhammad Ali in Egypt*. Cambridge, 1961.
Robins, Gay. *The Art of Ancient Egypt*. Cambridge, 1997.
——. *Women in Ancient Egypt*. London, 1993.
Robinson, Francis, editor. *The Cambridge Illustrated History of the Islamic World*. Cambridge, 1996.
Robinson, Ronald, and John Gallagher. *Africa and the Victorians: The Climax of Imperialism*. Garden City, NY, 1961.

Robinson, Warren C., and Fatmah H. El-Zanaty. *The Demographic Revolution in Modern Egypt*. Lanham, MD, 2006.
Roehrig, Catherine H., editor. *Hatshepsut: From Queen to Pharaoh*. New York, 2005.
Romer, John. *Ancient Lives: The Story of the Pharaoh's Tombmakers*. London, 1984.
———. *The Great Pyramid: Ancient Egypt Revisited*. Cambridge, 2008.
———. *People of the Nile: Everyday Life in Ancient Egypt*. New York, 1982.
Rousseau, Philip. *Ascetics, Authority, and the Church in the Age of Jerome and Cassian*. Oxford, 1978.
———. *Pachomius: The Making of a Community in Fourth-Century Egypt*. Berkeley, 1985.
Rowlandson, Jane. *Landowners and Tenants in Roman Egypt: The Social Relations of Agriculture in the Oxyrhynchite Nome*. Oxford, 1990.
Sadat, Anwar al-. *In Search of Identity: An Autobiography*. New York, 1978.
———. *Revolt on the Nile*. London, 1957.
———. *Waraqa Uktubir*. Cairo, 1974.
Sagiv, David. *Fundamentalism and Intellectuals in Egypt, 1973-1993*. London, 1995.
Said, Rushdi. *The River Nile: Geology, Hydrology, and Utilization*. Oxford, 1993.
Salmon, W. H. *An Account of the Ottoman Conquest of Egypt in the Year A.H. 932 (A.D. 1516), translated from the third volume of the Arabic Chronicle of Muhammad Ahmed Ibn Ayas, an Eyewitness to the Scenes he Describes*. London, 1921.
Sanders, Paula. *Creating Medieval Cairo: Empire, Religion, and Architectural Preservation in Nineteenth-Century Cairo*. Cairo, 2008.
Sasson, Jack M., editor-in-chief. *Civilizations of the Ancient Near East*. Volume 2. New York, 1995.
Saunders, J. J. *A History of Medieval Islam*. London, 1965.
Sayyid-Marsot, Afaf Lutfi. *Egypt and Cromer: A Study in Anglo-Egyptian Relations*. New York, 1966.
———. *Egypt in the Reign of Muhammad Ali*. Cambridge, 1984.
———. *Egypt's Liberal Experiment, 1922-1936*. Berkeley, 1977.
———. *A History of Egypt from the Arab Conquest to the Present*. Cambridge, 2008.
———. *Short History of Modern Egypt*. Cambridge, 1985.
———. *Women and Men in Late Eighteenth-Century Egypt*. Austin, TX, 1995.
Schacht, Joseph. *An Introduction to Islamic Law*. Oxford, 1964.
———. *The Origins of Mohammedan Jurisprudence*. Oxford, 1960.
Scholch, Alexander. *Egypt for the Egyptians! The Socio-Political Crisis in Egypt, 1878-82*. London, 1981.

Schroeder, Caroline T. *Monastic Bodies: Discipline and Salvation in Shenoute of Atripe*. Philadelphia, 2007.
Schroeder, Eric. *Muhammad's People: A Tale by Anthology*. Portland, ME, 1965.
Sharkey, Heather J. *American Evangelicals in Egypt: Missionary Encounters in an Age of Empire*. Princeton, 2008.
Shaw, Ian. *Ancient Egypt: A Very Short Introduction*. Oxford, 2004.
——, editor. *The Oxford History of Ancient Egypt*. Oxford, 2000.
Shaw, Ian, and Paul Nicholson. *The British Museum Dictionary of Ancient Egypt*. London, 2002.
Shaw, Stanford. *The Budget of Ottoman Egypt, 1005-1006/1596-1597*. The Hague, 1968.
——. *The Financial and Administrative Organization and Development of Ottoman Egypt, 1517-1798*. Princeton, 1962.
——. *Ottoman Egypt in the Eighteenth Century*. Cambridge, 1962.
Shayyal, Jamal al-Din al-. *Ta'rikh al-Tarjamah w-al-Harakah Thaqafiyah fi 'Asr Muhammad Ali*. Cairo, 1951.
Sijpesteijn, Petra M., and Lennart Sundelin, editors. *Papyrology and the History of Early Islamic Egypt*. Leiden, 2004.
Simpson, William Kelly, editor. *The Literature of Ancient Egypt: An Anthology of Stories, Instructions, Stelae, Autobiographies, and Poetry*. New Haven, 2003.
Springborg, Robert. *Mubarak's Egypt, Fragmentation of the Political Order*. Boulder, CO, 1989.
Stewart, Dona J. "Cities in the Desert: The Egyptian New Town Program." *Annals of the Association of American Geographers*, vol. 86, no. 3 (1996), pp. 459-80.
Strassler, Robert B., editor. *The Landmark Herodotus: The Histories*. New York, 2007.
Sublet, Jacqueline. *Les trois vies du Sultan Baibars*. Paris, 1992.
Sullivan, Earl L. *Women in Egyptian Public Life*. Syracuse, NY, 1986.
Takacs, Sarolta A. *Isis and Sarapis in the Roman World*. Leiden, 1995.
Talhami, Ghada Hashem. *The Mobilization of Muslim Women in Egypt*. Gainesville, FL, 1996.
Thompson, Dorothy J. *Memphis under the Ptolemies*. Princeton, 1988.
Thompson, Jason. *A History of Egypt From Earliest Times to the Present*. Cairo, 2008.
Thoreau, Peter. *The Lion of Egypt: Sultan Baybars I and the Near East in the Thirteenth Century*. Translated by P. M. Holt. London, 1992.
Tietze, Andreas. *Mustafa Ali's Description of Cairo of 1599*. Vienna, 1975.

Tignor, Robert L. *Capitalism and Nationalism at the End of Empire: State and Business in Decolonizing Egypt, Nigeria, and Kenya, 1945-1963*. Princeton, 1998.
——. *Egyptian Textiles and British Capital, 1930-1956*. Cairo, 1989.
——. "Maintaining the Empire: General Sir John Maxwell and Egypt during World War I." *Princeton University Library Chronicle*, vol. 53, no. 2 (1992), pp. 173-99.
——. *Modernization and British Colonial Rule in Egypt, 1882-1914*. Princeton, 1966.
——. *State, Private Enterprise, and Economic Change in Egypt, 1918-1952*. Princeton, 1984.
Tignor, Robert L., and Gouda Abdel Khalek, editors. *The Political Economy of Income Distribution in Egypt*. New York, 1982.
Toledano, Ehud R. *State and Society in Mid-Nineteenth Century Egypt*. Cambridge, 1990.
Torok, Laszlo. *Transfigurations of Hellenism: Aspects of Late Antique Art in Egypt, AD 250-700*. Leiden, 2005.
Trigger, Bruce G. *Early Civilizations: Ancient Egypt in Context*. Cairo, 1993.
Trigger, Bruce G., B. J. Kemp, D. O. Connor, and A. B. Lloyd. *Ancient Egypt: A Social History*. Cambridge, 1983.
Tucker, Judith E. *Women in Nineteenth-Century Egypt*. Cambridge, 1985.
Tyldesley, Joyce. *Cleopatra: Last Queen of Egypt*. London, 2008.
Vandier, Jacques. *La famine dans l'Égypte ancienne*. Cairo, 1936.
Vasunia, Phiroze. *The Gift of the Nile: Hellenizing Egypt from Aeschylus to Alexander*. Berkeley, 2001.
Vitalis, Robert. *When Capitalists Collide: Business Conflict and the End of Empire in Egypt*. Berkeley, 1995.
Vatikiotis, P. J. *The Egyptian Army in Politics*. Bloomington, IN, 1961.
——. *The Fatimid Theory of State*. London, 1957.
——. *The History of Egypt*. Baltimore, 1980.
——. *The History of Egypt from Muhammad Ali to Mubarak*. Baltimore, 1991.
——. *Nasser and His Generation*. London, 1978.
Volney, M. C. *Travels through Syria and Egypt in the Years 1783, 1784, and 1785*. London, 1805.
Ward, Ann. *Herodotus and the Philosophy of Empire*. Waco, TX, 2008.
Waterbury, John. *The Egypt of Nasser and Sadat: The Political Economy of Two Regimes*. Princeton, 1983.
Watt, W. Montgomery. *Muhammad at Mecca*. Oxford, 1953.
——. *Muhammad at Medina*. Oxford, 1956.
Watterson, Barbara. *Coptic Egypt*. Edinburgh, 1988.

———. *The Gods of Ancient Egypt*. New York, 1984.
———. *Women in Ancient Egypt*. New York, 1991.
Watts, Edward J. *City and School in Late Antique Athens and Alexandria*. Berkeley, 2006.
Weaver, Mary Anne. *A Portrait of Egypt: A Journey through the World of Militant Islam*. New York, 1999.
Weeks, Kent R. *The Lost Tomb: The Greatest Discovery in the Valley of the Kings since Tutankhamun*. Cairo, 1998.
Weigall, Arthur. *The Life and Times of Akhnaton, Pharaoh of Egypt*. New York, 1923.
Welsby, Derek A. *The Kingdom of Kush: The Napatan and Meroitic Empires*. London, 1996.
Wengrow, David. *The Archaeology of Early Egypt: Social Transformations in North-East Africa, 10,000 to 2650 BC*. Cambridge, 2006.
Wenke, Robert L. *The Ancient Egyptian State: The Origins of Egyptian Culture (c. 8000–2000 BC)*. Cambridge, 2009.
Wiegand, Wayne A., and Donald G. Davis Jr., editors. *Encyclopedia of Library History*. New York, 1994.
Wilkinson, Richard H., editor. *Egyptology Today*. Cambridge, 2008.
Wilkinson, Toby A. H. *Early Dynastic Egypt*. London, 1999.
———, editor. *The Egyptian World*. London, 2007.
Williams, Caroline. *Islamic Monuments in Cairo: The Practical Guide*. Cairo, 2002.
Williams, Rowan. *Arius: Heresy and Tradition*. Cambridge, 2002.
Wilson, Arnold. *The Suez Canal*. New York, 1939.
Wilson, John A. *The Culture of Ancient Egypt*. Chicago, 1951.
Winter, Michael. *Egyptian Society under Ottoman Rule, 1517–1798*. London, 1992.
———. *Society and Religion in Early Ottoman Egypt*. New Brunswick, NJ, 1982.
Winter, Michael, and Amalia Levanoni. *The Mamluks in Egyptian and Syrian Society and Politics*. Leiden, 2004.
Wittek, Paul. *The Rise of the Ottoman Empire*. London, 1938.
Woolf, Gregg, editor. *The Cambridge Illustrated History of the Roman World*. Cambridge, 2003.
Wright, Lawrence. *The Looming Tower: Al-Qaeda and the Road to 9/11*. New York, 2006.
Yeomans, Richard. *The Art and Architecture of Islamic Cairo*. Reading, England, 2006.
Yubil Bank Misr. Cairo, 1970.
Zabkar, Louis V. *Hymns to Isis in Her Temple at Philae*. London, 1988.